D1729810

Eugen Hertel
Am Seerain 11
63906 Erlenbach
Tel. 061...

Hauptschule
BAYERN

MENSCHEN
ZEITEN
RÄUME

8

GESCHICHTE
SOZIALKUNDE
ERDKUNDE

Cornelsen

Impressum

Menschen Zeiten Räume
Arbeitsbuch für Geschichte/Sozialkunde/Erdkunde
Hauptschule Bayern

Band 8

Herausgegeben von	Wolfgang Schierl, Wartenberg
Erarbeitet von	Dr. Thomas Berger - von der Heide, Göttingen, Claudia Bernert (MA), Kaisheim, Prof. Dr. Wilhelm Bernert, Passau, Karl-Heinz Fünfer, Lamerdingen, Werner Grabl, Hutthurm, Peter Heeren, München, Karl-Heinz Holstein, Alzenau, Barbara Neuhäusler, München, Hans-Otto Regenhardt, Braunschweig, Siegfried Schieck, Ingolstadt, Elke Steinbach, München, Bernd Vogel, Straubing, Dr. Lucarde de Vries, München,
unter beratender Mitwirkung von	Evelyn Meißner, Fürstenfeldbruck, Otto Meißner, Fürstenfeldbruck, Norbert Modl, München, Wolfgang Silvester, Gaimersheim, Uta Strey, München, und Peter Volz, Grettstadt

Verlagsredaktion: Johannes Völker, Dr. Frank Erzner
Technische Umsetzung: Mike Mielitz

1. Auflage ✔   Druck 4 3 2 1   Jahr 01 2000 99 98

Alle Drucke dieser Auflage können im Unterricht
nebeneinander verwendet werden.

© 1998 Cornelsen Verlag, Berlin
Das Werk und seine Teile sind urheberrechtlich geschützt.
Jede Verwertung in anderen als den gesetzlich zugelassenen Fällen
bedarf deshalb der vorherigen schriftlichen Einwilligung des Verlages.

Druck: Universitätsdruckerei H. Stürtz AG, Würzburg

ISBN 3-464-66013-3

Bestellnummer 660133

gedruckt auf säurefreiem Papier, umweltschonend hergestellt aus chlorfrei gebleichten Faserstoffen

Liebe Schülerinnen, liebe Schüler!

Sicher kennen viele von euch „Menschen Zeiten Räume" von der Arbeit im vorigen Schuljahr. Wir wollen euch das Buch aber doch noch einmal vorstellen, denn einige von euch lernen das Arbeitsbuch vielleicht jetzt erst kennen.

Einführung in ein Thema

Jedes Kapitel wird mit Auftaktseiten eröffnet. Die Materialien der Auftaktseiten sollen euch neugierig machen und dazu einladen, selbst Fragen zum Thema zu stellen. Mit ihrer Hilfe könnt ihr auch zusammentragen, was ihr schon wisst. Ein Einleitungstext gibt euch Hinweise zur Arbeit mit den Materialien der folgenden Seiten.

Themendoppelseiten

Jede Doppelseite bietet ein abwechslungsreiches Angebot ein Thema des Faches Geschichte/Sozialkunde/Erdkunde zu bearbeiten. Mithilfe von Texten, Bildern, Grafiken und Karten wird jedes Teilthema so dargestellt, dass ihr selbst damit arbeiten könnt. Farbig unterlegte Texte erläutern euch den Zusammenhang, um den es auf den kommenden Seiten gehen wird.
Die Überschriften der Seiten benennen das jeweilige Thema. Auf jeder Doppelseite findet ihr Texte der Autorinnen und Autoren. Sie haben dabei versucht die oft komplizierten Aussagen der Wissenschaftler so anschaulich zu formulieren, dass ihr sie verstehen könnt.

Schriftliche Quellen

Bei den Themen, die sich mit der Vergangenheit befassen, sind die schriftlichen Zeugnisse der damals lebenden Menschen, die so genannten Quellen, mit einem **Q** und mit einem Farbbalken am Rand gekennzeichnet.

Materialien

Andere Themen enthalten aktuelle Arbeitsmaterialien wie Berichte oder Auszüge aus Zeitungen, mit denen ihr arbeiten könnt. Materialien sind mit einem **M** und einem Farbbalken gekennzeichnet.

Arbeitsaufgaben

1 *In den Arbeitsaufgaben werdet ihr dazu angeleitet, aus den Texten, Quellen, Materialien, Abbildungen und Karten Informationen zu entnehmen und ein Thema zu erarbeiten. Ziel der Aufgaben ist es, euch bei eurer Arbeit zu unterstützen.*

Methodenseiten

Diese Seiten stellen euch jeweils eine wichtige Methode des Faches Geschichte/Sozialkunde/Erdkunde vor. An einem Beispiel lernt ihr eine Methode kennen und anzuwenden. Diese Methode könnt ihr dann auch auf Sachverhalte anderer Kapitel übertragen.

Werkstatt

Auf den Werkstattseiten findet ihr Vorschläge zum Weiterarbeiten in anderen Formen, zum Spielen, Basteln, Rätseln und für eigene Nachforschungen.

Zum Weiterlesen

Die Seiten zum Weiterlesen enthalten spannende Ausschnitte aus Jugendbüchern. Weitere Tipps für Bücher findet ihr im Anhang am Ende des Buches.

Zusammenfassung

Zusammenfassungen stehen am Ende des Kapitels und fassen das Wichtigste des Themas noch einmal zusammen.

Worterklärungen

Ein Verzeichnis schwieriger Begriffe befindet sich am Ende des Buches. Die dort aufgeführten Begriffe sind im Text mit einem Sternchen (*) gekennzeichnet.

Register

Am Ende des Buches befindet sich ein Stichwortverzeichnis.

Wenn ihr Fragen habt oder eure Meinung zu diesem Buch sagen wollt, schreibt uns:
Cornelsen Verlag
Mecklenburgische Straße 53
14197 Berlin

Inhaltsverzeichnis

Inhaltsverzeichnis

1. Die Gemeinde als politischer Handlungsraum

Gemeinden bilden die Grundlagen des Staates und des demokratischen Lebens. Hier werden Entscheidungen gefällt, deren Auswirkungen die Bürger unmittelbar betreffen.

Dieses Kapitel leitet euch an der politischen Entwicklung eurer Heimatgemeinde nachzuforschen. Darüber hinaus beschäftigt ihr euch mit den vielfältigen Aufgaben und dem Haushalt einer politischen Gemeinde.

Ihr könnt bei einer Sitzung des Stadtrats/Gemeinderats beobachten, wie dort gearbeitet wird und wie ein Entscheidungsprozess abläuft. Schließlich solltet ihr überlegen, welche Möglichkeiten zur aktiven Mitwirkung Bürger haben und wie ihr euch in der Gemeinde engagieren könnt.

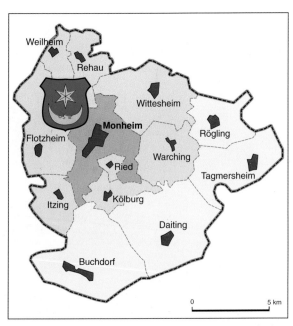

1 Verwaltungsgemeinschaft Monheim mit den Mitglieds-
gemeinden. 1992.

Große Kreisstadt

Landeshauptstadt

Das alles ist GEMEINDE

kreisfreie Stadt — Markt

Europastadt — Gemeinde

2 Was ist eine Gemeinde?

Auf dieser Doppelseite geht es um die Entwicklung
eurer Heimatgemeinde. Am Beispiel der Gemeinde
Monheim zeigen wir euch, wie ihr vorgehen könnt.
Erkundet mithilfe der Fragen in den Kästen A–C
die Geschichte eurer Gemeinde. Ihr könnt dazu
Gruppen bilden.

Wie sich die Gemeinde Monheim entwickelt hat
In einer Broschüre der Gemeinde Monheim von 1992
heißt es unter anderem:

M […] Im Jahre 1972 begann die erste Phase
der Gemeindegebietsreform, die kleineren Gemeinden die Gelegenheit bot sich – zunächst
noch freiwillig – mit einer oder mehreren großen
Gemeinden zusammenzuschließen um so eine
leistungsstarke politische und wirtschaftliche Einheit zu bilden. Zu diesem Zeitpunkt gab es ungefähr 7000 selbstständige Gemeinden in Bayern.
Durch Zusammenschlüsse verringerte sich ihre
Zahl auf ca. 2000. Dieser Vorgang war für alle
Betroffenen der Beginn eines neuen Kapitels in
ihrer Gemeindegeschichte.
Für Monheim hieß das, dass die bereits im Schulverband Monheim zusammengeschlossenen Ge-

meinden eine Großgemeinde bilden sollten, die
mit den Gemeinden Buchdorf, Daiting, Rögling
und Tagmersheim verschmolzen werden sollte.
Als Erste der Gemeinden war Rehau bereit sich
ab 1975 mit Monheim zusammenzuschließen.
Durch eine Verfügung der Regierung von Schwaben wurden weitere Gemeinden zum 1. Mai
1978 der Stadt Monheim eingegliedert. In einer
Rechtsverordnung* vom April 1976 wurde die
Bildung einer Verwaltungsgemeinschaft* mit den
Gemeinden Buchdorf, Daiting, der Stadt Monheim sowie den Gemeinden Rögling und Tagmersheim mit Sitz in Monheim verfügt. Diese Verordnung wurde am 1. Mai 1978 in Kraft gesetzt. […]
Die Durchführung der Gemeindegebietsreform*
in Bayern hatte auch das Ziel möglichst vielen
Gemeinden im Rahmen eines Verwaltungsver-
bundes ihre Eigenständigkeit zu belassen …

1 *Kläre am Beispiel Monheims (M, Abb. 1/2),*
welche Orte nach der Gemeindegebietsreform zu
Monheim gehörten und welche eigenständige
Gemeinden blieben.
2 *Erkläre mithilfe von M, warum die Gemeinden*
eine Verwaltungsgemeinschaft bildeten.
3 *Finde heraus, welche Änderungen es durch die*
Gemeindegebietsreform in deiner Gemeinde gab
und wie sich der Landkreis veränderte. Untersuche
dazu Gemeinde- oder Landkreiskarten.

Meilensteine der bayerischen Kommunalgeschichte

1972–1978 Gemeindegebietsreform
Die bisher 143 Landkreise werden reduziert auf 71. Die Zahl der bayerischen Gemeinden wird von ca. 7000 auf rund 2000 deutlich verringert. Rund 5000 Gemeinden verlieren so ihre politische Selbstständigkeit und werden als Ortsteile in größere Gemeinden eingegliedert.

1952 Gemeindeordnung (GO)
Diese GO wurde zwar einige Male geändert, bildet aber für die Gemeinden bis in die Gegenwart die gültige Rechtsgrundlage.

1946 Bayerische Verfassung (BV)
In der BV werden Zuständigkeit und Selbstverwaltungsrecht der Gemeinden gesichert.

1935 Deutsche Gemeindeordnung
Adolf Hitlers Regime (siehe Seite 152 ff.) bringt die Gemeinden wieder in völlige Abhängigkeit von NSDAP (siehe Seite 152 ff.) und Staat. Gemeindevertreter werden nicht mehr gewählt, sondern von der Partei Hitlers bestimmt.

1919 Selbstverwaltungsgesetz
Dieses Gesetz gibt den Gemeinden, aber auch den Landkreisen und Bezirken eine Selbstverwaltungsgarantie.

1869 Gemeindeordnung (GO)
Das Selbstverwaltungsrecht wird noch zögerlich zuerkannt, eine Trennung von eigenem und übertragenem Wirkungskreis offiziell akzeptiert. Gemeindevertreter dürfen in freier Wahl gewählt werden.

1818 Gemeindeedikt
Erste Elemente der Selbstverwaltung werden den Gemeinden zwar gewährt, dennoch bleiben ihnen wenig Möglichkeiten zur Eigeninitiative.

1808 Gemeindeedikt des Grafen von Montgelas
Aus über 40 000 Städten, Ortschaften, Weilern* werden rund 7000 Gemeinden gebildet. Diese dürfen nicht eigenständig, sondern nur auf Weisung des Staates entscheiden oder handeln.

A Bedeutsame historische Ereignisse

– Wann und in welchem Zusammenhang wird der Heimatort zum ersten Mal schriftlich erwähnt?

– Gibt es besondere Gründe, warum der Ort an dieser Stelle erbaut wurde?

– An welchen Gebäuden in der Gemeinde lässt sich die politische und historische Entwicklung der Gemeinde erkennen (Rathaus, Marktplatz u. a.)?

– Wann erhielt euer Ort Stadt- oder Marktrecht?

– Wer traf während des Dritten Reiches (siehe Seite 152 ff.) in eurer Gemeinde Entscheidungen?

Auskunft darüber könnt ihr im Gemeindearchiv, im Pfarrarchiv oder im Heimatmuseum erhalten.

B Namen und Wappen

– Woher kommt der Name des Ortes? Von der Lage am Fluss, von einem besonderen Pflanzenbewuchs? Wie veränderte sich der Name im Laufe der Zeit?

– Welches Tier, welche Pflanze oder welches Symbol ist im Wappen erkennbar? Was bedeutet es?

Wurde später durch irgendwelche Ereignisse das ursprüngliche Wappen verändert (vgl. S. 22)?

Hier kann oft ein Heimatbuch oder der Kreisheimatpfleger bei Fragen weiterhelfen.

C Entwicklung nach dem Zweiten Weltkrieg

– Wie wurden die Schäden des Krieges beseitigt?
– Wie viele Flüchtlinge zogen zu?
– Welche Industriegründungen erfolgten?
– Wie weiteten sich die Wohngebiete aus?
– Wie hat die große Gebietsreform in Bayern eure Heimatgemeinde verändert? Vielleicht wurde eure Ortschaft eingemeindet und hatte von da an keinen eigenen Bürgermeister und Gemeinderat mehr? Welchem Landkreis und welchem Bezirk wurde sie zugeteilt?

Vergleicht dazu Karten und wertet Bilder aus.

Herzogenaurach in Mittelfranken. Collage, Fotos 1998.

Umzug nach Herzogenaurach

Murats Vater hat in der mittelfränkischen Stadt Herzogenaurach einen neuen Arbeitsplatz gefunden. Zum täglichen Pendeln ist die Entfernung zu weit. Deshalb wird die Familie umziehen. Von dem neuen Wohnort wissen sie bisher noch wenig. Murats Eltern, seiner Schwester Fulya und ihm selbst gehen viele Fragen durch den Kopf (vgl. Abb. oben).

1 *Überlege, was sie vermutlich über Herzogenaurach wissen wollen.*

In einer Broschüre stellt der Bürgermeister von Herzogenaurach selbst die Stadt vor:

M [...] Herzogenaurach hatte vor dem Krieg 4000 Einwohner. Nach dem Zweiten Weltkrieg kamen rund 3000 Heimatvertriebene und Flüchtlinge in die Stadt, vorwiegend aus dem Sudetenland und Schlesien. Diese Menschen – die alteingesessenen und die neu zugezogenen – haben das Herzogenaurach von heute aufgebaut.

Mit den Vertriebenen kam auch die Familie Sch. in die Stadt, die sich mit ihrer Firmengruppe – dem Industriewerk Sch., das Wälzlager und Nadellager herstellt sowie weiteres Zubehör für die Autoindustrie – zum größten Arbeitgeber von Herzogenaurach entwickelte. [...] Weltweit bekannt wurde unsere Stadt durch die Familie D., Begründer der Sportschuhfabrik A. und P. [...] Heute hat Herzogenaurach 22 800 Einwohner und ist die größte Stadt im Landkreis Erlangen-Höchstadt. [...] Wir haben mehr als 1600 ausländische Mitbürger aus sechzig Nationen. Sie sind weitestgehend integriert. Außerdem befindet sich in Herzogenaurach ein Übergangswohnheim für Spätaussiedler mit jeweils 300 Bewohnern, die natürlich versuchen hier Arbeit und Wohnraum zu finden. Ungefähr zwei Drittel bleiben hier. [...] Wir haben neben der Grund- und Hauptschule alle weiterführenden Schulen: ein staatliches

Berufsbildungszentrum, Realschule und ein mathematisch-naturwissenschaftliches Gymnasium.
Unsere Stadt hat das Glück ein ausgeprägtes Vereinsleben zu besitzen. Das heißt viele Frauen und Männer, die ehrenamtlich für die Allgemeinheit in irgendeiner Form tätig sind. Alle Interessengruppen sind vertreten. Für Freizeit, Sport und Kultur wird praktisch jedes Thema geboten.
Überregionale Bedeutung hat das Freizeitbad, das jedes Jahr eine halbe Million Besucher anlockt. [...] Herzogenaurach ist eine „junge Stadt": bei uns leben etwa 30 % mehr Kinder und Jugendliche – bezogen auf die Einwohnerzahl – als in den nahen Großstädten!
Insgesamt bietet Herzogenaurach 11 000 Arbeitsplätze und hat 820 Arbeitssuchende. [...]
Mit Fug und Recht kann ich sagen, dass sich in Herzogenaurach die Vorzüge einer Kleinstadt mit den Vorteilen der nahen Großstadt verbinden. Wir haben einen historisch gewachsenen Stadtkern, attraktive Geschäfte, neben der Industrie viele kleine und mittlere Gewerbebetriebe aus den verschiedensten Branchen und ein breites Angebot an Dienstleistern ...

2 *Versuche mithilfe von M Antworten auf die Fragen in den Sprechblasen in der Abb. links zu geben.*

3 *Gib an, was Murats Familie vom Bürgermeister*
– über die Einwohnerentwicklung,
– über Freizeitmöglichkeiten,
– über ausländische Mitbürger und Aussiedler in Herzogenaurach erfährt.

4 *Suche Herzogenaurach auf einer Bayernkarte und prüfe die Verkehrsanbindung.*

Steckbrief eurer Heimatgemeinde

- Lage des Ortes (Kreis, Bezirk, Gemeindeteile, Fläche, landschaftliche Umgebung)

- Gemeindeorgane: 1. und 2. Bürgermeister, Gemeinderäte

- Einwohnerzahl (Entwicklung, Ausländeranteil)

- Verkehrsverbindungen (Straße, Schiene, Luft)

- Einrichtungen am Ort (z.B. Kindergarten, Jugendtreff, Feuerwehr, Sportanlagen, Büchereien, Museen ...; evtl. mit Telefonnummern versehen)

- Einnahmen und Ausgaben der Gemeinde, Entwicklung des Gemeindehaushalts

- Kirchen und Konfessionen*

- Angaben zum Schulwesen

- Betriebe/Arbeitgeber und Anzahl der Beschäftigten (Industrie, Handwerk, Dienstleistung; Pendler; Zahl der Arbeitslosen)

- Landwirtschaft (Haupt- und Nebenerwerb)

- Einkaufsmöglichkeiten und Gesundheitsvorsorge (Geschäfte, Ärzte, Apotheke, nächstes Krankenhaus)

- Fremdenverkehr (Hotels, Pensionen, Lokale); Freizeitangebot

- Vereine

Informationen über die Heimatgemeinde

Viele Gemeinde haben in den letzten Jahren Informationsbroschüren veröffentlicht, in denen sich die Gemeinde darstellt. Es gibt nur wenige Gemeinden, die solche Broschüren auch für Jugendliche und Kinder herausgeben. Dies könnte eine Aufgabe für euch sein. Zu Beginn eines jeden Schuljahres und oft auch mittendrin kommen auch an eure Schule, vielleicht sogar in eure Klasse Schüler aus anderen Orten oder Ländern.

5 *Stellt euch vor, Murats Familie zieht nicht nach Herzogenaurach, sondern in eure Gemeinde.*
Schreibt für eure neuen Mitschüler einen Steckbrief eurer Heimatgemeinde und bebildert ihn. Eure aus-
ländischen Mitschüler könnten den Text, oder zumindest wichtige Begriffe, Termine, Einrichtungen in ihre Sprache übersetzen.

6 *Fragt für euren Steckbrief in der Gemeindeverwaltung nach, ob es bereits Informationsbroschüren gibt. Diese könnten euch als Grundlage für eure Arbeit dienen. Wenn es keine Broschüre gibt, könnte euch die Gliederung im Kasten weiterhelfen.*

1 Napoleon mit kaiserlichen Dragonern auf dem Schwäbischwerder Kindertag. Foto 1997.

2 Kaiser Maximilian I. zieht auf dem Schwäbischwerder Kindertag in Donauwörth ein. Foto 1997.

3 Kaiser Maximilian I. wird von Bürgermeister und Rat auf dem Schwäbischwerder Kindertag in Donauwörth feierlich empfangen. Foto 1997.

Der Schwäbischwerder Kindertag

Das Donauwörther Kinderfest gibt es schon seit vielen Jahren. Es war früher vorwiegend ein Fest der Schulkinder und hatte jährlich ein anderes Motto. Ein Umzug und ein anschließendes kleines Fest standen zum Schulschluss auf dem Programm.

Heute ist der „Schwäbischwerder Kindertag" ein Ereignis, das weit über Donauwörth hinaus bekannt ist und viele Besucher anlockt. Dazu kam es durch umsichtige und aufwendige Bemühungen des Stadtrates. 1977 feierte Donauwörth ein Jubiläum als tausendjährige Brückenstadt. Zu diesem Anlass beschlossen Stadtrat und Bürgermeister das Fest als historisches Fest aufzuziehen. Die Geschichte der Stadt sollte durch die Kinder in historischen Kostümen dargestellt werden.

Der Stadtrat bildete einen eigenen Kinderfestausschuss und wählte einen Kinderfestreferenten. Zwischen 50 000 und 60 000 DM wurden jährlich für das Projekt „Schwäbischwerder Kindertag" aufgewendet. So entwickelte sich im Laufe der Zeit das Fest durch neue Kostüme, Überarbeitung der Spieltexte, Hinzunahme von Reitergruppen und historischen Spielzügen zu dem, was es heute darstellt.

Einen ersten Überblick über den Aufwand, der heute für das Fest betrieben wird, gibt die folgende Aufstellung der beteiligten Personen und Gruppen:

– Volksschulen der Stadt (Umsetzung der Texte, Proben)
– städtischer Bauhof (verschiedene Vorarbeiten, Aufräumarbeiten)
– Stadtgärtner (Blumenschmuck)
– Kinderfestausschuss (Vorbereitung, Organisation)
– Hauptorganisator
– „Nähdamen", Donauwörther Bürgerinnen (historische Kostüme)
– Kutscher und Fuhrleute aus der Umgebung, Reiterverein
– Stadtkapelle
– Bundeswehr (Stromversorgung)
– Feuerwehr, Polizei, Rettungsdienste

Ein Gemeindeprojekt

Natürlich gab es auch in Donauwörth nicht nur Befürworter des Schwäbischwerder Kindertages. Wie bei jedem Projekt, egal ob kultureller oder baulicher Art, wurden auch hier Gegenstimmen laut:

Pro	Contra
• Kultureller Höhepunkt des Stadtlebens • Geschichte muss erinnert werden • • •	• Immense Kosten für ein einziges Projekt • Belastung der Schüler, Unterrichtsausfall • • •

1 *Welche Ereignisse sind auf den Abbildungen dargestellt? Informiere dich in einem Lexikon über die Hauptpersonen auf den Abb. 1–3.*
2 *Überschlage den Umfang der Vorbereitungen anhand der Liste der Beteiligten. Wie lange vorher werden die Vorbereitungen zum Fest laufen? Wo entstehen Kosten?*
3 *Setzt die Pro- und -Contra-Diskussion um weitere Argumente fort. Versetzt euch dazu in die Lage der Bürger oder Anwohner. Bedenkt verschiedene Gruppen, z. B. Eltern, Lehrer, Gastwirte, Arbeiter des Bauhofs ...*

Projekte in der eigenen Gemeinde

Eure Gemeinde hat sicher ebenfalls Projekte durchgeführt, die nicht unumstritten waren oder sind. Vielleicht ist in eurer Herkunftsgemeinde ein Vorhaben in der Planung, im Entstehen oder schon abgeschlossen. Solche Projekte könnten z. B. sein:
– Bau/Ausbau eines Radwanderweges
– Neubau/Renovierung des Rathauses
– Erhalt eines historischen Gebäudes
– Bau eines Recyclinghofes
– Erschließung eines Baugebietes/Mischgebietes oder eines Gewerbegebietes
– Einrichtung eines Bildungswerks oder einer Volkshochschule
– Bau einer Skatebahn.

4 *Informiert euch über ein Projekt in eurer Heimat- oder Schulgemeinde. Führt eine Diskussion über das Für und Wider des Gemeindeprojektes in der Klasse durch. Der Kasten rechts kann euch Anregungen für eure Arbeit geben.*

Wir erkunden ein Gemeindeprojekt

● Sucht euch ein für euch interessantes und nicht zu großes Projekt in eurer Heimat- oder Schulgemeinde aus. Besorgt euch z. B. bei der Gemeinde oder einer Lokalzeitung Informationsmaterial zum Projekt. Ihr könnt auch Betroffene interviewen.

● Stellt das Projekt mit den wichtigsten Daten an der Tafel vor.

● Macht mit der Klasse eine Ortsbesichtigung oder Exkursion und notiert wesentliche Punkte, die „vor Ort" manchmal besser erkennbar sind.

● Teilt eure Klasse in Befürworter und Gegner des Projektes ein. Sucht Argumente für den jeweiligen Standpunkt.

● Führt eine Diskussion zum Thema. Dabei solltet ihr vorher und nachher eine Abstimmung in der Klasse durchführen. Beobachtet, ob sich Gegner zu Befürwortern gewandelt haben und umgekehrt. Fragt nach, was sie zur Meinungsänderung bewogen hat.

1   Aufgaben einer Gemeinde: Stadtbibliothek. Foto 1998.

2   Aufgaben einer Gemeinde: Recyclinghof. Foto 1998.

Julias Montagmorgen

6.30 Uhr

Julia steht auf. Ein Montagmorgen im November ist trüb und kalt. Julia schaltet alle Lichter an und geht unter die Dusche.

6.45 Uhr

Auf dem Frühstückstisch liegt ein Zettel von Mutti: „Abfall nicht vergessen" – Julia nimmt schnell noch den Stapel Altpapier und schiebt die blaue Tonne vor das Hoftor.

7.10 Uhr

Nach dem Frühstück ist es höchste Zeit. Eilig packt Julia noch zwei Schulbücher ein.

7.15 Uhr

Julia schiebt ihr Rad aus der Garage und macht sich auf den Weg in die Schule. Seit der neue Fahrradweg gebaut ist, braucht Julia nur noch kurze Zeit für ihren Schulweg.

7.20 Uhr

Ihr Weg führt an der Stadtbücherei vorbei. Beim Feuerwehrhaus um die Ecke wäre sie beinahe mit Herrn Müller vom Bauhof zusammengestoßen, der gerade die großen Blumentöpfe winterfest macht.

7.25 Uhr

Julias Freunde kommen mit dem Schulbus an.

7.30 Uhr

Julia und Iris besprechen, dass sie am Nachmittag ihre Kinderausweise, die sie für die Klassenfahrt brauchen, abholen müssen.

3   Aufgaben einer Gemeinde: Feuerwehr. Foto 1998.

Eine Gemeinde muss für vieles sorgen

Eure Heimatgemeinde hat vielfältige Aufgaben zu erfüllen. Sie ist für so unterschiedliche Dinge wie Bau und Betrieb einer Kläranlage, Einstellung eines Gemeindearbeiters oder Unterbringung von Obdachlosen zuständig.

Der Gemeinde wird durch Gesetze vorgeschrieben, welche eigenen und welche vom Staat übertragenen Aufgaben zu erfüllen sind. Zum so genannten eigenen Wirkungskreis gehören die Pflichtaufgaben und die freiwilligen Aufgaben. Ihr könnt auf Seite 15 auch nachlesen, was die Bayerische Verfassung (Art. 83) und die Bayerische Gemeindeordnung (Art. 57) dazu regeln.

A Eigener Wirkungskreis:

– Pflichtaufgaben

Bei diesen Aufgaben des eigenen Wirkungskreises muss die Gemeinde tätig werden. Sie darf lediglich entscheiden, wie sie diese ausführen will. Es handelt sich durchweg um Aufgaben, die die grundlegende Versorgung der Bürger sichern, z. B. mit Trinkwasser oder mit Strom.

– Freiwillige Aufgaben

Wenn die Gemeinde allen Pflichtaufgaben nachgekommen ist, hat sie eventuell noch Geld zur Verfügung. Dann kann sie entscheiden, welche freiwilligen, wünschenswerten Leistungen sie zum Wohle ihrer Bürger plant und umsetzt. Vielleicht ist es ein Jugendzentrum oder ein lang ersehnter Radweg.

B Übertragener Wirkungskreis:

Zusätzlich zum eigenen Wirkungskreis werden jeder Gemeinde noch weitere Aufgaben vom Staat übertragen, zum Beispiel:

– Ausstellung von Pässen oder Lohnsteuerkarten
– An- bzw. Abmeldungen bei Umzug
– Erfassung der Wehrpflichtigen in der Gemeinde.

1 *Gib an, welche Aufgaben einer Gemeinde du wiederfindest, wenn du die Beschreibung von Julias Montagmorgen liest.*

2 *Versuche die Aufgaben den Wirkungskreisen zuzuordnen. Unterscheide auch zwischen freiwilligen und Pflichtaufgaben der Gemeinde.*

3 *Finde weitere Aufgaben der Gemeinde. Lies dazu Artikel 83 der Bayerischen Verfassung (BV).*

4 *Setze Julias Tagesablauf fiktiv fort und zähle auf, bei welchen Gelegenheiten sie mit den Leistungen der Gemeinde in Berührung kommen könnte.*

5 *Zu welcher der in Artikel 83 der Bayerischen Verfassung angeführten Aufgaben wird deine Gemeinde zurzeit tätig? Erkundige dich bei der Gemeinde- oder Stadtverwaltung.*

7 *Versuche die passenden Begriffe aus dem Artikel 83 der Bayerischen Verfassung folgenden Beispielen zuzuordnen:*

– Erhalt des Heimatmuseums
– Bau einer neuen Kläranlage
– Renovierung des Grundschulgebäudes.

Artikel 57 Gemeindeordnung
Aufgaben des eigenen Wirkungskreises

Im eigenen Wirkungskreis sollen die Gemeinden in den Grenzen ihrer Leistungsfähigkeit die öffentlichen Einrichtungen schaffen und erhalten, die nach den örtlichen Verhältnissen für das wirtschaftliche, soziale und kulturelle Wohl und die Förderung des Gemeinschaftslebens ihrer Einwohner erforderlich sind, insbesondere Einrichtungen zur Aufrechterhaltung der öffentlichen Sicherheit und Ordnung, der Feuersicherheit, der öffentlichen Reinlichkeit, des öffentlichen Verkehrs, der Gesundheit, der öffentlichen Wohlfahrtspflege einschließlich der Jugendhilfe, des öffentlichen Unterrichts und der Erwachsenenbildung, der Jugendertüchtigung, des Breitensports und der Kultur- und Archivpflege; hierbei sind die Belange des Natur- und Umweltschutzes zu berücksichtigen …

Artikel 83 Abs. 1 Bayerische Verfassung (BV)

In den eigenen Wirkungskreis der Gemeinden fallen insbesondere die Verwaltung des Gemeindevermögens und der Gemeindebetriebe; der öffentliche Verkehr nebst Straßen- und Wegebau; die Versorgung der Bevölkerung mit Wasser, Licht, Gas und elektrischer Kraft; Einrichtungen zur Sicherung der Ernährung; Ortsplanung, Wohnungsbau und Wohnungsaufsicht; örtliche Polizei, Feuerschutz; örtliche Kulturpflege; Volks- und Berufsschulen und Erwachsenenbildung; Vormundschaftswesen und Wohlfahrtspflege; örtliches Gesundheitswesen; Ehe- und Mütterberatung sowie Säuglingspflege; Schulhygiene und körperliche Ertüchtigung der Jugend; öffentliche Bäder; Totenbestattung; Erhaltung ortsgeschichtlicher Denkmäler und Bauten.

Wie finanziert die Gemeinde ihre Aufgaben?

Peter, Simone und Andreas haben einen großen Wunsch: An ihrem Heimatort soll eine Skatebahn entstehen. Sie wüssten einen geeigneten Platz, allerdings würde eine einfache Bahn bereits ca. 10 000 DM kosten. Die drei beschließen am folgenden Tag zum Rathaus zu gehen und dem Stadtkämmerer ihr Anliegen vorzutragen.

Herr Späth, der Kämmerer, empfängt das Trio und hört sich die Geschichte genau an. Er fragt: „Sagt mal, wisst ihr eigentlich, wie die Finanzen einer Gemeinde verwaltet werden?"

Herr Späth zeigt den Jugendlichen die Gliederung des Haushaltsplanes. Er gilt für alle Gemeinden und wird jedes Jahr neu verhandelt:

0 *Allgemeine Verwaltung*
1 *Öffentliche Sicherheit und Ordnung*
2 *Schulen*
3 *Kulturelle Aufgaben*
4 *Soziale Angelegenheiten*
5 *Gesundheitspflege*
6 *Bau- und Wohnungswesen*
7 *Öffentliche Einrichtungen*
8 *Wirtschaftliche Unternehmen*
9 *Finanzen und Steuern*

Herr Späth erklärt weiter: „Wie jeder Haushalt muss auch die Gemeinde das Geld, das sie ausgibt, zuerst einnehmen. Sie muss vernünftig wirtschaften. Das ist nicht immer ganz leicht und um die einzelnen Posten im Haushaltsplan wird oft zäh gerungen. Geld einnehmen kann die Gemeinde im Prinzip über drei Quellen:

1. Steuereinnahmen: Grundsteuer, Gewerbesteuer, Teil der Einkommensteuer;
2. Finanzzuweisungen: allgemeine Zuschüsse des Bundes/Landes, zweckgebundene Zuschüsse;
3. Entgelte: Beiträge für Leistungen, Gebühren.

Natürlich verfügt eine Gemeinde auch über Vermögen, z.B. Häuser oder Grundstücke. Auch kann eine Gemeinde Kredite aufnehmen um ein größeres Vorhaben zu finanzieren."

1 *Überlege, welcher Haushaltsposten für eine Skatebahn zuständig sein könnte.*
2 *Erläutere anhand der Grafik die Haushaltsplanung einer Gemeinde*
3 *Was passiert, wenn die Waage in der Grafik sich verschiebt und z.B. rechts tiefer hängt? Führe aus, welche Folgen das für die Gemeinde haben kann.*

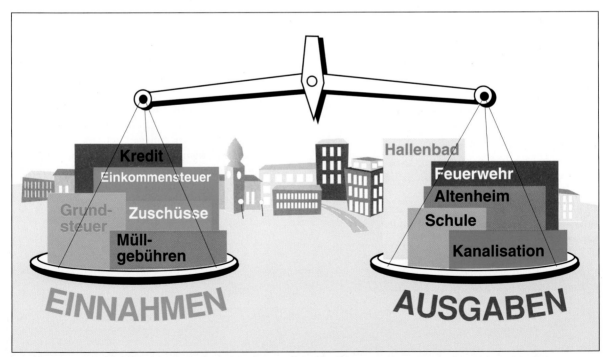

1 Idealfall einer Haushaltsplanung, bei der sich Ausgaben und Einnahmen die Waage halten. Grafik.

2 Simone, Peter und Andreas im Gespräch mit Herrn Späth.

Nachdem Herr Späth erklärt hat, dass im laufenden Haushalt kein Posten „Skatebahn" vorhanden ist, wollen Simone, Peter und Andreas wissen, ob es nicht irgendeine Möglichkeit gibt, trotzdem an einen kleinen Zuschuss zu gelangen (siehe Abb. 2).

4 *Nehmt Einsicht in den aktuellen Haushaltsplan eurer Gemeinde und lasst euch über wichtige Daten informieren.*

5 *Den Haushaltsplan eines Ortes kann man sehr anschaulich als Prozentschaubild darstellen. Versucht es mit den (größten) Posten aus dem Plan eurer Gemeinde.*

6 *Informiert euch anhand des Haushaltsplans darüber, welche größeren Aufgaben eure Gemeinde finanzieren muss. Diskutiert darüber, ob ihr andere Schwerpunkte wählen würdet.*

7 *Diskutiert das Für und Wider folgender Ideen, die Simone, Peter und Andreas nach ihrer Unterredung mit Herrn Späth entwickelt haben:*
– Gespräch mit dem Bürgermeister
– Besuch einer Gemeinderatssitzung
– Plakate am Ort verteilen
– Leserbriefe an die Heimatzeitung schreiben.

8 *Führt einen Besuch im Rathaus bei den entsprechenden Fachleuten für die Gemeindefinanzen durch. Klärt vorher ab, welche Fragen ihr zu welchen Bereichen stellen wollt.*

9 *Fragt bei eurem Besuch im Rathaus nach, welchen Weg die Fachleute für das Anliegen „Skatebahn" empfehlen würden.*

1 Ortsschild Passau. Foto 1998.

2 Ortsschild Baierfeld, Gemeinde Buchdorf. Foto 1998.

Die Stellung unserer Gemeinde

Franz, ein Schüler der 8 b, hat sich bei seiner Gemeindeverwaltung informiert und erklärt seiner Klasse in einem Kurzreferat:

> **M** Baierfeld, der Ort, in dem ich wohne, war früher eine selbstständige Gemeinde. Im Zuge der Gemeindegebietsreform von 1971 wurde sie als Ortsteil der Gemeinde Buchdorf zugeteilt. Buchdorf ist eine kreisangehörige Gemeinde. Ein freiwilliger Zusammenschluss zwei oder mehrerer ansonsten selbstständiger Gemeinden zu einer Verwaltungsgemeinschaft macht die Verwaltung einfacher und kostengünstiger.

Auf der Ebene der kreisangehörigen Gemeinden gibt es in Bayern 2031, darunter Große Kreisstädte, Märkte, kreisangehörige Gemeinden sowie 325 Verwaltungsgemeinschaften.

Kreisangehörige Städte oder Gemeinden sind Orte, die zu einem Landkreis zusammengefasst sind.

Nördlingen im Landkreis Donau-Ries ist z. B. Große Kreisstadt. Große Kreisstädte nehmen eine Zwischenstellung ein. Einerseits sind sie kreisangehörig, andererseits haben sie bestimmte zusätzliche Aufgaben übernommen.

Neben den Landkreisen existieren die kreisfreien Städte. Sie sind den Landkreisen gleichgestellt.

Kaisheim im Landkreis Donau-Ries ist z. B. ein Markt. Dieser Begriff ist geschichtlich zwar wichtig, heute rechtlich aber nicht mehr von Bedeutung.

Der Landkreis

Ihr kennt bereits die unterschiedlichen Aufgaben einer Gemeinde. Die Aufgaben eines Landkreises oder einer kreisfreien Stadt umfassen etwa dieselben Bereiche, sind jedoch auf das Gebiet des ganzen Kreises bezogen. Auch hier begegnen wir dem „eigenen Wirkungskreis" mit seinen freiwilligen und seinen Pflichtaufgaben. Diese sind z. B. Maßnahmen auf den Gebieten der Straßenverwaltung, des Gesundheitswesens oder der öffentlichen Fürsorge. Freiwillige Aufgaben bestehen z. B. in dem Bereich der Weiterbildung, der Kultur oder des Sports. Daneben gibt es wiederum den „übertragenen Wirkungskreis".

Die Bevölkerung eines Landkreises wählt alle sechs Jahre den Landrat sowie die Mitglieder des Kreistages. Die Zahl der Kreisräte hängt von der Anzahl der Einwohner des Kreises ab:

– bis 75 000 Einwohner 50 Kreisräte,
– bis 150 000 Einwohner 60 Kreisräte,
– ab 150 000 Einwohner 70 Kreisräte.

Der Landrat ist als der gesetzliche Vertreter des Landkreises selbstständig, aber als Leiter des staatlichen Landratsamtes auch den Weisungen der vorgesetzten Behörde unterstellt.

1 *Aus welchen Gemeinden kommen die Schüler eurer Klasse? Erstellt ein einfaches Schaubild und ordnet nach verschiedenen Gemeindetypen: Gemeinde, Große Kreisstadt, …*

18

3 Bayern und seine Landkreise.

2 Trage in einer Umrissskizze deines Heimatkreises wichtige Gemeinden des Landkreises ein.
3 Notiere die Landkreise, die mit deinem Heimatkreis eine gemeinsame Grenze haben und stelle den jeweiligen Sitz der Landkreisverwaltung fest.
4 Informiert euch, welche Orte euren Schulverband bilden.

5 Gib an, wie viele Kreisräte dein Landkreis hat.
6 Finde in der Karte kreisfreie Städte in Bayern.
7 Überlege, welche Aufgaben eine kleine Gemeinde wahrscheinlich nicht erfüllen kann. Prüfe an den Bereichen Schule, Straßenbau, Krankenhaus, Verwaltung, wo der Landkreis deiner Heimatgemeinde tätig wird.

1 Die Bürgermeister testen den neuen Radweg, der ihre Gemeinden verbindet. Foto 1997.

In der Gemeinde Asbach-Bäumenheim soll ein Radweg gebaut werden. Auf dieser Doppelseite könnt ihr erarbeiten, wie Entscheidungen in der Gemeinde bzw. in der Stadt zustande kommen.

Ein Radweg entsteht

In Gesprächen und auf Bürgerversammlungen äußerten wiederholt Bürger der Gemeinde Asbach-Bäumenheim den Wunsch nach einem Radweg zur Nachbargemeinde Mertingen.

Der Bürgermeister versprach schließlich dieses Anliegen im Gemeinderat zur Sprache zu bringen. Zu einer Sitzung erhielten die Gemeinderäte von Asbach-Bäumenheim eine Einladung ins Rathaus. Der dritte Punkt der Tagesordnung lautete: „Anlage eines Radweges von Bäumenheim nach Mertingen".

Als der Punkt zur Verhandlung aufgerufen wurde, erinnerte der Bürgermeister an die Wünsche der Bürger nach einem Radweg. Er habe sich bereits mit dem Bürgermeister der Nachbargemeinde verständigt, der dieses Projekt unterstütze. Deshalb habe er von der Gemeindeverwaltung einen Antrag erstellen lassen, der nach Beratung durch Ausschüsse und Fraktionen jetzt zur Beratung im Gemeinderat anstehe:

> **(3) Antrag** Der Gemeinderat möge beschließen: Parallel zur Ortsverbindungsstraße nach Mertingen ist auf der rechten Seite ein geteerter Radweg bis zur Gemeindegrenze zu errichten. Die erforderlichen Haushaltmittel sind im nächsten Gemeindehaushalt bereitzustellen.

Fraktionen und Ausschüsse arbeiten vor

Mitglieder von Gemeinderäten müssen sich auf die Sitzungen gut vorbereiten. Vielfach erhalten sie von der Gemeindeverwaltung entsprechende sachliche Informationen, die so genannten Vorlagen. Die Gemeinderäte der jeweils gleichen Partei treffen sich in der Regel zu Fraktionssitzungen, in denen die anstehenden Punkte diskutiert und vorberaten werden. So wird die Meinungsbildung gebündelt. Wichtige Vorarbeit für die Beratung und Abstimmung im Gemeinderat leisten auch die Ausschüsse. Sie bestehen aus Vertretern unterschiedlicher Parteien und beschäftigen sich mit Sachfragen. Bei der Frage des Radweges wurden der Finanzausschuss und der Planungsausschuss aktiv.

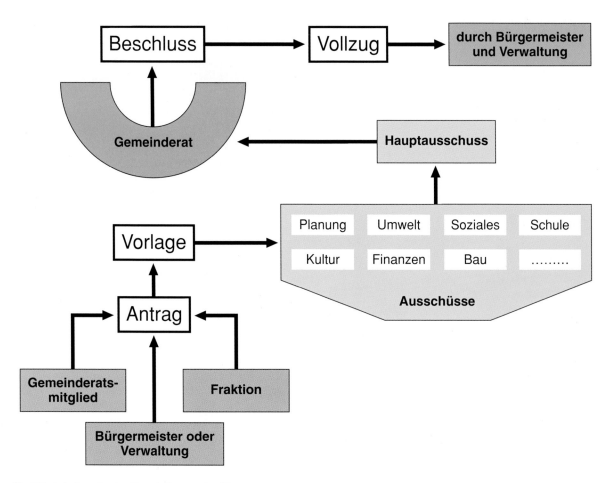

2 Die Arbeitsweise des Gemeinderates. Grafik.

Diskussion und Abstimmung

Vor der Abstimmung konnte sich jedes Gemeinderatsmitglied zum verhandelten Tagesordnungspunkt zu Wort melden. Dabei kam Verschiedenes nochmals zur Sprache: Die Bau- und Materialkosten seien überschaubar und könnten aus dem Gemeindehaushalt getragen werden. Der benötigte Grund befände sich zudem im Gemeindebesitz. Die Anlage eines Radweges fand zudem bei den Gemeinderäten weitgehende Zustimmung. Bei der abschließenden Abstimmung durch Handzeichen wurde der Antrag mit großer Mehrheit angenommen.

Die Verwaltung vollzieht Beschlüsse

Nach der Beschlussfassung im Gemeinderat wurde die Gemeindeverwaltung von Asbach-Bäumenheim aktiv. Sie ist mit der Umsetzung der Gemeinderatsentscheidung beauftragt. Die Verwaltung untersteht dem Bürgermeister. Sie holte die entsprechenden Angebote für den Radwegebau ein und erteilte die Aufträge. Dabei muss sie sich aber stets an die Beschlüsse des Gemeinderates halten.

1 *Führe die Stationen der Radwegentstehung anhand des Textes auf.*
2 *Erläutere mithilfe der Abb. 2, wie im Gemeinderat Entscheidungen getroffen werden.*
3 *Unterscheide und erkläre: Fraktion und Ausschuss.*
4 *Gib an, in welchem Zusammenhang Gemeindeverwaltung und Gemeinderat stehen.*
5 *Entnimm der Abb. 2, wer im Gemeinderat einen Antrag stellen darf.*

Die „Entschlüsselung" der Wappen eurer Gemeinden und eures Landkreises kann sehr interessant sein. Diese Seite will euch dazu Anregungen geben. Zunächst solltet ihr euch Abbildungen der entsprechenden Wappen besorgen.

Häufige Wappensymbole

Wappen erzählen häufig aus der Geschichte des Ortes. Jedes Zeichen, jede Farbe, jedes Muster – alles hat seine Bedeutung. Wappensymbole sind am ehesten vor dem Hintergrund der Ortsgeschichte zu entschlüsseln.

Ein Adler im Wappen weist oft einen Zusammenhang des Ortes mit dem Reich hin. Vielfach waren die Städte reichsfrei* und hatten bestimmte Rechte.

Bäume und Pflanzen im Wappen zeigen einerseits landschaftliche Besonderheiten des Ortes auf, andererseits weisen sie häufig auf Haupternährungsquellen hin (z. B. Getreideähren).

Der Bischofstab ist stets ein Zeichen für kirchliche, meist bischöfliche Einflüsse in der Geschichte der Gemeinde.

Der nebenstehende „Passauer Wolf" weist z. B. auf die Regentschaft von Bischof Wolfker im 12. Jahrhundert hin.

Das Wappen des Landkreises Donau-Ries

Vor der Gemeindegebietsreform waren die Landkreise Donauwörth und Nördlingen selbstständig. Durch ihre Zusammenlegung zum Kreis Donau-Ries wurde als politisches Symbol ein neues Landkreiswappen benötigt. Der schwarze Adler auf goldenem

Das Wappen des Landkreises Donau-Ries.

Grund im oberen Teil des Wappens weist auf die beiden alten Reichsstädte Donauwörth und Nördlingen hin. Im unteren Teil ist das Wappen gespalten. Die linke Seite symbolisiert mit dem goldenen Andreaskreuz auf rotem Grund die Herrschaft der Grafen und Fürsten von Oettingen. Die rechte Spalte mit blau-weißem Rautenmuster soll zeigen, dass das Donau-Lech-Gebiet zum alten Herrschaftsgebiet der Wittelsbacher Bayern gehörte.

Wappen sind Hoheitszeichen. Sie dürfen nur amtlich von berechtigten Personen verwendet und z. B. nicht zu Werbezwecken missbraucht werden.

Wappen im Kunstunterricht

Übertragt Umrisse und Zeichen der Wappen, entweder frei Hand oder mithilfe von Tageslichtschreiber und Folie, vergrößert auf stabilen Karton. Bemalt sie genau nach den Farben der Vorlage.

An eurer Schule sollte eine Landkreiskarte vorhanden sein – setzt die Wappen an die entsprechende Stelle in der Karte ein. Achtet auf die richtigen Größenverhältnisse.

Wappen im Werkunterricht

Wenn ihr euch intensiver oder länger mit den Wappen auseinander setzen wollt, könnt ihr sie auch im Werkunterricht nachgestalten. Hier entstehen aufwendigere Exemplare aus Holz, mit Metalleinfassung oder mit in Prägefolie gestanzten Figuren.

Eure schönsten Wappen finden sicher einen Platz in einem Gang oder vor dem Klassenzimmer. Vielleicht könnt ihr auch kurze Texte zur Erklärung der Wappen verfassen.

Nicht immer, aber doch häufig tagt der Gemeinderat öffentlich. Dies ermöglicht euch sozusagen „live" daran teilzunehmen und einen vielfach interessanten Einblick in die Arbeit vor Ort zu erhalten. Um euren Besuch zu einem Erfolg werden zu lassen solltet ihr ihn vorbereiten und auswerten. Dazu könnt ihr in verschiedenen Schritten vorgehen.

Schritt 1: Kontaktaufnahme

Erkundigt euch bei der Gemeindeverwaltung nach dem Termin und der Tagesordnung der nächsten Gemeinderatssitzung. Aufgrund der anstehenden Themen ist nicht jede Sitzung für Schüler aufschlussreich. Stimmt deshalb euren Besuch mit der Gemeindeverwaltung oder dem Bürgermeister ab.

Schritt 2: Vorbereitung

■ Um die Ereignisse in der Sitzung besser verstehen zu können muss man einiges wissen. Informiert euch im Unterricht über

a) den Ablauf einer Sitzung,

b) die beteiligten Fraktionen und Ausschüsse,

c) aktuelle Projekte eurer Gemeinde und den Gemeindehaushalt.

d) Haltet offene Fragen fest, die ihr dem Bürgermeister oder einem Gemeinderat stellen könnt.

e) Vielleicht könnt ihr einen Gemeinderat in den Unterricht einladen und zu den in der Tagesordnung anstehenden Problemen befragen. Nützlich ist es auch, sich zur Vorbereitung des Besuchs einen Sitzplan des Gemeinderates zu besorgen.

■ Besprecht, was ihr während der Gemeinderatssitzung beobachten wollt. Verteilt verschiedene Beobachtungsaufträge für jede Gruppe, z. B.

– zu den einzelnen Tagesordnungspunkten

– zu unterschiedlichen Fraktionsmeinungen

– zu den Abstimmungsergebnissen

– zum Ablauf der Sitzung

– zur Rolle des Bürgermeisters.

Schritt 3: Durchführung

Vielleicht könnt ihr etwas früher ins Rathaus kommen und euch von einem Verwaltungsangestellten oder dem Vertreter des Bürgermeisters in die bevorstehende Sitzung einweisen lassen.

Gemeinderatssitzung. Foto 1997.

Nehmt Block, Stift und Schreibunterlage mit in den Sitzungssaal. Verfolgt den Ablauf der Sitzung, eventuelle Debatten und Abstimmungen und notiert, was für eure Beobachtungsaufgabe wichtig ist. Schreibt auf, wenn euch etwas auffällt oder unklar bleibt. Vielleicht könnt ihr im Anschluss an die Sitzung den Bürgermeister dazu befragen.

Schritt 4: Auswertung

Die Gruppensprecher berichten über ihre Beobachtungsergebnisse. Schildert euch gegenseitig eure Eindrücke und Empfindungen. Nehmt Stellung zu den Entscheidungen des Gemeinderates.

1 *Versucht nach eurem Besuch die Gemeinderatssitzung nachzuspielen.*

2 *Interviewt den Bürgermeister oder einen Gemeinderat über seine Arbeit.*

3 *Ihr könnt euch mithilfe einer Fragebogenaktion darüber informieren, was in der Öffentlichkeit über die Arbeit des Gemeinderates bekannt ist. Mögliche Fragen könnten sein:*

– *Haben Sie bei der letzten Kommunalwahl gewählt?*

– *Besuchen Sie Sitzungen des Gemeinderates öfter/selten/nie?*

– *Welche Parteien sind im Gemeinderat vertreten?*

– *Lesen Sie Berichte über die Gemeinde in der Lokalzeitung regelmäßig/selten/nie?*

– *Informieren Sie sich im Amtsblatt der Gemeinde regelmäßig/selten/nie?*

– *Nennen Sie die Namen der Bürgermeister und der Fraktionsvorsitzenden im Gemeinderat.*

1 Engagierte Bürger demonstrieren gegen den Bau einer Müllverbrennungsanlage. Foto 1995.

2 Flugblatt einer Bürgerinitiative.

Eigeninitiative ist gefragt

Gemeindepolitik wird nicht nur vom Bürgermeister und den Gemeinderäten gemacht. Jeder Bürger hat vielfältige Möglichkeiten sich zu beteiligen. Für eine aktive Gemeinde und ein lebendiges Gemeindeleben
ist es sogar wichtig, dass möglichst viele sich engagieren und nicht lediglich die Entscheidungen der Räte kritisieren. Wenn Einzelne, eine
Gruppe oder ein Verein Aufgaben freiwillig übernehmen, etwas an-
packen, so muss sich die Gemeinde nicht darum kümmern. Sie spart dadurch Geld und hat keinen personellen Aufwand.

Bei welchen Organisationen und wie eifrig man sich beteiligt, das muss
jeder für sich selbst entscheiden (siehe Abb. 3).

Mitwirkung in Gruppen oder Vereinen

In Gruppen könnte man sich z. B. an folgenden Aufgaben beteiligen:
- Ein Arbeitskreis „Engagierte Jugend" verwaltet und kümmert sich
  um ein Jugendzentrum. Hier finden Jugendliche sinnvolle Freizeit-
  angebote und treffen Gleichgesinnte.
- In manchen Gemeinden haben Eltern kleiner Kinder in Eigeninitiative Spielplätze ausgestattet mit Klettergerüsten, Schaukeln,
  Sandkästen.
- Nachbarschaftliche Hilfe kann insbesondere älteren Menschen oder
  ausländischen Mitbürgern das Leben im Alltag erleichtern.

Vereine sind wichtige Kulturträger an jedem Ort. Vereinsmitglieder
übernehmen ebenfalls zahlreiche zusätzliche Aufgaben, z. B.
- die Organisation eines Bürgerfestes/Straßenfestes,
- Entrümpelungsaktionen in Wäldern oder an Gewässern.

Durch ehrenamtliche, unbezahlte Tätigkeiten werden auf diese Weise
Gewinne erwirtschaftet, die Bedürftigen, Hilfsorganisationen oder für
ein Gemeindevorhaben, z. B. für einen Brunnen, gespendet werden.

1 *Diskutiert darüber, wo ihr
euch in der Gemeinde eine Mitarbeit vorstellen könntet.*
2 *Finde heraus, welche Vereine
es an deinem Ort gibt und was sie
für die Gemeinde leisten.*

Parteiarbeit

Neben den Vereinen und Gruppen
prägen insbesondere politische Parteien das Gemeindeleben. Sie beschäftigen sich mit den Wünschen
und Sorgen der Gemeindebürger.
Sie machen Vorschläge und stellen
Persönlichkeiten aus ihrer Mitte der
Öffentlichkeit als Amtsträger zur
Wahl. Im Gemeinderat vertreten die
Fraktionen zwar unterschiedliche
Meinungen, arbeiten aber dennoch
zum Wohle der Gemeinde häufiger
zusammen als man allgemein an-
nimmt.

Die Parteien bieten nicht nur ihren
Mitgliedern, sondern allen Interes-
sierten die Möglichkeit zur Mitspra-
che, z. B. beim politischen Früh-
schoppen oder bei Versammlungen.
Als Mitglied jedoch besitzt man
mehr Rechte in der Partei und wird

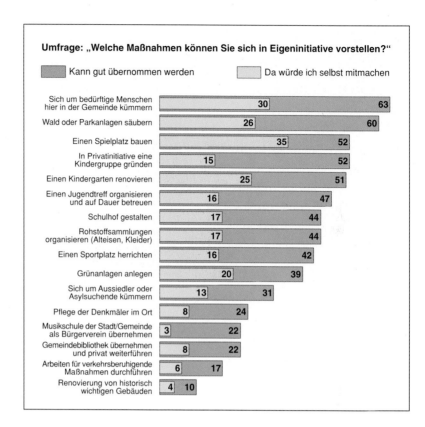

Umfrage: „Welche Maßnahmen können Sie sich in Eigeninitiative vorstellen?"

☐ Kann gut übernommen werden   ☐ Da würde ich selbst mitmachen

Sich um bedürftige Menschen hier in der Gemeinde kümmern	30 / 63
Wald oder Parkanlagen säubern	26 / 60
Einen Spielplatz bauen	35 / 52
In Privatinitiative eine Kindergruppe gründen	15 / 52
Einen Kindergarten renovieren	25 / 51
Einen Jugendtreff organisieren und auf Dauer betreuen	16 / 47
Schulhof gestalten	17 / 44
Rohstoffsammlungen organisieren (Alteisen, Kleider)	17 / 44
Einen Sportplatz herrichten	16 / 42
Grünanlagen anlegen	20 / 39
Sich um Aussiedler oder Asylsuchende kümmern	13 / 31
Pflege der Denkmäler im Ort	8 / 24
Musikschule der Stadt/Gemeinde als Bürgerverein übernehmen	3 / 22
Gemeindebibliothek übernehmen und privat weiterführen	8 / 22
Arbeiten für verkehrsberuhigende Maßnahmen durchführen	6 / 17
Renovierung von historisch wichtigen Gebäuden	4 / 10

3 Initiativen aktiver Gemeindebürger (Umfragewerte in Prozent).

sich meist politisch intensiver engagieren. Man entscheidet bei der Kandidatenaufstellung der Partei mit. Im Wahlkampf setzen sich Mitglieder für die Ziele der Partei ein oder leisten Helferdienste, z.B. durch Verteilen von Prospekten oder durch Kleben von Wahlplakaten. Falls man noch mehr für die Gemeinde leisten möchte, sollte man selbst für ein Amt kandidieren.

Bürgerinitiativen
Man kann sich auch an einer Bürgerinitiative beteiligen. Ein derartiger Zusammenschluss von Gemeinde- oder Kreisbürgern bildet sich spontan und zielt vielfach auf die Durchsetzung oder Verhinderung eines einzigen Projektes, z.B. Bau eines Kindergartens oder Verhinderung einer Mülldeponie bzw. Müllverbrennungsanlage am Ortsrand (sieh Abb. 1). Mit zunehmender Mitgliederzahl einer Bürgerinitiative wachsen auch deren Bedeutung und Einfluss. Bei der endgültigen Entscheidung für oder gegen ein Projekt müssen die verantwortlichen Politiker jedoch zugunsten des Gemeinwohls die Benachteiligung Einzelner in Kauf nehmen.

In Bürgerinitiativen zeigen Gemeindebürger oft hohes Engagement für einzelne Gemeindeprojekte. Nach dem Erfolg bzw. nach dem Scheitern ihrer Bemühungen lösen sich Bürgerinitiativen in der Regel auf.
Waren Bürgerinitiativen in den 70er- und 80er-Jahren noch relativ häufig, so sind sie seit der Einführung des effektiveren Bürgerbegehrens/Bürgerentscheides (siehe Seiten 26/27) kaum mehr zu beobachten.

3 *Führe an, welche politischen Mitwirkungsmöglichkeiten (Gruppen, Parteien, Bürgerinitiativen) an deinem Wohnort zu beobachten sind.*

4 *Vergleiche die Mitwirkungsmöglichkeiten in einem Verein und in einer politischen Partei.*

5 *Parteien suchen engagierte junge Menschen. Was spricht aus deiner Sicht für oder gegen eine Mitgliedschaft in einer politischen Partei?*

1 Bürgerversammlung. Foto 1995.

Bürger melden sich zu Wort

Eine günstige Möglichkeit sich in das politische Geschehen der Gemeinde einzumischen bietet sich in der aktiven Beteiligung an der Bürgerversammlung. Die Gemeindeordnung schreibt in Artikel 18 vor:

> **M** In jeder Gemeinde hat der Erste Bürgermeister mindestens einmal jährlich, auf Verlangen des Gemeinderates auch öfter, eine Bürgerversammlung zur Erörterung gemeindlicher Angelegenheiten einzuberufen. [...]

Nach dem Motto „Jetzt red'i" kann sich jeder Gemeindebürger auf dieser Versammlung zu Wort melden, dabei um Auskunft bitten, Anregungen oder Einwände vorbringen.

Die Gemeinderäte nehmen Hinweise und Kritik im Allgemeinen sehr ernst. Empfehlungen der Bürgerversammlung müssen nach spätestens drei Monaten im Rat behandelt werden. Viele Punkte können bei Entscheidungen berücksichtigt werden. Bürgermeister und Gemeinderäte versuchen in der Regel Bürgernähe zu praktizieren. Sie informieren die Bürger vielfach rechtzeitig über Vorhaben und verdeutlichen anstehende oder bereits getroffene Beschlüsse.

1 *Finde heraus, welche Themen für deinen Ort auf der nächsten Bürgerversammlung voraussichtlich eine Rolle spielen.*

2 *Überlege, was die Jugendlichen in deiner Gemeinde z. B. über Eltern oder Jugendvertreter anregen lassen könnten.*

Bürger treffen Entscheidungen

Seit 1995 existiert in Bayern die Möglichkeit, dass Gemeindebürger in vielen Fällen selbst aktiv nicht nur eingreifen, sondern auch mehrheitlich entscheiden können.

Dies ist mit einem Bürgerbegehren und einem Bürgerentscheid möglich.

Allerdings dürfen Bürger nur über Fragen des eigenen Wirkungskreises entscheiden. Ausgeschlossen vom Bürgerentscheid sind z. B. Fragen des Haushaltes, personelle Entscheidungen oder Aufgaben des vom Staat übertragenen Wirkungskreises.

Vom Bürgerbegehren ...

Um ein Bürgerbegehren zu veranlassen muss man einen schriftlichen Antrag mit Begründung formulieren und beim Bürgermeister einreichen. Dabei muss eine mit Ja oder Nein beantwortbare Fragestellung enthalten sein.

Wenn sich zehn Prozent der wahlberechtigten Gemeindebürger (in großen Städten ist die Prozentzahl geringer) durch ihre Unterschrift für einen Bürgerentscheid aussprechen, ist die erste Hürde geschafft. Wird dagegen die notwendige Zahl an Unterschriften nicht erreicht, so ist das Bürgerbegehren bereits gescheitert.

Auch der Gemeinderat kann ein Bürgerbegehren beantragen, benötigt dazu aber eine Zweidrittelmehrheit.

26

Beteiligen auch

Sie

sich am Bürgerentscheid! Auch

Sie

wollen kein Industriegebiet!

2 Flugblatt für einen Bürgerentscheid.

... zum Bürgerentscheid

Der Gemeinderat überprüft, ob ein Bürgerbegehren rechtlich zulässig ist. Trifft dies zu, so beschließt er innerhalb von drei Monaten den Bürgerentscheid durchzuführen. Lässt der Gemeinderat einen Entscheid nicht zu, so kann dagegen Klage erhoben werden.

Vor der endgültigen Abstimmung werden sich natürlich besonders die Gegner zu Wort melden. Deshalb versuchen in der Regel in dieser Zeit sowohl Befürworter als auch Gegner mit Flugblättern (siehe Abb. 2), Plakaten, Anzeigen und Veranstaltungen noch Unentschlossene auf ihre Seite zu bringen und sie zur Beteiligung am Bürgerentscheid zu veranlassen.

Beim Bürgerentscheid gilt die einfache Mehrheit der abgegebenen Stimmen ohne Rücksicht auf die Anzahl der sich Beteiligenden.

Ein Bürgerentscheid hat die gleiche Wirkung wie ein Gemeinderatsbeschluss.

Zur Nutzung des neuen Instruments

Die bayerischen Bürger haben bereits im ersten Jahr nach der Einführung des Bürgerbegehrens und des Bürgerentscheids intensiven Gebrauch davon gemacht. Bis Ende Oktober 1996 wurden 317 Bürgerbegehren beantragt und 105 Bürgerentscheide durchgeführt. Etwa die Hälfte der Entscheidungen wurde angenommen.

Beteiligung bei Bürgerentscheidungen

Einwohnerzahl	Anzahl der Bürgerentscheide	Beteiligung in Prozent
bis 2000	6	61,3
2001–5000	30	55,1
5001–10 000	17	52,3
10 001–50 000	17	60,4
50 001–100 000	2	35,2
100 001–500 000	8	26,3
ab 500 000	2	32,0
Daten nicht erfasst	23	
Summe/Durchschnitt	**105**	**52,2**

Die Themen der bayerischen Bürgerbegehren

Themenbereich	Anzahl	Prozent
Bauleitpläne, Bauprojekte	100	31,5
Verkehrsprojekte	82	25,9
Öffentliche Infrastruktur- und Versorgungseinrichtungen	71	22,4
Entsorgungsprojekte (Müll, Wasser)	32	10,1
Sonstige	19	6,0
Gebühren, Abgaben	13	4,1
Gesamt	**317**	**100**

3 *Erläutere mithilfe des Textes den Weg vom Bürgerbegehren zum Bürgerentscheid.*
4 *Informiere dich darüber, ob es in deiner Gemeinde schon ein Bürgerbegehren gegeben hat bzw. ob eines im Gange ist.*
5 *Überlegt gemeinsam, welcher Zusammenhang zwischen der Einwohnerzahl und der Anzahl der Bürgerentscheide besteht (siehe obere Tabelle).*
6 *Diskutiert, warum z. B. Bauprojekte großes und Abgaben bzw. Gebühren so geringes Interesse in der Bevölkerung (siehe untere Tabelle) finden.*

Auf dem Stimmzettel darf nur **ein Bewerber** angekreuzt werden

Stimmzettel

zur Wahl des ersten Bürgermeisters
in der Gemeinde Asbach-Bäumenheim
am 10. März 1996

Wahlvorschlag Nr. 1 Kennwort: Christlich-Soziale Union (CSU)	**EICHHORN HANS**, Diplom-Verwaltungswirt (FH) Bürgermeister, Kreisrat Weidenstraße 13 · Asbach-Bäumenheim	○
Wahlvorschlag Nr. 2 Kennwort: Sozialdemokratische Partei Deutschlands (SPD)	**SEEL MANFRED**, Kaufmann Kreisrat, Gemeinderat Donauwörther Straße 29 · Asbach-Bäumenheim	○
Wahlvorschlag Nr. 3 Kennwort: BÜNDNIS 90/DIE GRÜNEN (GRÜNE)	**PECHER WERNER**, Verwaltungsbeamter Sonnenstraße 7 · Asbach-Bäumenheim	○
Wahlvorschlag Nr. 4 Kennwort: Parteifreie Wählergruppe (PWG) – Freie Wähler	**HAUPT ANDREAS**, Polizeibeamter Gemeinderat Jurastraße 2 · Asbach-Bäumenheim	○

1 Stimmzettel zur Bürgermeisterwahl.

Auf diesem Stimmzettel nur **einen** Bewerber ankreuzen!

Stimmzettel
zur Bürgermeister-Stichwahl

in der Gemeinde Asbach-Bäumenheim
am 24. März 1996

Wahlvorschlag Nr. 1 Kennwort: Christlich-Soziale Union (CSU)	Wahlvorschlag Nr. 2 Kennwort: Sozialdemokratische Partei Deutschlands (SPD)
EICHHORN HANS Diplom-Verwaltungswirt (FH) Bürgermeister, Kreisrat Weidenstraße 13 · Asbach-Bäumenheim	**SEEL MANFRED** Kaufmann Gemeinderat, Kreisrat Donauwörther Str. 29 · Asbach-Bäumenheim
○	○

2 Stimmzettel zur Bürgermeister-Stichwahl.

Möglichkeiten der Mitwirkung

Einige Möglichkeiten der Einflussnahme in der Gemeinde habt ihr bereits kennen gelernt. Besonders wichtig aber sind die Kommunalwahlen. Dazu zählen die Wahlen der
– Oberbürgermeister in den kreisfreien Städten
– Landräte in den Landkreisen

3 Wähler bei der Stimmabgabe. Foto 1996.

– Ersten Bürgermeister in den kreisangehörigen Gemeinden
– Gemeinderäte (Stadträte) in den kreisfreien und kreisangehörigen Gemeinden
– Kreisräte (Kreistage)
– Bezirksräte (Bezirkstage).

Diese Wahlen finden alle sechs Jahre statt. Wahlberechtigt ist jeder deutsche Gemeindebürger, der mindestens 18 Jahre alt ist und mindestens drei Monate in der Gemeinde wohnt und nicht vom Wahlrecht ausgeschlossen ist. Seit 1996 dürfen auch Bürger der EU-Mitgliedsstaaten, die in der Gemeinde wohnen, bei Kommunalwahlen teilnehmen.

Am Beispiel der Wahl des Bürgermeisters und der Wahl des Gemeinderates könnt ihr erarbeiten, was bei einer Wahl zu beachten ist und wie ihr später wählen könnt.

Wahl des Bürgermeisters

Der Erste Bürgermeister wird von den Gemeindebürgern direkt und mit absoluter Mehrheit gewählt. Das heißt er muss mehr als 50 Prozent der abgege-

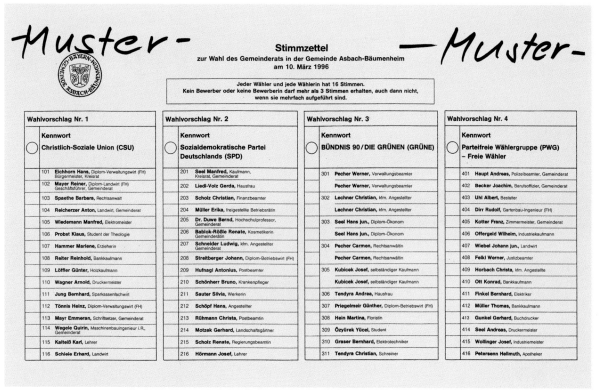

Muster- **—Muster-**

Stimmzettel
zur Wahl des Gemeinderats in der Gemeinde Asbach-Bäumenheim
am 10. März 1996

Jeder Wähler und jede Wählerin hat 16 Stimmen.
Kein Bewerber oder keine Bewerberin darf mehr als 3 Stimmen erhalten, auch dann nicht,
wenn sie mehrfach aufgeführt sind.

Wahlvorschlag Nr. 1	Wahlvorschlag Nr. 2	Wahlvorschlag Nr. 3	Wahlvorschlag Nr. 4
Kennwort ◯ **Christlich-Soziale Union (CSU)**	**Kennwort** ◯ **Sozialdemokratische Partei Deutschlands (SPD)**	**Kennwort** ◯ **BÜNDNIS 90/DIE GRÜNEN (GRÜNE)**	**Kennwort** ◯ **Parteifreie Wählergruppe (PWG) – Freie Wähler**
101 **Eichhorn Hans**, Diplom-Verwaltungswirt (FH) Bürgermeister, Kreisrat	201 **Seel Manfred**, Kaufmann, Kreisrat, Gemeinderat	301 **Pecher Werner**, Verwaltungsbeamter	401 **Haupt Andreas**, Polizeibeamter, Gemeinderat
102 **Mayer Reiner**, Diplom-Landwirt (FH) Geschäftsführer, Gemeinderat	202 **Liedl-Volz Gerda**, Hausfrau	**Pecher Werner**, Verwaltungsbeamter	402 **Becker Joachim**, Berufsoffizier, Gemeinderat
103 **Spaethe Barbara**, Rechtsanwalt	203 **Scholz Christian**, Finanzbeamter	302 **Lechner Christian**, kfm. Angestellter	403 **Uhl Albert**, Bestatter
104 **Reicherzer Anton**, Landwirt, Gemeinderat	204 **Müller Erika**, freigestellte Betriebsrätin	**Lechner Christian**, kfm. Angestellter	404 **Dirr Rudolf**, Gartenbau-Ingenieur (FH)
105 **Wiedemann Manfred**, Elektromeister	205 **Dr. Duwe Bernd**, Hochschulprofessor, Gemeinderat	303 **Seel Hans jun.**, Diplom-Ökonom	405 **Kotter Franz**, Zimmermeister, Gemeinderat
106 **Probst Klaus**, Student der Theologie	206 **Bablok-Rößle Renate**, Kosmetikerin Gemeinderätin	**Seel Hans jun.**, Diplom-Ökonom	406 **Offergeld Wilhelm**, Industriekaufmann
107 **Hammer Marlene**, Erzieherin	207 **Schneider Ludwig**, kfm. Angestellter Gemeinderat	304 **Pecher Carmen**, Rechtsanwältin	407 **Wiebel Johann jun.**, Landwirt
108 **Reiter Reinhold**, Bankkaufmann	208 **Streitberger Johann**, Diplom-Betriebswirt (FH)	**Pecher Carmen**, Rechtsanwältin	408 **Felkl Werner**, Justizbeamter
109 **Löffler Günter**, Holzkaufmann	209 **Hufnagl Antonius**, Postbeamter	305 **Kubicek Josef**, selbständiger Kaufmann	409 **Horbach Christa**, kfm. Angestellte
110 **Wagner Arnold**, Druckermeister	210 **Schönherr Bruno**, Krankenpfleger	**Kubicek Josef**, selbständiger Kaufmann	410 **Ott Konrad**, Bankkaufmann
111 **Jung Bernhard**, Sparkassenfachwirt	211 **Sauter Silvia**, Werkerin	306 **Tendyra Andrea**, Hausfrau	411 **Finkel Bernhard**, Elektriker
112 **Tönnis Heinz**, Diplom-Verwaltungswirt (FH)	212 **Schöpf Hans**, Angestellter	307 **Priegelmeir Günther**, Diplom-Betriebswirt (FH)	412 **Müller Thomas**, Bankkaufmann
113 **Mayr Emmeran**, Schriftsetzer, Gemeinderat	213 **Rühmann Christa**, Postbeamtin	308 **Hein Martina**, Floristin	413 **Gunkel Gerhard**, Buchdrucker
114 **Wegele Quirin**, Maschinenbauingenieur i.R., Gemeinderat	214 **Motzek Gerhard**, Landschaftsgärtner	309 **Özyürek Yücel**, Student	414 **Seel Andreas**, Druckermeister
115 **Kalteiß Karl**, Lehrer	215 **Scholz Renate**, Regierungsbeamtin	310 **Graser Bernhard**, Elektrotechniker	415 **Wollinger Josef**, Industriemeister
116 **Schiele Erhard**, Landwirt	216 **Hörmann Josef**, Lehrer	311 **Tendyra Christian**, Schreiner	416 **Petersenn Hellmuth**, Apotheker

4 Stimmzettel zur Wahl des Gemeinderates.

benen Stimmen erhalten. Treten mehr als zwei Bürgermeisterkandidaten an, so gibt es häufig eine Stichwahl.

Um als Bürgermeister gewählt werden zu können muss man 21 Jahre alt sein und seit sechs Monaten in der Gemeinde wohnen. EU-Bürger haben hierbei allerdings nur das aktive Wahlrecht, d. h. sie können zwar wählen, dürfen aber nicht gewählt werden.

Wahl des Gemeinderates

Je nach Größe der Gemeinde wählen die Bürger zwischen acht und 80 Gemeinde- bzw. Stadträte. In Donauwörth sind es z. B. 24. Jeder Wahlberechtigte hat so viele Stimmen zu vergeben, wie Räte zu wählen sind.

Allerdings hat der Wähler in Bayern vielseitige interessante Möglichkeiten seine Stimmen auf die verschiedenen Kandidaten der Parteien und Bürgergruppen zu verteilen:

Listenwahl: Kreuzt man einen Wahlvorschlag an, so erhält jeder Kandidat, der in diesem Wahlvorschlag genannt ist, eine Stimme.

Listenspringen: Der Wähler kann sich aber auch geeignete Kandidaten aussuchen und so seinen Gemeinderat zusammenstellen. Dieses Springen zwischen den Listen nennt man „Panaschieren".

Häufeln (Kumulieren): Einzelnen Kandidaten kann der Wähler bis zu drei Stimmen geben. Der Wähler muss aber aufpassen, dass er insgesamt nicht mehr Stimmen verteilt als Gemeinderatsmitglieder zu wählen sind; sonst ist der Stimmzettel ungültig.

1 *Finde anhand des Textes heraus, wer in der Gemeinde wahlberechtigt ist. Denke dabei auch an die ausländischen Mitbürger.*

2 *Überlege, welche besonderen Vorteile das Kumulieren und das Panaschieren bieten.*

3 *Informiere dich über die letzten Wahlergebnisse deiner Gemeinde.*

4 *In Niedersachsen dürfen seit 1996 bereits 16-Jährige an den Kommunalwahlen teilnehmen. Wie denkst du darüber?*

5 *Die Amtszeit des Bürgermeisters und der Gemeinderäte dauert sechs Jahre. Was hältst du von einer Verkürzung der Amtszeit?*

1 Jugendliche bei der Umgestaltung eines Pausenhofes. Foto 1997.

Ein Pausenhof wird umgestaltet

Der Pausenhof der Monheimer Schule war ein Pausenhof wie viele andere. Ein geteerter Platz, auf dem man spielen konnte, ein Rasen, der nicht betreten werden durfte, eine Tischtennisplatte für mehr als vierhundert Schüler. Daneben bestanden noch zwei kleine Hartplätze, einer für Basketball, einer für Fußball.

Natürlich gab es auch in Monheim wie an jeder anderen Schule in den Pausen Rempeleien, Aggressionen und Probleme: Jüngere Schüler mussten sich mit den älteren streiten, wenn sie an die Tischtennisplatte wollten. Fangspiele wurden von der Aufsicht nicht geduldet, da sie auf dem Teer zu gefährlich waren.

Heute können die Schüler ihre Pause anders gestalten. Sie haben die Möglichkeit an einer Ballwurfwand ihre Geschicklichkeit zu erproben, sie können eine der Schaukeln benutzen, ein Klettergerüst belagern oder sich ganz einfach in einem Pavillon von den Strapazen des Unterrichts erholen. Im Sommer kann die ganze Klasse den ganzen Unterricht in den Pavillons oder im Freiluftklassenzimmer abhalten.

Ein so großes Projekt wie die Erneuerung und Umgestaltung des Pausenhofes ist natürlich nur möglich, wenn viele mithelfen. Die Idee, die vom Elternbeirat kam, fand Anhänger bei der Rektorin und den Lehrern der Schule, aber auch bei der Gemeinde und beim Schulverband. Örtliche Firmen unterstützten das Projekt durch Sachspenden oder Bereitstellung von Maschinen. Geld musste organisiert werden, ebenso freiwillige Helfer. Auch die Schüler beteiligten sich aktiv an dem zweijährigen Umbau. Vor allem die älteren Schüler leisteten zusammen mit den Eltern und Lehrern viele freiwillige Arbeitsstunden auf dem Hof (siehe Abb. 1).

Auf den Seiten 118 bis 120 erhaltet ihr Anregungen, wie ihr euren Pausenhof umgestalten könnt.

Schüler aller Klassen bastelten, werkten und handarbeiteten für Basare, bei denen man den Erlös für den Pausenhof verwendete.

Eine Klasse baute einen Pizzaofen nach altem Vorbild, der Erlös des Pizzaverkaufs ging in den „großen Topf", ebenso wie die Spende einer neunten Klasse zu ihrem Abschluss.

Jugendliche arbeiten für die eigene Gemeinde

Gelegenheiten euch in eurer Heimatgemeinde zu engagieren, gibt es viele. Einige Anregungen:

- Gibt es eine gefährliche Kreuzung in eurer Gemeinde, an der kleine Kinder oder alte Menschen gefährdet sind? Könnte man eine Aktion für eine Fußgängerampel starten?

- Sollte in einer Wohnsiedlung eine Zone mit Tempo 30 errichtet werden? Braucht ein Wohngebiet eine Spielstraße, damit kleinere Kinder besser geschützt werden?

- Befinden sich genügend Freizeiteinrichtungen für Jugendliche in der Gemeinde? Gibt es einen Bolzplatz, einen Spielplatz?

- Können Jugendliche sich treffen oder werden sie als Störung empfunden, weil sie über keinen eigenen Jugendtreff verfügen?

- Gibt es die Möglichkeit, behinderte Menschen zu integrieren, zum Beispiel bei gemeinsamen Sportfesten, in einer regelmäßigen Schwimmstunde, bei Veranstaltungen?

- Sucht Ansprechpartner, denen ihr eure Idee unterbreitet. Sprecht mit einem Gemeinderat, der Schulleitung oder einem Fachgebietsleiter des Ortes über eure Idee.

- Überlegt euch die Kosten und die Finanzierung. Viele Projekte sind sehr kostenintensiv, daher solltet ihr gleich mit eurem Lehrer überlegen, wofür es eventuell Zuschüsse gibt oder wer angesprochen werden kann.

- Geht mit Plakaten, Leserbriefen oder Infoblättern an die Öffentlichkeit. Ihr solltet euch Verbündete suchen, aber erst wenn ihr sicher seid, dass ihr das Vorhaben auch durchsetzen wollt.

2 „Natürlich sind wir stolz auf den Pausenhof. Vor allem haben wir ja selbst mit dazu beigetragen!" Foto 1997.

1 *Informiere dich, ob an deiner Schule oder einer anderen Schule in der Nähe eine Umgestaltung des Schulhofes durchgeführt wurde. Fragt auch nach den Erfahrungen, die man dabei gesammelt hat.*

2 *Diskutiert in der Klasse über die Anregungen auch im Hinblick auf ihre Durchführbarkeit in eurer Gemeinde.*

3 *Versucht weitere Ideen zu finden, die auf die Situation in eurer Gemeinde passen.*

4 *Wenn ihr ein Projekt gefunden habt, lest euch noch einmal die Geschichte von Monheim durch. Notiert dabei, welche Einrichtungen und Personen ihr ansprechen könnt. Die Informationen im Kasten rechts können euch auch weiterhelfen.*

Meinungen, Meinungen, Meinungen zur Mitarbeit in der Gemeinde

„Ne, ne, die Kommunalpolitik macht ihr mal lieber ohne mich! Ich bin jetzt 20 Jahre am Ort und habe überall meine Freunde. Wenn ich mich jetzt für den Gemeinderat aufstellen lasse, dann werde ich viele Freunde verlieren – allen Menschen kannst du es nicht recht machen!"

„Meine Kritik ist, dass es viel zu lange dauert, bis so eine Entscheidung im Gemeinderat getroffen ist. Wozu haben wir denn einen Bürgermeister gewählt? Der soll entscheiden und fertig! Dieses viele Diskutieren schadet nur."

„Ja, ich finde, man kann ja sowieso nichts erreichen. Wir haben uns mal ganz stark gemacht für einen Bolzplatz – und was war? Kein Geld in der Kasse! Na ja, was soll's."

„Also, ich wüsste schon, wo die Gemeinden sparen könnten. Bei uns gibt es viel zu viele Ausgaben für die Kultur! Schaun Sie doch mal ins Heimatmuseum rein – das ganze Jahr gehen nur ein paar Touristen hinein. Auch die Vereine, die können das Geld, das sie brauchen, ruhig selbst zusammenbringen."

1 Sammelt mithilfe der Informationen dieses Kapitels Argumente gegen die Meinungen zur Mitarbeit in der Gemeinde.
2 Beschreibe die Karikatur (Abb. 1).
3 Überlegt gemeinsam, worauf die Karikatur hinweisen möchte.
4 Führt aus, welche Gründe es dafür geben kann, dass die Gemeinden sparen müssen.
5 Informiert euch über umstrittene Sparmaßnahmen in der Gemeinde.
6 Fertige selbst eine Karikatur zum Thema „Sparen in der Gemeinde" an.

1 Zusammenlegung. Karikatur.

2 **Rathaus.** Foto 1998.

3 **Behörden-Wegweiser.** Foto 1998.

Was erledige ich wo?

Abb. 3 zeigt einige Ämter, über die die Stadt/Gemeinde verfügt. Ordne zu den folgenden Beispielen das richtige Amt zu:

- Herr Müller braucht einen neuen Personalausweis.
- Frau Scharing möchte demnächst ihren Freund heiraten.
- Otto ist während der Bundestagswahl im Urlaub, deshalb möchte er die Briefwahl nutzen.

- Familie Gürü hat ein kleines Haus gekauft und zieht jetzt an den Ort.
- Familie Peter möchte an ihr Haus eine zweite Garage anbauen.
- Katja will Karten für ein Konzert kaufen, das im Rahmen der „Kulturtage" aufgeführt wird.
- Franz möchte eine Ausbildung zum Polizisten beginnen und braucht dafür ein Führungszeugnis.
- Die Aktion „Grün ist Leben" möchte im Ort Plakate für ein neues Projekt aushängen.

Der lange Weg zur Entscheidung

Ordnet die folgenden Schritte in der richtigen Reihenfolge:

F Ein Antrag liegt dem Stadtrat vor.

A Der Stadtrat diskutiert die Ausschussvorschläge.

B Erläuterung und Bearbeitung des Antrags in den Ausschüssen

E Der Antrag kommt auf die Tagesordnung der Stadtratssitzung.

C Abstimmung im Stadtrat und Beschlussfassung

D Die Verwaltung der Stadt setzt den Beschluss des Stadtrates in die Realität um.

2. Europa

In diesem Kapitel erfahrt ihr etwas über die Lage Europas auf der Erde und wie wir diesen Kontinent sowohl politisch als auch wirtschaftlich gliedern können.

Ihr könnt auch etwas über die Klima- und Vegetationszonen sowie über die naturräumliche Grobgliederung erfahren.

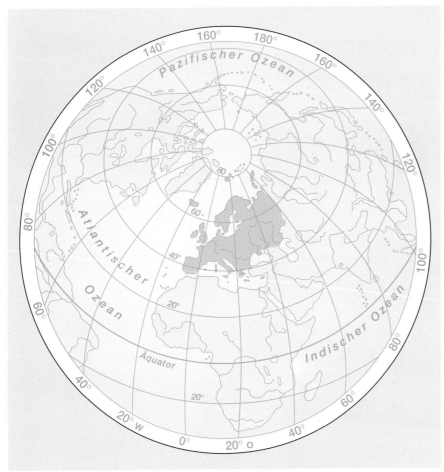

1 Lage Europas auf der Erdkugel.

Stimmen zur Abgrenzung Europas

Ein Geograph äußert sich:

M1 Wenn man Karten und den Globus anschaut, erkennt man sofort, dass Europa im Norden, Westen und Süden durch Meere abgegrenzt ist. Als östliche Grenze gelten seit langem das Ural-Gebirge und der Ural-Fluss sowie das Kaspische Meer und der Höhenzug des Kaukasus. Es wäre jedoch auch verständlich, wenn man diese Grenze weiter nördlich zöge. Die meisten Völker am und im Kaukasus sind nämlich mit asiatischen Völkern verwandt.

Ein EU-Beamter sieht es so:

M2 Europa – das ist das Gebiet der Europäischen Union. Allerdings wollen jetzt immer mehr Staaten der EU beitreten. Dann wird dieses Europa immer größer.

Ein Russe sagt dazu:

M3 Wo endet Europa denn eigentlich? Diese Frage ist gar nicht so leicht zu beantworten. Selbstverständlich gehören St. Petersburg und Moskau meiner Meinung nach zu Europa. Andererseits ist der Ural keine wirkliche Grenze. Die Russen in Sibirien haben doch dieselbe europäische Kultur. Aber auch wir rechnen Sibirien nicht mehr zu Europa.

Ein Ukrainer nimmt ebenfalls Stellung:

M4 Natürlich gehören wir zu Europa. Oder liegen wir vielleicht in Asien? Es gefällt uns in der Ukraine überhaupt nicht, wie sich die Menschen in Westeuropa abgrenzen. Irgendwie habe ich das Gefühl, dass man dort von uns nicht allzu viel weiß.

1 Felsen von Gibraltar. Foto 1997.

3 Bosporusbrücke in Istanbul. Foto 1997.

2 Gletscher auf Spitzbergen. Foto 1997.

4 Vestmannaeyar (Island). Foto 1997.

Lage und Abgrenzung Europas

Abbildung 1 (auf S. 36) lässt erkennen, dass Europa mit der großen Festlandsmasse des Erdteils Asien verbunden ist. Da beide Kontinente zusammenhängen, sprechen Geographen auch von „Eurasien".

Eine Abgrenzung Europas gelingt noch am ehesten dort, wo eine Küstenlinie verläuft. So bilden im Süden die Straße von Gibraltar und das Mittelmeer die Grenze zu Afrika. Im Westen und Norden wird das europäische Festland vom Atlantik samt Nordpolarmeer umgeben. Das Nordkap in Norwegen gilt als nördlichster Punkt des europäischen Festlands, ganz genau ist der nördlichste Punkt jedoch Knivskjelodden, das vier Kilometer weiter westlich liegt.

Bei der Abgrenzung Europas spielt die Türkei eine besondere Rolle. Dieser Staat hat nämlich einen europäischen und einen asiatischen Teil. Getrennt sind beide Teile durch eine Meerenge namens „Bosporus" (600–3000 m breit). Der europäische Teil der Türkei ist nur etwa so groß wie Mecklenburg-Vorpommern.

Zu Europa gehören neben dem Festland auch noch einige Inseln im Mittelmeer und Atlantik. Die größten europäischen Inseln sind Großbritannien, Island und Irland.

1 *Bestimme die Längen- und Breitengrade, zwischen denen sich Europa erstreckt (Atlas).*
2 *Notiere die Meere und Meeresteile, die das europäische Festland umgeben (Atlas).*
3 *Beschreibe die vier Bilder auf dieser Seite oben und erkläre ihren Zusammenhang zum Thema .*
4 *Erläutere, was in den Aussagen M1-M4 zur Ostgrenze Europas ausgeführt wird.*

1 Europäische Großlandschaften.

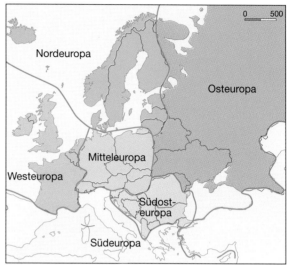

2 Die Gliederung Europas.

Vier Bauformen Europas

a) Das Gebirgsland im Norden umfasst das Skandinavische Gebirge, das Schottische Hochland und das Bergland von Wales. Island ist eine Vulkaninsel. Sie ist Teil eines untermeerischen Gebirges im Atlantik.

b) Das Tiefland zieht sich von der Küste des Atlantischen Ozeans über 4000 km bis zum Ural. Flach- und Hügelland wechseln hier einander ab.

c) Das Mittelgebirge schließt sich nach Süden an. Es besteht aus Bergländern zwischen 600 m und 1400 m Höhe. Täler, Senken und Becken trennen die Bergländer voneinander.

d) Die großen Hochgebirge erstrecken sich im Süden und Südosten Europas. Die Hänge sind oft sehr steil. In großer Höhe wachsen keine Pflanzen mehr. Die Alpen sind das höchste Gebirge Europas. Sie trennen Mittel- und Westeuropa von Südeuropa, das dem Mittelmeer zugewandt ist.

1 *Du befindest dich auf einem Flug von den Lofoten nach Sardinien: a) Wie lang ist diese Strecke? b) Welche Großlandschaften überfliegst du?*

2 *In seinem Reisetagebuch hat ein Bergsteiger folgende Gipfel notiert, die er schon einmal bestieg: Montblanc, Maladeta, Galdhöpigg, Großglockner. a) Wie hoch sind die Gipfel? b) In welchen Gebirgen liegen sie?*

3 *Welche Ströme münden in den Atlantik?*

4 *Schreibe eine Liste, in der die Staaten Europas entsprechend der Abb. 2 eingetragen sind.*

Klimagebiete in Europa.

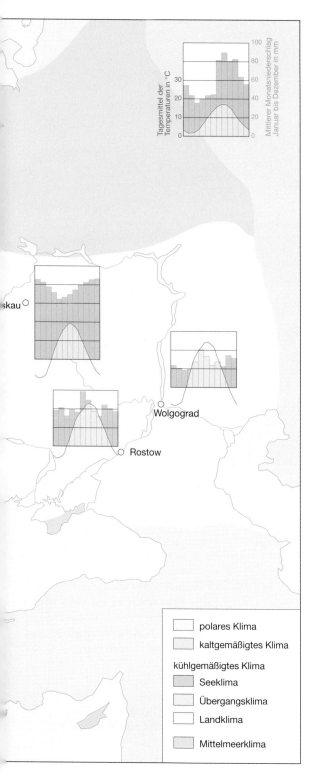

polares Klima

kaltgemäßigtes Klima

kühlgemäßigtes Klima

Seeklima

Übergangsklima

Landklima

Mittelmeerklima

Die Klimazonen Europas

Europa kann in sechs Klimazonen unterteilt werden:

Polares Klima

● nördlich des Polarkreises ● kalte Winter z. T. mit viel Schnee und Eis (im Winter mehrere Tage ohne Sonnenschein = Polarnacht) ● kühle Sommer ● Jahresmitteltemperatur um 0 °C

Kaltgemäßigtes Klima

● mäßig kalte, relativ lange (6–8 Monate) schneereiche Winter ● mäßig warme, kurze Sommer ● Jahresmitteltemperatur über 0 °C

Kühlgemäßigtes Klima

lässt sich in drei Untergruppen aufteilen – diese sind:

a) Seeklima

● lange, meist kühle Sommer ● milde Winter ● ganzjährig hohe Niederschläge ● starke Westwinde ● Einfluss des Golfstromsystems (Meer speichert Wärme und gibt sie an die Luft ab)

b) Übergangsklima

● lange und kühle Sommer im Nordwesten ● Süden und Osten sind heiß und trocken ● Winter: im NW kühl und feucht, im S und O kalt ● Niederschläge: im NW hoch, im S und O gering

c) Landklima

● warme bis heiße Sommer ● z. T. sehr kalte Winter ● geringe Niederschläge (oft Gewitter)

Mittelmeerklima

● trockene, heiße Sommer ● milde, regenreiche Winter ● Jahresmitteltemperatur 15–20 °C

Klimazonen sind selbstverständlich nicht so deutlich festzulegen wie etwa Staatsgrenzen. Vielmehr handelt es sich um Verläufe, die der Mensch in unterschiedliche Bereiche eingeteilt hat.

1 *Beschreibe in der europäischen Klimakarte (Abb.) den Grenzverlauf der Klimazonen.*

2 *Suche dir aus jeder europäischen Klimazone ein Klimadiagramm (Abb.) und erläutere es kurz.*

1 Satellitenbild Europa.

Vegetationszonen

Das Wort „Vegetation" kommt aus der lateinischen Sprache und bedeutet „Pflanzendecke". Damit ist der natürliche, flächendeckende Bewuchs gemeint, der sich – ohne Einflussnahme des Menschen – aufgrund bestimmter klimatischer Gegebenheiten und Bodenbeschaffenheiten ergibt. Nach ihren auffälligsten Unterscheidungsmerkmalen werden solche Vegetationszonen gegeneinander abgegrenzt und bezeichnet. Sträucher und Bäume sind die wichtigsten größeren Pflanzen, nach denen die Vegetationszonen bezeichnet werden.

Weil die Menschen weite Teile Europas in „Kulturlandschaften" (Forstwirtschafts-, Landwirtschafts- und Siedlungsflächen) verwandelten, stößt man heute oft nicht mehr auf die natürlichen Merkmale der Vegetationszonen.

Im Satellitenbild (Bild 1) könnt ihr Europa erkennen, wie es aus mehreren hundert Kilometern Höhe mit komplizierten elektronischen Kameras aufgenommen wurde. Das Gesamtbild wurde aus tausenden kleinen Einzelbildern zusammengesetzt, die – wegen Wolkenbildungen – nicht am selben Tag entstanden. Das Satellitenbild gibt reale Bodennutzungen wieder, die sich von der Einteilung der Vegetationszonen unterscheiden.

Abb. 2 zeigt eine Vegetationskarte für Europa. Dort sind zehn unterschiedliche Bereiche eingeteilt.
1 *Vergleiche Satellitenbild (Abb. 1) und Karte (Abb. 2) miteinander.*
2 *Welche Vegetationszonen überfliegt man auf der Strecke von den Lofoten nach Sardinien?*

2 Vegetationszonen in Europa.

Einteilung Europas in Vegetationszonen

Tundra
● Moose, Flechten, niedrige Sträucher ● in einigen Gebieten Untergrund ständig gefroren ● im Sommer Wasser an aufgetauten Oberflächen (Sümpfe)

Nördlicher Nadelwald
● nur wenige Arten: Fichten, Kiefern, Tannen, Lärchen und Birken ● Bäume wachsen nur langsam, erreichen selten eine Höhe von mehr als 25 m

Mischwald
● Nadel- und Laubbäume ● hohe Bäume ● viele Sträucher ● Artenreichtum

Laubwald
● wie Mischwald, jedoch nur Laubbäume

Hartlaubgewächse
● immergrüne Pflanzen ● lederartige, wachsüberzogene Blätter, z. B. bei Oleander und Lorbeer

Steppe
● grasartiger Bewuchs ● wenige Sträucher ● trocken

Halbwüste, Wüste
● anspruchslose Pflanzen ● sehr trocken

Vegetation im Gebirge
● kältebeständige kleine Pflanzen ● Moose, Flechten

große Flusstäler
● feuchtigkeitsliebende Pflanzen

Moore und Heiden

43

1 Europäische Staatenbündnisse (Stand 1. 9. 1995).

Die politische Vielfalt Europas

In den letzten 150 Jahren wurde die Geschichte Europas durch zwei Entwicklungen geprägt, welche die europäische Landkarte immer wieder veränderten:

● Deutschland, Italien und Schweden sind europäische Nationalstaaten. Als Nationalstaat bezeichnet man ein Land, in dem alle Staatsangehörigen einer Nation angehören, d. h. sie bilden nach Abstammung, Sprache und Kultur eine Gemeinschaft. In Europa entstanden Nationalstaaten im 18. und 19. Jahrhundert.

● Die Staaten Europas verstärkten ihre politische, wirtschaftliche und kulturelle Zusammenarbeit.

Auch in Westeuropas gibt es Konflikte, weil auch hier viele Menschen verschiedener Nationalitäten leben, die keinen eigenen Staat haben oder zu keinem anderen Staat gehören möchten. Manche dieser Konflikte werden gewaltsam ausgetragen, z. B. in Nordirland, auf Korsika und im spanischen Baskenland.

Eine klare Trennung nach Völkern ist vielfach unmöglich, weil in vielen Gebieten Menschen verschiedener Nationalitäten teilweise seit langem nebeneinander leben.

Der Fall der Berliner Mauer im Jahre 1989 war ein weiteres Ereignis, das sich auf die politische Landkarte Europas auswirkte. 1990 kam es zur Wiedervereinigung der beiden deutschen Staaten.

Am 21.12.1991 hörte die Sowjetunion auf zu bestehen und die ehemaligen Sowjetrepubliken wurden selbstständige Staaten. Die politische Karte Europas wurde um die osteuropäischen Staaten, Weißrussland, Ukraine, Moldau und Russland reicher. Bereits im September 1991 hatten sich die baltischen* Staaten Estland, Lettland und Litauen von der Sowjetunion gelöst.

Auf dem Balkan* brachen seit langem schwelende Nationalitätenkonflikte erneut auf. Der Vielvölkerstaat Jugoslawien zerfiel.

1993 erfolgte eine friedliche Teilung der Tschechoslowakei in die Tschechische und Slowakische Republik.

Viele der ehemals nach Osten orientierten Ländern öffneten sich immer mehr nach Westen und möchten der EU und der NATO* beitreten.

Politische Zusammenschlüsse
Die europäischen Staaten sind in vielen politischen Organisationen zusammengeschlossen, die von militärischen Bündnissen bis zu wirtschaftlichen Vereinigungen reichen. Es gibt so viele politische Zusammenschlüsse, an denen europäische Staaten beteiligt sind, dass hier nicht alle aufgezählt werden sollen. Staaten, die keinem Bündnis angehören, werden „neutrale Staaten" genannt.

Zwei wichtige wirtschaftliche Bündnisse sind die Europäische Union (EU) und die Europäische Freihandelsvereinigung (EFTA = European Free Trade Association). Zur EFTA gehören die Staaten Island, Liechtenstein, Norwegen und Schweiz. Die EU umfasst gegenwärtig 15 Mitglieder (1998) mit insgesamt rund 370 Millionen Einwohnern.

1 *Finde die Hauptstädte der europäischen Staaten heraus und notiere – die Liste rechts hilft dir dabei.*
2 *Nenne den kleinsten und größten Staat Europas in Bezug auf a) die Einwohnerzahl, b) die Fläche.*
3 *Notiere die Staaten Europas nach den fünf Legende-Kästchen der Karte (Abb. 1) in einer Liste.*
4 *Vergleiche die Einwohnerzahl der EU und der Vereinigten Staaten von Amerika (USA).*

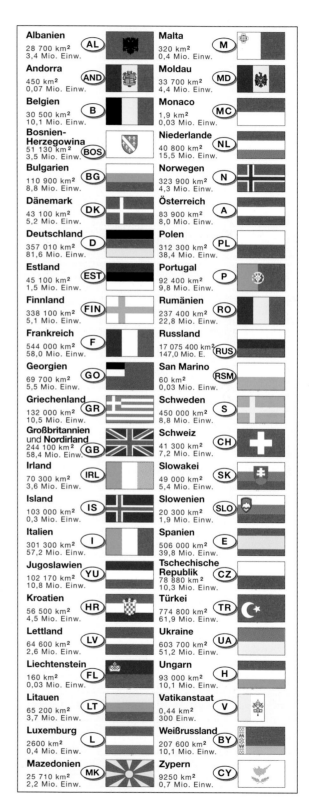

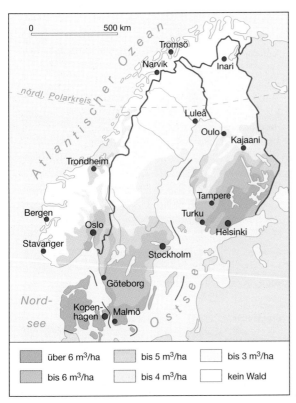

1 Jährlicher Holzzuwachs in Nordeuropa.

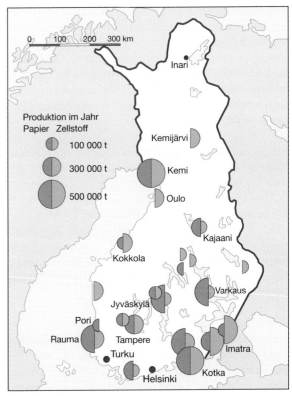

2 Herstellung von Holz und Zellulose 1994.

Holzwirtschaft in Nordeuropa

1 *Beschreibe die Lage Finnlands innerhalb Skandinaviens mithilfe der Karte 1.*
2 *Miss die größte Nord-Süd- und Ost-West-Ausdehnung Finnlands nach.*
3 *Erkläre, warum im Süden Finnlands mehr Holzzuwachs zu verzeichnen ist als im Norden.*

Finnland ist eines der wohlhabendsten Länder Europas. Im Durchschnitt liegt das Pro-Kopf-Einkommen der Bevölkerung noch über dem Deutschlands. Das hat seine Gründe:
Etwa ein Viertel des Landes liegt nördlich des Polarkreises. Im Süden können aufgrund guter Böden und eines milden Klimas sogar Zuckerrüben angebaut werden. Hier wohnen die meisten der insgesamt 5 Millionen Einwohner. Darüber hinaus ballen sich hier die Industrie- und Dienstleistungsbetriebe.
Wertvolle Bodenschätze wie Eisen-, Kupfer-, Nickel- und Zinkerze kommen aus Mittel- sowie Nordfinnland. Wichtigster Rohstoff ist jedoch immer noch das Holz. Obwohl überall auf der Welt Metalle und Kunststoffe auf dem Vormarsch sind, werden viele Gegenstände des täglichen Lebens – so auch Möbel und Materialien für das Baugewerbe – nach wie vor aus Holz hergestellt. Auch das Buch, in dem du gerade liest, besteht zu einem großen Teil aus Zellulose, die aus Holz gewonnen wurde. Über 10 000 Erzeugnisse werden aus oder mit Holz hergestellt.
Auf zwei Dritteln der finnischen Landfläche wächst Nadelwald. Wichtigste Nutzhölzer sind dabei Fichten und Kiefern. Die Bäume wachsen sehr langsam (Fichten können erst nach 120 Jahren geschlagen werden), dafür ist ihr Holz von hoher Güte.

4 *Erkläre, weshalb Holz ein wichtiger Rohstoff für den Menschen ist.*
5 *Nenne drei finnische Zentren der Holz- und Zelluloseherstellung.*

Die Bedeutung der Holzwirtschaft könnt ihr daran erkennen, dass sie insgesamt 40 % der Gesamtausfuhren* Finnlands erbringt.

Veränderung der Waldwirtschaft

Früher mussten die meisten Bauern zusätzlich im Wald arbeiten. Im Winter, wenn sie ihre Äcker nicht bestellen konnten, fällten sie mit Äxten und Motorsägen Bäume. Schwere Arbeitspferde brachten anschließend die Stämme zu den Sammelstellen ans Wasser. Dort wurden sie zu Flößen zusammengestellt und nach dem Auftauen der Seen zu den umliegenden Sägewerken und Papierfabriken geschleppt. Heute arbeiten Angestellte der großen Holzgesellschaften das gesamte Jahr im Wald. Die Holzernte läuft inzwischen maschinell. Große Baum-Vollernter schneiden die Stämme mit Druckluftscheren ab und entfernen die Äste in einem Arbeitsgang. Traktoren haben die Pferde längst abgelöst. Und der Transport zur Weiterverarbeitung erfolgt inzwischen fast ausschließlich mit Lastkraftwagen. Irgendwann wurde der Holzbedarf der finnischen Sägewerke und Zellulosefabriken so hoch, dass der Bestand der Wälder gefährdet schien. In den 60er-Jahren begann deshalb in Finnland eine geregelte Forstwirtschaft mit gezielter Waldpflege. Baumschulen wurden angelegt, stillgelegte Landwirtschaftsflächen aufgeforstet und feuchte Wälder entwässert. Schädlingsbekämpfung und Düngung erfolgen inzwischen per Flugzeug. Computer werten Luftbilder aus und melden, wenn Waldschäden auftreten. Gleichzeitig wissen die Holzgesellschaften, wo welche Mengen Holz geschlagen werden können. Um den Bedarf der eigenen Industrie zu decken importiert* Finnland inzwischen Holz aus Schweden sowie aus Russland.

6 *Beschreibe die Veränderungen in der Holzwirtschaft im Vergleich mit früheren Zeiten.*

7 *Wie will Finnland den Holzbestand sichern?*

8 *Schreibe einen kurzen Bericht über den Weg des Holzes vom Rohstoff zum fertigen Produkt. Benutze dazu Abb. 3.*

9 *Finnland ist auch vom Waldsterben betroffen. Welche Gründe könnte es dafür geben? Arbeite mit einer Wirtschaftskarte aus deinem Atlas.*

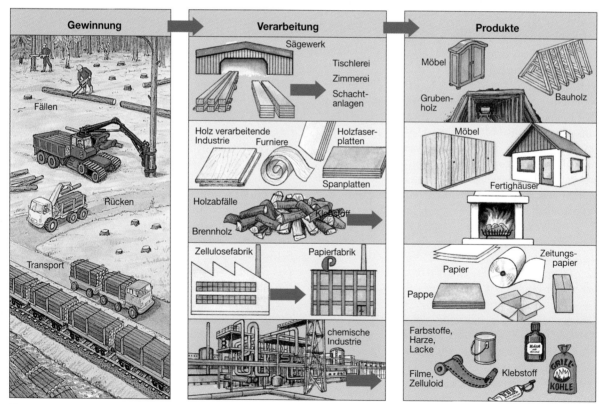

3 Holz – vom Rohstoff zum Produkt.

1 Niederländische Tulpenfelder. Foto 1997.

2 Fernsehmontage bei Philips. Foto 1997.

Auf dieser Doppelseite könnt ihr anhand von zwei Länderbeispielen Informationen über den Wirtschaftsraum Westeuropa erarbeiten.

Landwirtschaft und Industrie in den Niederlanden

Verschiedene Arten der Tulpe, deren Heimat ursprünglich Vorder- und Zentralasien war, haben in den Niederlanden – auch kurz „Holland" genannt – eine lange Tradition. Im Jahre 1554 wurde sie vermutlich von einem niederländischen Diplomaten nach Europa gebracht. Schon wenige Jahre später war die Tulpe überall in den Niederlanden bekannt. Seither entwickelte sich dort ein Zentrum der Tulpenzucht.

1 *Arbeite mit einer Wirtschaftskarte in deinem Atlas. Bestimme die Gebiete in den Niederlanden, in denen Tulpen angebaut werden.*
2 *Überlege, welche landwirtschaftlichen Produkte man noch als „typisch holländisch" betrachtet.*

Der Anbau von Tulpen ist eine typische Monokultur; das heißt, dass der Boden durch den fehlenden Fruchtwechsel ausgelaugt wird. Die Tulpenzüchter müssen deshalb große Mengen an Dünger und Pflanzenschutzmitteln einsetzen.

3 *Welche Belastungen können durch den Einsatz künstlicher Stoffe für die Umwelt entstehen?*

4 *Achte bei deinem nächsten Einkauf auf Produkte aus den Niederlanden. Erstelle eine Liste.*

Der Blumenhandel ist eine Besonderheit der Niederlande. Da Blumen leicht verderbliche Waren sind, ist ihr schneller Transport von großer Bedeutung. Hierzu kann uns Herr Bert van der Meer aus Aalsmeer ein paar interessante Informationen geben:

> **M1** Wir wollen ein unterirdisches Transportsystem bauen, das unsere Blumenfelder mit dem Amsterdamer Flughafen und dem Bahnhof in Hoofdorp verbindet. Diese „Blumenpipeline" wird über 24 km lang werden.

Der Blumenhandel ist aber nicht der wichtigste Wirtschaftsfaktor*. Auch die Viehhaltung nimmt in den Niederlanden eine herausragende Stellung ein. Die Niederlande sind weltweit größter Exporteur* von Schweinefleisch.
Neben landwirtschaftlichen Erzeugnissen produzieren die Niederländer auch viele industrielle Güter. Vier Weltkonzerne, z. B. Philips, haben ihren Hauptsitz in den Niederlanden. Außerdem verfügen die Niederlande über die zweitgrößten Erdgasvorkommen Europas. Durch die Lage an der Nordsee hat aber auch die Fischerei noch eine große Bedeutung für die niederländische Wirtschaft.

3 Montage eines französischen Pkw. Foto 1997.

4 Weizenfeld in der Ile-de-France. Foto 1997.

Landwirtschaft und Industrie in Frankreich

Auf Bild 3 seht ihr einen Arbeiter in einer französischen Automobilfabrik. Sicherlich fallen euch gleich mehrere französische Automobilmarken ein, die auch in Deutschland gefahren werden. Um die Bedeutung der Automobilindustrie für Frankreich besser zu verstehen fragen wir einen hohen Beamten aus dem Wirtschaftsministerium in Paris, Monsieur Pierre Anxionnaz:

M2 Frankreich ist der viertgrößte Automobilproduzent der Welt. Im Jahr 1996 wurden hier rund 3,6 Millionen Fahrzeuge gebaut. Im selben Jahr führte in Deutschland bei den Automobilimporten* die französische Firma Renault.

Das wirtschaftliche Zentrum Frankreichs befindet sich in der Region „Ile-de-France", einem Gebiet rund um die Hauptstadt Paris. Hier leben und arbeiten etwa 11 Millionen Menschen. Drei Viertel der französischen Industrieunternehmen konzentrieren sich in diesem Großraum.

Auch bei Dienstleistungen und auf dem Gebiet der Forschung spielt die Region „Ile-de-France" eine wichtige Rolle für Frankreich. Um diese Region zu entlasten wurden einige Betriebe in andere Teilräume Frankreichs ausgelagert.
Die Region um Paris wird auch als „Kornkammer Frankreichs" bezeichnet, weil sich hier der Produktionsschwerpunkt des Getreideanbaus befindet.

Insgesamt besitzt der Agrarsektor* innerhalb der französischen Wirtschaft noch immer eine erhebliche Bedeutung. Während in Deutschland 1995 etwa 3 % der Erwerbstätigen in der Landwirtschaft arbeiteten, waren es in Frankreich nahezu 5 %.

Wie auch in anderen westeuropäischen Staaten kann man aufgrund der Intensität von „industrieller Landwirtschaft" (vgl. S. 102 in diesem Buch) sprechen. Landwirtschaft und Industrie sorgen nicht nur für viele Arbeitsplätze, sondern belasten auch die Umwelt. Allerdings stieg die Bereitschaft zur Minderung der Umweltbelastungen in Frankreich in den letzten Jahren deutlich.

5 *Zeige auf einer Atlaskarte Zentren der französischen Industrie und der Landwirtschaft.*
6 *Welche Produkte kennst du aus Frankreich?*
7 *Nenne Umweltbelastungen durch Industrie und Landwirtschaft in Westeuropa.*
8 *Erläutere anhand des Textes und der Wirtschaftskarte im Atlas, ob Frankreich ein reiner Industriestaat ist.*
9 *Finde anhand einer Wirtschaftskarte von Europa weitere landwirtschaftliche und industrielle Schwerpunkte heraus.*

Hallo, Philipp,

seit vier Tagen sind wir jetzt schon am Strand von Rimini. Die Sonne scheint den ganzen Tag. Mama hat schon einen Sonnenbrand. Stell dir vor: Wir haben sogar den Bastian getroffen! Er liegt gleich eine Reihe hinter uns am Strand. Meine Schwester planscht den ganzen Tag im Wasser und erschreckt uns ständig mit ihren selbst gefangenen Krebsen. Heute Abend gehen wir wieder Pizza essen. Bis nächste Woche!

Dein Christian

1 Postkarte aus Italien.

Massentourismus

1 *Was hat Christian bisher in seinem Italien-urlaub erlebt (Bild 1)? Berichte.*
2 *Worauf hat die Familie wohl bei ihrer Urlaubs-planung besonderen Wert gelegt?*
3 *Besorge dir in einem Reisebüro einen Prospekt und suche weitere Badeorte an der italienischen Adriaküste.*

Alljährlich reisen vor allem in den Sommermonaten viele Urlauber nach Südeuropa. Rund 100 Millionen Feriengäste muss die Region dann verkraften. Der weitaus größte Teil fährt nach Spanien, Italien oder Griechenland um dort die „schönste Zeit des Jahres" zu verbringen. Dadurch ist dieses Gebiet die größte Touristenregion der Welt.
Badeurlaub steht bei den meisten Touristen immer noch an erster Stelle. Hauptsaison ist dafür von Juni bis August. Das schöne, meist sonnige und trockene Wetter in den Sommermonaten trägt dazu bei, dass Südeuropa gern als Urlaubsziel gewählt wird.
Antonio, ein Eisverkäufer aus Rimini, kennt die Touristen ganz genau:

M1 Bei vielen sitzt das Geld sehr locker. Sie genießen ihren Urlaub in vollen Zügen. Allerdings haben wir auch Probleme. In der Hauptsaison fallen Unmengen an Müll und Abwasser an. Für den Tourismus müssen wir auch einen hohen Preis bezahlen.

4 *Was meint Antonio mit dem „hohen Preis", den seine Landsleute und er für den Tourismus bezahlen müssen?*

2 Massentourismus in einem italienischen Badeort. Foto 1996.

3 Akropolis.
Foto 1997.

4 Amphitheater. Foto 1996.

Christians Oma liebt Südeuropa als Reiseziel genauso. Aber Badeurlaub kommt für sie nicht infrage:

> **M2** Baden kann ich auch daheim. Mich interessieren die alten Bauwerke im Mittelmeerraum. Heuer werde ich im Herbst Griechenland besuchen. Die Akropolis in Athen will ich mir auf jeden Fall ansehen. Anschließend mache ich eine Rundreise durch das „Land der Götter".

5 *Informiere dich in einem Reisebüro über griechische Sehenswürdigkeiten und stelle für Christians Oma eine Reiseroute zusammen. Berichte darüber vor der Klasse.*

6 *Überlege, warum die Oma erst im Herbst ihre Reise antreten möchte.*

7 *Versuche einen Oberbegriff für diese Art des Urlaubs zu finden.*

Der Tourismus ... und seine Folgen

Von Antonio habt ihr schon einige Probleme erfahren, die der Massentourismus mit sich bringt. Gerade Italien hatte in den letzten Jahren immer wieder damit zu kämpfen, dass eine Algenpest die beliebten Badestrände bedrohte. Auch die eine oder andere Ölpest verunreinigte kilometerlange Sandstrände. Eine Katastrophe bahnt sich dann an, wenn die Urlauber ausbleiben. Die Hotels bleiben leer und jeder, der dort normalerweise Arbeit findet, bleibt ohne Beschäftigung. In vielen Touristenorten wurden in den letzten Jahrzehnten auch Planungsfehler begangen. Man baute beispielsweise riesige „Bettenburgen" um möglichst viele Urlauber unterzubringen. Diese blieben dann aber aus, weil die Landschaft durch die „Hotelriesen" so verbaut worden war, dass niemand mehr dort Urlaub machen wollte.

Der Tourismus ist jedoch für die südeuropäischen Länder eine wichtige Geldquelle. Über die Bedeutung des Fremdenverkehrs einiger ausgewählter Länder könnt ihr euch in der Grafik (Abb. 5) informieren.

8 *Welche Gründe können dazu führen, dass der Tourismus sich gleichsam selbst zerstört?*

9 *Sammle Zeitungsartikel, die von Problemen im Zusammenhang mit dem Tourismus in Südeuropa berichten.*

10 *Beschreibe die Entwicklung des Tourismus der vier angegebenen südeuropäischen Länder (Abb. 5).*

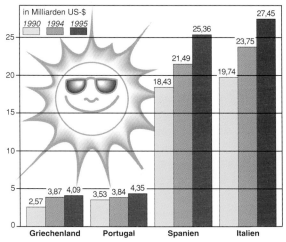

5 Einnahmen im internationalen Reiseverkehr.

1 Industriebetrieb in Estland. Foto 1997.

2 Firma für Papierrecycling. Foto 1997.

Wirtschaftliche Erfolge in Estland

In der „Frankfurter Allgemeinen Zeitung" vom 18.4.1994 war zu lesen:

> **M1** Dem Besucher, der die Entwicklung mit der in den beiden anderen baltischen Staaten vergleichen kann, verschlägt es immer wieder den Atem. In Estland beginnt ein Wirtschaftswunder nach dem Ende der Planwirtschaft. […] Schon 1993 ist das Schrumpfen der Wirtschaft beendet und die Wende erreicht worden. Für 1994 werden für Estland die höchsten Zuwachsraten in Europa erwartet.
>
> Im Außenhandel, den das Land noch 1990 zu über 90 % zur Sowjetunion unterhielt, hat sich eine dramatische Kehrtwende zu westlichen Märkten und Lieferanten ergeben. […]
>
> Vor allem durch den gestiegenen Außenhandel, aber auch durch neue Dienstleistungsunternehmen sind viele Arbeitsplätze neu geschaffen worden. In der Hauptstadt Tallinn herrscht mit nur 1,5 % Arbeitslosigkeit fast Vollbeschäftigung. Schwieriger ist die Lage auf dem flachen Land, vor allem in der Landwirtschaft. […]

1 *Suche Estland und die baltischen Staaten auf einer Karte im Atlas.*

2 *Gib die Informationen des Zeitungsartikels (M1) mit eigenen Worten wieder.*

Planwirtschaft

Das Jahr 1989 brachte für die Länder Ostmittel- und Osteuropas die politische Wende. Seit dem Ende des Zweiten Weltkrieges im Jahre 1945 (siehe Seite 180) hatten sie zum Einflussgebiet der Sowjetunion gehört. Wie in allen sozialistischen* Ländern wurde die Wirtschaft zentral vom Staat gelenkt und verwaltet. Ein derartiges Wirtschaftssystem wird „Planwirtschaft" genannt.

In sozialistischen Ländern konnten Industriebetriebe nur sehr eingeschränkt selbstständige Entscheidungen treffen. Was herzustellen war, zu welchem Preis und in welchem Umfang wurde ihnen vorgegeben. Ebenso wurden die Zuweisung von Arbeitskräften, die Versorgung mit Rohstoffen und benötigten Zuliefererteilen oder die Menge an Geld für die Erneuerung des Betriebes „von oben" festgelegt.

Alle diese Vorgaben mussten für die gesamte Wirtschaft eines Landes erstellt werden. Riesige Planungsbehörden waren die notwendige Voraussetzung dafür. Bei der Umsetzung der Planwirtschaft in die Praxis ergaben sich viele Probleme. Zum Beispiel wurden Waren hergestellt, die die Verbraucher nicht benötigten oder die Betriebe bekamen häufig nicht das Geld für die Erneuerung ihrer Anlagen.

3 *Versuche mithilfe des Textes den Begriff „Planwirtschaft" zu erklären.*

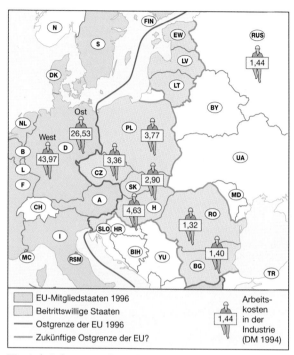

3 Arbeitskosten in der Industrie 1994.

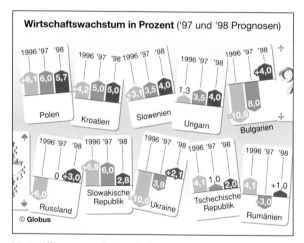

4 Hoffnungen auf Wirtschaftswachstum in Osteuropa 1998.

Der schwierige Weg zur Marktwirtschaft

Heinz Pfeffer arbeitet als Unternehmensberater in München. Seine Aufgabe ist es, geeignete Produktionsstandorte für westliche Firmen in Osteuropa zu suchen. Er berichtet:

M2 Viele deutsche Unternehmen möchten gern im Ausland produzieren. Das bietet vor allem in Osteuropa viele Vorteile.

Die Löhne sind dort nämlich vergleichsweise niedrig, Sozialleistungen sind oft gesetzlich nicht vorgeschrieben oder werden nur auf freiwilliger Basis gewährt. Außerdem sind die meisten Arbeiter nicht in Gewerkschaften organisiert. Streiks oder irgendwelche Forderungen, die dem Unternehmer an seinen Geldbeutel gehen könnten, gibt es daher so gut wie gar nicht.

Für einige Unternehmen ist ein Standort in Osteuropa manchmal auch deshalb wichtig, weil dort nur geringe oder gar keine Auflagen in Sachen Umweltschutz bestehen.

4 *Sammle mithilfe der Abb. 3 und von M2 Gründe, die Osteuropa für ein Unternehmen aus Deutschland interessant machen.*

Die politische Wende in Osteuropa führte zu Veränderungen in der Wirtschaftspolitik dieser Länder. Man versuchte die Marktwirtschaft nach westlichem Muster einzuführen. Die Betriebe mussten sich dem Wettbewerb westlicher Firmen stellen. Viele Arbeitskräfte, die man nicht mehr benötigte, wurden entlassen. Eine hohe Arbeitslosenzahl war die Folge. So erreichte auch in Estland trotz der optimistischen Aussagen von 1994 (M1) im Jahre 1997 die Arbeitslosenquote fast 10 %. Die Entwicklung der Löhne konnte ferner mit den steigenden Preisen nicht mithalten.

5 *Überlegt gemeinsam, welche Probleme für die Menschen in den osteuropäischen Ländern beim Übergang von der Planwirtschaft zur Marktwirtschaft entstehen konnten.*

Billiglohnländer im Osten

Die Gelder für die Modernisierung und den Bau neuer Betriebe können die osteuropäischen Länder meist nicht aufbringen. Deshalb werben sie um Geldgeber aus dem Ausland. Sie locken mit verschiedenen Angeboten. An erster Stelle stehen die niedrigen Arbeitskosten (siehe Abb. 3). Aber auch der gute Ausbildungsstand der Arbeiter und staatliche Hilfen sind wichtige Argumente im Gespräch mit ausländischen Firmenvertretern.

6 *Ein bayerisches Unternehmen beabsichtigt die Produktion in ein osteuropäisches Land zu verlagern. Spielt ein Gespräch zwischen einem Arbeiter aus Bayern, der bisher bei dem Unternehmen beschäftigt war, und einem Arbeiter aus Osteuropa.*

7 *Erläutere die Informationen der Abb. 4.*

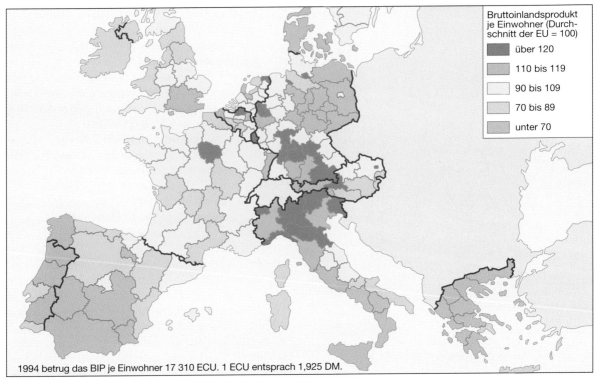

1994 betrug das BIP je Einwohner 17 310 ECU. 1 ECU entsprach 1,925 DM.

1 Regionen unterschiedlicher Wirtschaftskraft in der Europäischen Union.

Kern- und Randräume der EU

Ihr konntet auf den ersten Seiten dieses Europa-Kapitels erfahren, wie groß Europa ist und dass sich einzelne Teilräume z. B. hinsichtlich ihres Klimas, ihrer Vegetation oder ihrer Wirtschaftsschwerpunkte voneinander unterscheiden lassen.

Auf dieser Seite oben seht ihr eine Karte (Abb. 1), die den mittleren und südlichen Teil der Europäischen Union zeigt: Die einzelnen EU-Staaten sind in Planungsregionen unterteilt. In dieser Karte sind die EU-Planungsregionen nach einer fünfteiligen Farbskala unterschieden. Absicht dieser thematischen Karte ist es, die unterschiedlichen Wirtschaftskräfte der einzelnen EU-Regionen zu erkennen. Für den Vergleich wurde das so genannte Bruttoinlandsprodukt (BIP) gewählt. Das BIP ist die Summe aller innerhalb eines Jahres erbrachten wirtschaftlichen Leistungen im Inland.

Auf der Karte lässt sich erkennen, dass es in der EU wirtschaftlich stärkere und schwächere Regionen gibt. Danach lässt sich die EU in wirtschaftliche Kern- und Randräume unterteilen (Abb. 2).

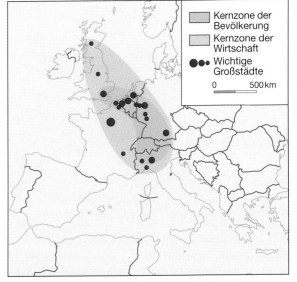

2 Kern- und Randräume der Europäischen Union.

1 *Erläutere, was unter „Kern- und Randräumen der EU" verstanden wird. Werte dazu die Karten und den Text auf dieser Seite aus.*

1 Reisebilder aus Europa.

Eine Reise durch Europa

Mit den Bildern auf den Seiten 34/35 solltet ihr auf das Thema „Europa" eingestimmt werden. Jetzt – am Ende dieser thematischen Einheit – habt ihr sicherlich eine ganze Menge neues Wissen angesammelt.

Beispielsweise wisst ihr nun, dass die Grenzen Europas unterschiedlich festgelegt werden können. Dort, wo Europa von Meeren umgeben ist, stellt die Grenzziehung kein Problem dar. Aber vor allem hinsichtlich der südöstlichen Grenze Europas unterscheiden sich die Auffassungen mitunter.

Hier in diesem Buch ist im Zusammenhang mit politischen Zusammenschlüssen die Europäische Union (EU) schon einmal kurz angesprochen worden. Im Unterricht der neunten Klasse wird dem Thema EU ein größerer Rahmen gegeben.

1 *Betrachtet die Bilder der Seiten 34/35 nun noch einmal und versucht bei jedem einzelnen Bild einen Bezug zum Thema „Europa" zu bilden.*

2 *Ordne möglichst viele Flaggen der Abb. 2 (ohne Hilfe der Seite 45) den richtigen Staaten zu.*

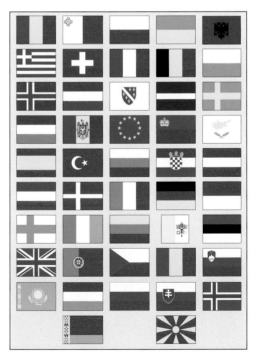

2 Flaggen europäischer Staaten.

1800   1820   1840   1860   1880

Die Opfer des Ersten Weltkriegs (1914–1918)
Gefallene Soldaten

Russland	†††††††††††††††††††	2 000 000
Deutschland	††††††††††††††††††	1 936 000
Großbritannien	†††††††††††	1 184 000
Frankreich	†††††††††††	1 140 000
Österreich-Ungarn	††††††††††	1 000 000
Italien	††††††	615 000
Serbien	†††	360 000
Türkei	†††	325 000
Rumänien	††	250 000
USA	†	125 000

Über 9 Millionen Gefallene
Über 7 Millionen Vermisste
Über 21 Millionen Verwundete

Die Gedenkstätte bei Verdun (Frankreich) erinnert an eine der größten Schlachten im Ersten Weltkrieg. Innerhalb von zehn Monaten fielen in dieser Gegend über 700 000 französische und deutsche Soldaten.

In den vorausgehenden Jahrzehnten unterwarfen die Europäer einen großen Teil der übrigen Welt.

Vor allem Afrika und Asien wurden nahezu vollständig von den europäischen Staaten beherrscht und ausgebeutet.

Mehr über den Ersten Weltkrieg und die Zeit davor könnt ihr auf den nächsten Seiten erarbeiten.

1920   1940   1960   1980   2000

EUROPÄISCHE WELTBEHERRSCHUNG

1 **Reisen in Zentralafrika.**
Ein Europäer um 1855. Foto.

Wettlauf um die Kolonien

Auf den Seiten 58 bis 62 könnt ihr erarbeiten, wie und warum europäische Nationen in der zweiten Hälfte des 19. Jahrhunderts eine Politik der europäischen Weltbeherrschung betrieben.

1 *Zeige auf der Karte (Abb. 2), wo das Foto (Abb. 1) entstanden sein könnte.*
2 *Versuche mithilfe von Abb. 2 herauszufinden, aus welchem Land der abgebildete Weiße stammen könnte.*
3 *Was könnten die abgebildeten Personen denken? Vermute.*

Seit den Entdeckungsfahrten Ende des 15. Jahrhunderts begannen die europäischen Staaten Gebiete außerhalb Europas in Besitz zu nehmen. Etwa um 1880 setzte ein regelrechtes Wettrennen um die noch nicht „vergebenen" Räume der Erde ein, an dem sich neben den europäischen Großmächten auch die USA und Japan beteiligten. Die in Besitz genommenen und beherrschten Gebiete nannte man Kolonien*. Das Bestreben der Europäer neue Kolonien zu erobern bezeichnete man im 19. Jahrhundert als Imperialismus. Das Wort kommt von dem lateinischen Wort „imperare" = beherrschen.

Im 19. Jahrhundert wandten sich die Europäer vor allem dem afrikanischen Kontinent zu. Waren um 1880 etwa 11 Prozent des afrikanischen Bodens im Besitz der Europäer, so gab es zu Beginn des 20. Jahrhunderts nur noch zwei selbstständige afrikanische Staaten: Äthiopien im östlichen Afrika und Liberia in Westafrika. Alle übrigen afrikanischen Staaten, Gesellschaften, Königreiche und Stämme waren von den Europäern entmachtet, unterdrückt oder zerstört worden.

Erst nach dem Zweiten Weltkrieg (1939–1945) konnten sich die Afrikaner allmählich von der europäischen Vorherrschaft befreien und politisch unabhängige Staaten gründen.

In Asien konnte nur Japan seine Selbstständigkeit gegen die Europäer verteidigen. China wurde zwar von den Europäern und Japanern nur teilweise besetzt, jedoch durch mehrere Kriege gezwungen sich dem europäischen Handel zu öffnen. Der Einfluss der Europäer war so stark, dass China jahrzehntelang keine selbstständige Politik machen konnte.

4 *Gib mithilfe von Abb. 2 an, welche Staaten über den größten Besitz an Kolonien verfügten.*
5 *Vergleiche in Abb. 2 die Größe der Kolonien mit der Größe der europäischen Kolonialmächte.*
6 *Unterscheide die Begriffe Kolonien und Kolonialmächte.*

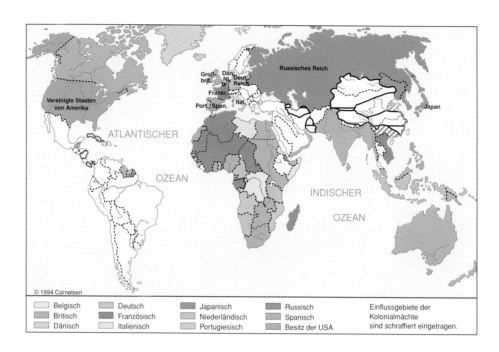

2 Die koloniale Aufteilung der Welt 1914.

Legende:
- Belgisch
- Britisch
- Dänisch
- Deutsch
- Französisch
- Italienisch
- Japanisch
- Niederländisch
- Portugiesisch
- Russisch
- Spanisch
- Besitz der USA
- Einflussgebiete der Kolonialmächte sind schraffiert eingetragen.

Die Europäer im Recht?

1877 vertrat der englische Millionär und Politiker Cecil Rhodes die Ansicht:

> **Q1** [...] Ich behaupte, dass wir die erste Rasse in der Welt sind und dass es umso besser für die menschliche Rasse ist, je mehr von der Welt wir bewohnen. [...]

Der französische Außenminister Hanatoux meinte um 1895:

> **Q2** [...] Bei der Ausdehnung Frankreichs handelt es sich nicht um Eroberungs- und Machtpolitik, sondern darum, jenseits der Meere in Landstrichen, die gestern barbarisch waren, die Prinzipien einer Zivilisation zu verbreiten.

In der Zeitung „Usambara Post" war 1898 zu lesen:

> **Q3** [...] Der Afrikaner muss zu den Weißen aufsehen mit Achtung und Vertrauen als zu einem Höherstehenden. [...] Er soll und darf den Europäer jedoch nicht betrachten, als sei er seinesgleichen. Denn das ist er nicht und daran ändert keine Mission etwas!

7 *Stelle dar, welche Selbsteinschätzung der Europäer aus den Aussagen in Q1–Q3 und aus Abb. 1 deutlich wird. Wie begründen sie ihre Herrschaft?*

8 *Gib an, wie die Bewohner der Kolonien von den Europäern beurteilt werden.*

Wirtschaftliche Gründe des Imperialismus

1895 erzählte Cecil Rhodes einem Freund von einem Besuch der Arbeiterviertel im Osten von London:

> **Q4** Ich war gestern im Ostende von London [...] und besuchte eine Arbeitslosenversammlung. Und als ich nach den dort gehörten wilden Reden, die nur ein Schrei nach Brot waren, nach Hause ging, da war ich von der Wichtigkeit des Imperialismus mehr denn je überzeugt. [...] Um die 40 Millionen Einwohner des Vereinigten Königreichs (Großbritannien) vor einem mörderischen Bürgerkrieg zu schützen müssen wir Kolonialpolitiker neue Ländereien erschließen um den Überschuss an Bevölkerung aufzunehmen und neue Absatzgebiete schaffen für die Waren, die sie in ihren Fabriken und Minen erzeugen.

Der britische Vizekönig in Indien Lord Curzon sagte 1909 bei einem Vortrag:

> **Q5** [...] Unser Indien [...] liefert uns im Überfluss das Rohmaterial für einen großen Teil unserer Industrie und bedeutende Mengen an Nahrungsmitteln. [...] Gleichzeitig ist Indien der beste Käufer für englische Erzeugnisse, insbesondere Baumwollwaren. [...]

9 *Erläutere, welche Gründe Cecil Rhodes (Q4) und Lord Curzon (Q5) für den Besitz von Kolonien nennen.*

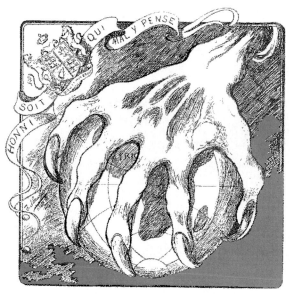

1 **Der Erdball in den Krallen Großbritanniens.** Der Wahlspruch in der Karikatur heißt übersetzt: Ein Schelm, der Schlechtes dabei denkt. Französische Karikatur von 1899.

Ein Viertel der Erde

Zur führenden Kolonialmacht wurde im 19. Jahrhundert Großbritannien. Es hatte als erstes Land mit der Industrialisierung begonnen und benötigte daher am meisten Rohstoffe aus den überseeischen Besitzungen. Da es als Inselstaat keine große Landarmee unterhalten musste, konnte es seine ganze Kraft dem Ausbau seiner Flotte zuwenden.

Zeitweilig gehörten rund ein Viertel aller Gebiete und Bewohner der Erde zum Vereinigten Königreich Großbritannien. Die britischen Kolonien außerhalb Europas waren keineswegs freiwillig zum „Mutterland" England gekommen, sondern wurden durch Gewalt, häufig auch durch blutige Kriege, unter die englische Herrschaft gezwungen. Ein englischer Schriftsteller meinte zur Vorgehensweise der Briten:

Q1 What ever happens we have got the maxim-gun and they have not.

Von einem deutschen Schriftsteller frei übersetzt:

Q2 Wir haben, was auch immer geschieht, Maschinengewehre – und die ham'se nicht.

1 *Wo lagen die größten Kolonialgebiete der Briten? Benutze dazu Abb. 2 auf Seite 59.*

2 *Überlege, was wohl gerade einen französischen Künstler dazu veranlasst haben könnte, die Karikatur (Abb. 1) zu zeichnen.*

3 *Diskutiert über den Ausspruch in Q1/Q2.*

Indien, die Quelle des britischen Reichtums

Indien war im 19. Jahrhundert die wichtigste Kolonie des britischen Weltreiches. Das Land wurde als „Perle" des britischen Kolonialbesitzes und „Quelle des britischen Reichtums" bezeichnet.

Nach 1800 wurde den Indern verboten die angebaute Baumwolle selbst zu spinnen. Diese sollte vielmehr als Rohstoff nach Großbritannien gelangen und dort verarbeitet werden. Die Inder mussten dann den in Großbritannien hergestellten Stoff nach der „Rückkehr" teuer bezahlen.

Das britische Weltreich

Auf Ceylon (heute: Sri Lanka) errichteten die Engländer Gummiplantagen. Die Samen hatten sie verbotenerweise aus Brasilien herausgeschmuggelt. Die Engländer erzeugten bald 80 Prozent des Gummibedarfs der Welt. Daher konnten sie die Preise für diesen Rohstoff, der u. a. für Reifen und Kabel gebraucht wurde, bestimmen.

Ähnlich hohe Gewinne zogen britische Gesellschaften seit 1900 aus den Ölfeldern des Nahen Ostens. Der Rohstoff Erdöl wurde in aller Welt für die Benzinherstellung benötigt.

Australien war ursprünglich eine englische Strafkolonie. Es wurde im 19. Jahrhundert von Farmern besiedelt. Diese bewässerten geeignete Landstriche des Erdteils und verwandelten sie in fruchtbares Weizenland. In den wasserarmen Steppen machte man die Schafzucht heimisch. So wurde Australien bald der größte Wolllieferant der Welt.

In Afrika versuchten die Briten von der Südspitze bis nach Ägypten alle Gebiete an der Ostküste in ihren Besitz zu bringen. Das kleine Volk der Buren wurde in Südafrika nach einem mörderischen Krieg unterworfen.

Großbritannien konnte sein ausgedehntes Kolonialreich nur beherrschen, wenn es die Zufahrtswege zu seinen Besitzungen in der Hand behielt. Es legte daher ein Netz von Flottenstützpunkten über die ganze Erde: Gibraltar, Malta, Aden und Singapur waren solche Stützpunkte auf dem Weg vom „Mutterland" zu den Handelsplätzen in aller Welt.

4 *Stelle anhand des Textes fest, welche Kolonien bestimmte Rohstoffe anbauen und nach Großbritannien liefern mussten.*

5 *Begründe, warum Indien als „Quelle des britischen Reichtums" bezeichnet wurde. Du kannst dazu noch einmal Quelle 5 auf Seite 59 lesen.*

2 Ein aufständischer Inder wird von britischen Soldaten hingerichtet. Von 1856 bis 1862 war es in Nordindien zu einem großen Aufstand gegen die britische Fremdherrschaft gekommen.

Menschen zweiter Klasse

Auch nach der Unterwerfung wurden die ursprünglichen Bewohner der Kolonien nicht gleichberechtigte britische Staatsbürger, sondern blieben als „Eingeborene" Menschen zweiter Klasse.

1902 schrieb Dedabhai Naoroji, der als erster Inder ins britische Parlament, das Unterhaus, gewählt worden war, in einer in London erscheinenden Zeitschrift:

> **Q3** [...] Die Briten behandeln die Inder seit mehr als eineinhalb Jahrhunderten wie Heloten* und noch besteht keine Aussicht und werden keine Anstrengungen gemacht, dass die feierliche Verpflichtung Indien zu voller britischer Bürgerschaft zuzulassen ehrlich erfüllt wird. [...]

Fortschritt oder Not?

Die Folgen der Kolonialpolitik beschrieb der britische Vizekönig für Indien Lord Curzon 1909 bei einem Vortrag so:

> **Q4** [...] Dieses Indien, wo vor unserem Eindringen keine Kunststraße und kaum eine Brücke vorhanden war, haben wir mit einem Netz von Wegen überzogen und seine Flüsse mit Brücken überspannt. Wir haben mehr als 3000 Meilen Eisenbahnen gebaut, die im letzten Jahre 300 000 000 Menschen beförderten. [...] Prächtige öffentliche Bauten schmücken die Hauptstädte. Alle größeren Städte besitzen Wasserleitungen und Kanalisation. [...] Tausende von Meilen öden, unbewohnten Landes sind durch Bewässerungsanlagen anbaufähig gemacht. [...] So dürfen wir besonders hinsichtlich der Hungersnot behaupten, [...] dass Hungertod so gut wie gar nicht mehr vorkommt und die Sterblichkeit infolge Entkräftung und Krankheit ganz bedeutend zurückgegangen ist. [...]

Der erste indische Ministerpräsident Jawaharlal Nehru meinte dagegen um 1950:

> **Q5** [...] Schreckliche Hungersnöte [...] dezimierten* die Bevölkerung um Millionen und, seltsam zu sagen: selbst wenn es an Nahrung fehlte und Menschen starben, weil sie keine hatten, wurden Weizen und anderes Getreide in fremde Länder exportiert zum Profit* der reichen Länder. [...]
>
> Die indische Textilindustrie brach zusammen und zog eine riesige Zahl von Webern und Handwerkern in Mitleidenschaft. [...] Der Prozess [...] breitete sich gradweise mit der Ausdehnung der britischen Herrschaft und dem Bau der Eisenbahnen aus. [...] Es wurde kein Versuch gemacht, die neue Technik in Indien einzuführen. Tatsächlich wurde alles unternommen dem vorzubeugen. Die wirtschaftliche Entwicklung Indiens wurde so aufgehalten. [...]

6 *Vergleiche die Aussagen Nehrus (Q5) mit der Meinung von Lord Curzon (Q4).*

7 *Was wirft Nehru den Briten im Einzelnen vor?*

8 *Worüber beklagt sich der Inder Naoroji in seinem Brief an eine englische Zeitung (Q3)?*

Flaggenhissung in Deutsch-Ostafrika. Foto 1897.

Ein Platz an der Sonne

Die Deutschen beteiligten sich erst relativ spät am Wettlauf um die Kolonien, dafür dann umso entschiedener. So forderte Reichskanzler von Bülow 1897 in einer viel beachteten Rede vor dem deutschen Reichstag:

Q1 [...] Die Zeiten, wo der Deutsche dem einen seiner Nachbarn die Erde überließ, dem anderen das Meer und sich selbst den Himmel reservierte, [...] diese Zeiten sind vorüber. [...] Mit einem Worte: Wir wollen niemand in den Schatten stellen, aber wir verlangen auch unseren Platz an der Sonne. [...]

1 *Erläutere Q1.*

„Schutzverträge" mit den Eingeborenen

1882 wurde der „Deutsche Kolonialverein" gegründet. Zu seinen Förderern gehörten Bankbesitzer, führende Unternehmer und zahlreiche Gebildete.
Im Auftrag des Kolonialvereins reisten Deutsche vor allem nach Afrika um mit den Herrschern der Eingeborenen so genannte Schutzverträge abzuschließen. Notfalls wurde auch Gewalt angewendet um die Vertragsunterzeichnung zu erreichen.
Aus einem Vertrag, den der deutsche Afrikaforscher Carl Peters im November 1884 mit einem Sultan* abschloss:

Q2 [...] Masungu Biniani, Herr der Kwatunge, Kaniani, [...] Sultan von Nguru tritt hiermit durch

sein Handzeichen [...] das ihm [...] gehörige Land [...] für ewige Zeiten und zu völlig freier Verfügung an Herrn Dr. [...] Peters als den Vertreter der Gesellschaft für deutsche Kolonialisation, Herrin von Useguha, ab. Die Rechte [...] sind [...] unter anderem das Recht überall, wo es Herrn Dr. Peters oder der von ihm vertretenen Gesellschaft [...] gefällt, Farmen, Straßen, Bergwerke usw. anzulegen; das alleinige Recht Grund und Boden, Forsten und Flüsse usw. in jeder ihm beliebigen Weise auszunutzen; das alleinige Recht Kolonisten* in das Land zu führen, eigene Justiz und Verwaltung einzurichten, Zölle und Steuern aufzuerlegen. Dafür übernimmt die Gesellschaft [...] den Sultan [...] und sein Volk gegen jedermann zu schützen, soweit es in ihren Kräften steht, sein [...] Eigentum [...] zu respektieren und ihm außer den am heutigen Tage übermittelten Geschenken jährlich eine mündlich vereinbarte Rente, in Vieh und Handelsartikeln zahlbar, zu gewähren. [...]

Aus Schutzgebieten werden Kolonien

Ab 1884 wurden die privat erworbenen Gebiete unter den „Schutz" des Deutschen Reiches gestellt und damit deutsche Kolonien. Aus einem Brief eines Häuptlings vom Stamme der Nama in Südwestafrika aus dem Jahre 1892:

Q3 Die Sache mit den Deutschen sehe ich mit ganz anderen Augen an. Sie geben vor euch vor anderen großen Nationen schützen zu wollen. Mir scheint aber sie selbst sind die große Nation, die mit Gewalt in unser Land kommen will. Ich sehe sie mit Gewalt regieren und in unserem Land Verbote aufstellen. [...] Mit der Ankunft der Deutschen kann ich den Frieden nicht kommen sehen; denn sie rühmen sich ihrer Macht und ihrer Werke zu sehr. [...]

2 *Stelle anhand von Q2 fest, welche Rechte Carl Peters und dem Deutschen Kolonialverein im Schutzvertrag zugesichert wurden.*

3 *Gib an, was den Eingeborenen als Gegenleistung versprochen wurde.*

4 *Wie beurteilt der Häuptling der Nama in Q3 die Schutzverträge?*

5 *In welchem Erdteil lagen vor allem die deutschen Kolonialgebiete (siehe Abb. 2, Seite 59)?*

6 *Vermute, welchen Sinn wohl die Flaggenhissung (Abb. oben) hatte.*

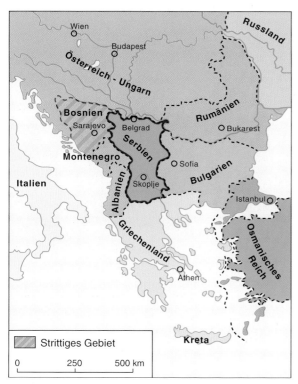

1 Staaten auf dem Balkan 1913.

2 „Deutschland – das ist Krieg". Lorraine ist die französische Bezeichnung für Lothringen, Alsace für Elsass. Titelblatt einer französischen Zeitschrift, um 1883.

Streit um die Kolonien

Durch das Machtstreben der Großmächte entstanden weltweit Krisenherde. In Afrika stritten sich vor allem Großbritannien und Frankreich um die Vorherrschaft und den größten Besitz auf dem Schwarzen Kontinent, in Asien standen sich bei der Suche nach neuen Kolonien besonders Russland und Großbritannien im Wege.

Krisenherd Balkan

Ein Spannungsgebiet in Europa war die Balkanhalbinsel. Dort hatten sich die Völker von der jahrhundertelangen türkischen Herrschaft befreien können und eigene Staaten gegründet. Aber die Unabhängigkeit wurde bedroht durch Streitigkeiten untereinander, vor allem aber durch die Interessen der europäischen Großmächte. Schon seit Jahrhunderten suchte Russland einen Zugang zum Mittelmeer. Frankreich und vor allem Großbritannien wollten dies verhindern. Auch Österreich-Ungarn versuchte auf dem Balkan Einfluss zu gewinnen. Serbische Politiker verfolgten schon seit Jahren das Ziel alle Südslawen in einem „Großserbischen Reich" zu vereinen. Dazu sollten auch die Gebiete gehören, die unter österreichisch-ungarischer Herrschaft standen. Russland unterstützte diese Bestrebungen.

Konflikte zwischen Frankreich und Deutschland

Viele Deutsche und Franzosen betrachteten sich damals noch als Erbfeinde. 1870/71 war Frankreich im Krieg von den deutschen Truppen besiegt worden. Die deutschen Einzelstaaten feierten im Januar 1871 mitten im Herzen Frankreichs im Schloss Versailles ihren Zusammenschluss zum Deutschen Reich. Eine schwere Demütigung für die Franzosen, die zudem Elsass-Lothringen gegen den Willen der Bevölkerung an das Deutsche Reich abtreten mussten.

1 *Zeige auf der Karte (Abb. 1) Staaten, die für die Spannungen auf dem Balkan mitverantwortlich waren und erkläre, warum.*

2 *Beschreibe, wie Deutschland in der Abb. 2 dargestellt wird.*

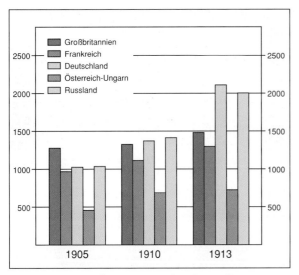

1 Rüstungsausgaben 1905–1913 (in Mio. Mark).

2 „Wie sollen wir uns die Hand geben?" Karikatur aus der Zeitschrift „Simplicissimus" 1912 (mit Zipfelmütze der deutsche „Michel"; mit Käppi der Engländer).

Militarismus in Europa

1 *Beschreibe mithilfe von Abb. 1 die Entwicklung der Rüstungsausgaben in Europa 1905–1913.*
2 *Suche nach Ursachen der Entwicklung.*

Im Mai 1914 schrieb ein Vertreter der amerikanischen Botschaft in Berlin seinem Vorgesetzten:

> **Q1** [...] Das ist ein Militarismus*, der wahnsinnig geworden ist. Wenn nicht jemand erreichen kann, dass sich andere Einsichten durchsetzen können, wird es eines Tages eine furchtbare Weltkatastrophe geben [...]

Um die Vorherrschaft auf den Weltmeeren

Ein Beispiel für das allgemeine Wettrüsten unter den europäischen Staaten war das Ringen der Deutschen und der Briten um die Vorherrschaft auf den Meeren. Im Jahre 1900 erklärte der Chef des deutschen Marineamtes Admiral von Tirpitz:

> **Q2** [...] Unter den gegebenen Umständen gibt es nur ein Mittel, um Deutschlands Handel und Kolonien zu schützen: Deutschland muss eine Flotte von solcher Stärke haben, dass selbst für die größte Flotte ein Krieg mit ihm ein solches Risiko in sich schließen würde. [...]

Admiral von Tirpitz setzte den Bau einer großen deutschen Kriegsflotte durch. Großbritannien baute nun seinerseits immer neue und größere Schiffe um seine führende Stellung in der Welt zu erhalten.

Der erste Lord der britischen Admiralität Winston Churchill beschrieb nach dem Ersten Weltkrieg die britische Einstellung zur deutschen Rüstungspolitik:

> **Q3** [...] Die Flotte ist für Großbritannien eine Notwendigkeit, während sie für Deutschland in vieler Hinsicht nur einen Luxus bedeutet. Unsere Flotte ist für das Dasein Großbritanniens von größter Wichtigkeit, ja, sie bedeutet unsere Existenz selbst; für Deutschland ist sie ein überflüssiger Machtzuwachs. [...]

Übertriebener Nationalstolz

Mit Schuld an den Spannungen und dem Wettrüsten war der stärker werdende Nationalismus* in Europa. Viele Politiker der Großmächte dachten ähnlich wie der russische Dichter Dostojewski um 1880:

> **Q4** (Ein großes Volk) [...] kann sich niemals mit einer Rolle zweiten Ranges in der Menschheit begnügen [...], sondern es verlangt unbedingt und ausschließlich den ersten Platz einzunehmen. [...]

Der deutsche Kaiser Wilhelm II. erklärte 1905:

> **Q5** [...] Gott hat uns gerufen um die Welt zu zivilisieren; wir sind die Missionare des menschlichen Fortschritts und das Salz der Erde. [...]

Misstrauen gegenüber Deutschland

Viele Äußerungen des deutschen Kaisers und der führenden Politiker und das herausfordernde Benehmen erweckten den Eindruck, die deutsche Politik habe sich ganz der militärischen Stärke verschrieben. In der Vorstellung des Auslandes wurde das Deutsche Reich zum angriffslustigen Riesen. Daneben erweckten die wirtschaftlichen Erfolge der Deutschen neben Bewunderung auch Neid und Missgunst.

Das Deutsche Reich gerät in die Isolation

Da Frankreich nach der Niederlage von 1871 und dem Verlust von Elsass-Lothringen voraussichtlich ein unversöhnlicher Gegner bleiben würde, hatte der damalige Reichskanzler Bismarck angestrebt Frankreich zu isolieren (siehe Grafik 4).

Nach dem Rücktritt Bismarcks im Jahre 1890 legten Kaiser Wilhelm II. und die neue deutsche Regierung keinen großen Wert auf die Fortsetzung der bisherigen Verträge und Bündnisse. Sie hielten die Spannungen zwischen Großbritannien/Frankreich und Russland/Großbritannien für unüberwindbar.

Eine falsche Rechnung, denn allmählich näherte sich Großbritannien seinen langjährigen Konkurrenten Frankreich und Russland an und schloss mit diesen Abkommen.

3 *Gib an, wie Admiral von Tirpitz (Q1) und Winston Churchill (Q2) den Anspruch ihrer Länder eine mächtige Flotte zu besitzen begründen.*

3 **Kaiser Wilhelm II. (1888–1918).** Gemälde.

4 *Überlegt gemeinsam, was der Zeichner mit der Karikatur (Abb. 2) aussagen will.*

5 *Welchen Eindruck hinterlässt der deutsche Kaiser Wilhelm II. auf Abb. 3?*

6 *Vergleiche das Bündnissystem unter Bismarck mit dem unter seinen Nachfolgern (Grafiken 4/5).*

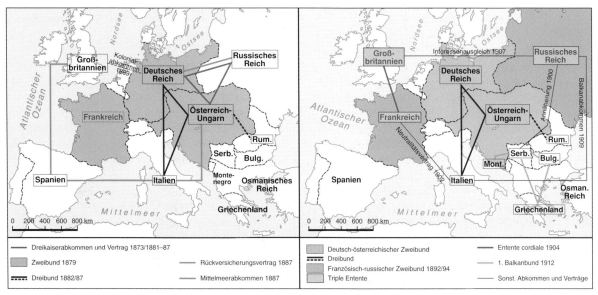

4 Bündnissysteme zur Zeit Bismarcks und danach.

1 Das Attentat von Sarajevo. Lithographie vom Juni 1914.

28. 6.	Ermordung des österreichisch-ungarischen Thronfolgers Franz Ferdinand in Sarajevo.
6. 7.	Berlin sichert Wien die volle Unterstützung zu (Blankoscheck).
23. 7.	Österreichs Ultimatum an Serbien, absichtlich unannehmbar formuliert.
25. 7.	Serbiens Antwort nimmt die Bedingungen des Ultimatums größtenteils an; serbische Teilmobilmachung*; Russland beschließt Unterstützung Serbiens.
28. 7.	Österreich-Ungarn erklärt Serbien den Krieg. Teilmobilmachung Russlands.
30. 7.	Russische und österreich-ungarische Gesamtmobilmachung.
1. 8.	16.55 Uhr französische Mobilmachung. 17.00 Uhr deutsche Mobilmachung. 19.00 Uhr deutsche Kriegserklärung an Russland. Mobilmachung der englischen Flotte.
3. 8.	Deutsche Kriegserklärung an Frankreich. Deutscher Einmarsch in das neutrale Belgien (nach Luxemburg bereits am 2.8.). Neutralitätserklärung Italiens.
4. 8.	Englische Kriegserklärung an Deutschland.
6. 8.	Österreichisch-ungarische Kriegserklärung an Russland, serbische Kriegserklärung an Deutschland.
11./12. 8.	Kriegserklärung Frankreichs und Englands an Österreich-Ungarn.

2 Vom Attentat in Sarajevo zum Ersten Weltkrieg. Wichtige Ereignisse in Schlagzeilen.

Vom Attentat in Sarajevo zum Kriegsausbruch

Bei einem Besuch in der bosnischen Hauptstadt Sarajevo wurden der österreichische Thronfolger Erzherzog Ferdinand und seine Ehefrau am 28. Juni 1914 erschossen (siehe Abb. 1).

Bosnien war 1908 gewaltsam in das Staatsgebiet von Österreich-Ungarn eingegliedert worden. Der Attentäter gehörte einer serbischen Geheimorganisation an, die die Vereinigung aller Südslawen zu einem großserbischen Reich anstrebte.

Die österreichische Regierung beschuldigte die serbische Regierung Mitwisser und Anstifter des Mordes gewesen zu sein und forderte Sühne. Zunächst geschah einen Monat nach außen hin überhaupt nichts. Österreich wollte sich erst der Unterstützung durch den deutschen Verbündeten sicher sein. Am 5. Juli 1914 schrieb der österreichische Botschafter aus Berlin an den österreichischen Außenminister in Wien:

Q1 [...] Nach (Kaiser Wilhelms) Meinung muss [...] mit dieser Aktion (gegen Serbien) nicht zugewartet werden. Russlands Haltung werde jedenfalls feindselig sein, doch sei er hierauf vorbereitet, und sollte es sogar zu einem Krieg gegen Österreich-Ungarn kommen, so könnten wir davon überzeugt sein, dass Deutschland in gewohnter Bundestreue an unserer Seite stehen werde. Russland sei übrigens keineswegs kriegsbereit und werde sich (einen Waffengang) noch sehr überlegen. [...]

Gestützt auf diesen deutschen „Blankoscheck*" überreichte die österreichische Regierung am 23. Juli an Serbien ein auf 48 Stunden begrenztes Ultimatum*. Nur der letzte Punkt der Forderungen, die Beteiligung österreichischer Beamter an der Aufklärung des Attentats auf serbischem Hoheitsgebiet, wurde von Serbien abgelehnt. Wien hielt dennoch an seinem Vorhaben fest Serbien einen Denkzettel zu verpassen und erklärte am 28. Juli den Krieg. Dann ging alles sehr schnell (siehe Übersicht 2).

1 *Kläre mithilfe der Übersicht 2, wer an wen die ersten Kriegserklärungen abgab.*

2 *Liste mihilfe der Karte 3 die Kriegsgegner auf.*

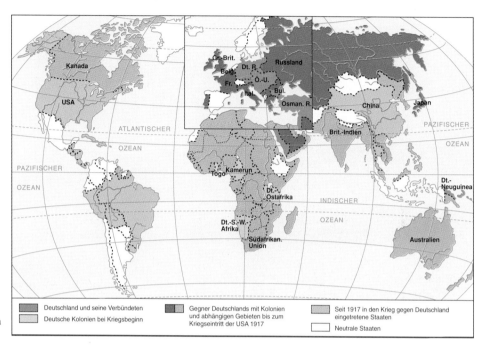

3 Die Kriegsgegner im Ersten Weltkrieg.

Legende:
- Deutschland und seine Verbündeten
- Deutsche Kolonien bei Kriegsbeginn
- Gegner Deutschlands mit Kolonien und abhängigen Gebieten bis zum Kriegseintritt der USA 1917
- Seit 1917 in den Krieg gegen Deutschland eingetretene Staaten
- Neutrale Staaten

Kriegsschuldfrage

Wer war schuld am Ausbruch eines Krieges, der über vier Jahre dauerte und Millionen von Menschenleben forderte?

Kaiser Wilhelm II. erklärte am 4. August 1914 vor dem deutschen Reichstag:

Q2 [...] Die Feindseligkeit, die im Osten und Westen seit langer Zeit um sich gegriffen hat, ist nun zu hellen Flammen aufgelodert. Die gegenwärtige Lage [...] ist das Ergebnis eines seit langen Jahren tätigen Übelwollens gegen Macht und Gedeihen des Deutschen Reiches. Uns treibt nicht Eroberungslust, uns beseelt der unbeugsame Wille den Platz zu bewahren, auf den Gott uns gestellt hat. [...] In aufgedrungener Notwehr mit reinem Gewissen und reiner Hand ergreifen wir das Schwert.

Im Friedensvertrag von Versailles, der 1919 zwischen den alliierten* Siegermächten und Deutschland geschlossen wurde, steht in Artikel 231:

Q3 Die alliierten und assoziierten* Regierungen erklären und Deutschland erkennt an, dass Deutschland und seine Verbündeten als Urheber für alle Verluste und Schäden verantwortlich sind, die die alliierten und assoziierten Regierungen und ihre Staatsangehörigen infolge des Krieges, der ihnen durch den Angriff Deutschlands und seiner Verbündeten aufgezwungen wurde, erlitten haben.

Der britische Premierminister Lloyd George meinte Mitte der 20er-Jahre:

Q4 [...] Keiner der führenden Männer dieser Zeit hat den Krieg tatsächlich gewollt. Sie glitten gewissermaßen hinein oder besser sie taumelten oder stolperten hinein, vielleicht aus Torheit. [...]

Der deutsche Historiker Fritz Fischer urteilte 1961:

Q5 [...] Da Deutschland den österreichisch-serbischen Krieg gewollt, gewünscht und gedeckt hat und im Vertrauen auf die deutsche militärische Überlegenheit es im Jahre 1914 bewusst auf einen Konflikt mit Russland und Frankreich ankommen ließ, trägt die deutsche Reichsführung einen erheblichen Teil der historischen Verantwortung für den Ausbruch des allgemeinen Krieges. [...]

3 *Vergleiche die in Q2–Q5 aufgeführten Meinungen zur Kriegsschuldfrage.*

4 *Das Attentat von Sarajevo war der Auslöser des Ersten Weltkrieges. Die Ursachen liegen jedoch viel tiefer. Sucht Belege für diese Aussagen.*

5 *Diskutiert darüber, was man allen beteiligten Großmächten vorwerfen muss.*

6 *Worin liegt die besondere Schuld Deutschlands?*

1 Abfahrbereite Züge zur Front. (links: in Frankreich; auf dem Waggon steht „Nach Berlin!"; rechts: in Deutschland; auf dem Waggon steht u. a. „Auf zum Preisschießen in Paris.") Fotos 1914.

Wie die Mehrheit der Bevölkerung die Nachricht vom Kriegsausbruch 1914 aufnahm, könnt ihr auf dieser Doppelseite erarbeiten. Sie soll euch auch helfen zu erkennen, wie bereits Schüler an das Militär gewöhnt wurden und welchen Stellenwert es in der Gesellschaft damals hatte.

Reaktionen auf den Kriegsausbruch

Ein junger Deutscher berichtet von den ersten Augusttagen des Jahres 1914:

> **Q1** [...] Ausdauer muss man haben und Geduld muss einem verliehen sein, will man den heiß begehrten Rang „Kriegsfreiwilliger" erreichen. Ich wandere von Kaserne zu Kaserne, von Regiment zu Regiment: „Wann stellen Sie Kriegsfreiwillige ein?" „Überfüllt!" „Vorläufig keine mehr!" „Später, nicht vor dem 12.!" Überall abgewiesen.

Der österreichische Schriftsteller Stefan Zweig beschrieb das Bild, das sich in vielen europäischen Städten Anfang August 1914 bot, 30 Jahre später so:

> **Q2** [...] Aufzüge formten sich in den Straßen, plötzlich loderten überall Fahnen, Bänder und Musik, die jungen Rekruten* marschierten im Triumph dahin und ihre Gesichter waren hell, weil man ihnen zujubelte, ihnen, den kleinen Menschen des Alltags, die sonst niemand beachtet und feiert. [...]

Ein 24-jähriger Student schrieb am 7. August von der Schlacht an der Marne (Frankreich) an seine Eltern:

> **Q3** [...] Lieber Vater, gute Mutter, [...] es wird gut sein, wenn ihr euch schon jetzt voll tapferen Mutes und fester Selbstbeherrschung mit dem Gedanken vertraut macht, dass ihr mich [...] nicht wiederseht. [...] Jedenfalls habe ich die Absicht draufzugehen „wie Blücher*". Das ist jetzt einfach unsere Pflicht. Und die Stimmung ist jetzt allgemein so unter den Soldaten. Es ist eine Lust, mit solchen Kameraden zu ziehen. Wir werden siegen! [...] Seid stolz, dass ihr in solcher Zeit und solchem Volke lebt und dass ihr auch mehrere eurer Lieben in diesen stolzen Kampf mitsenden dürft. [...]

1 *Beschreibe anhand von Abb. 1 und Q1–Q3, wie viele Menschen auf den Kriegsausbruch reagierten.*
2 *Überlege, worauf die Aufschriften in Abb. 1 schließen lassen.*

Das Ansehen der Offiziere

Ein Medizinalrat erinnert sich an seine Gymnasialzeit in den 1880er-Jahren:

> **Q4** [...] Der Offizier bildete ganz unbestritten den ersten Stand, das wurde uns sogar von den Gymnasiallehrern beigebracht. [...] Der Uniform kam jeder entgegen, machte jeder Platz, es war nahezu undenkbar, dass ein Leutnant sich bei irgendeinem Mädchen einen Korb holen konnte. [...] Dann machten die unter uns, die ins Kadettenkorps* kamen, einen starken Eindruck auf uns; sie gehörten in unseren Augen bereits der glänzenden, überall ausgezeichneten Welt an. Sie behielten hoffärtig die Mütze beim Grüßen auf, während wir demütig die unansehnlichen Hüte schwingen mussten. Jeder hatte etwas für sie übrig, die Mädchen guckten ihnen nach. [...]

Die Bedeutung der Volksschulen

Nach dem Sieg über Österreich 1866 schrieb der preußische Kultusminister an den König, „dass Sr. Königlichen Majestät Armee, die jetzt gekämpft und gesiegt habe, durch die Volksschule hindurch und aus dieser hervorgegangen sei". Darauf sprach der König den preußischen Volksschullehrern den „tief empfundenen Dank für den der Dynastie und dem Vaterlande geleisteten Beistand" aus.

In den Preußischen Jahrbüchern von 1911 hieß es zu den Volksschulen:

> **Q5** [...] Die staatsbürgerliche Zucht, die die Deutschen vor allen anderen Völkern auszeichnet, die von allen anderen Nationen mit Neid und Bewunderung als eine Ursache unserer Größe angesehen wird, woher stammt sie? Aus der Schule und dem Heere. [...]

3 *Der Offizier besaß damals in nahezu allen europäischen Staaten ein besonders hohes Ansehen. Welche Beispiele werden dafür in Q4 genannt?*

4 *Gib an, welche Bedeutung in Q5 den Volksschulen im Kaiserreich zugeschrieben wird.*

5 *Erläutere Abb. 2. Berücksichtige dabei auch die Bildlegende.*

6 *Vermute, welche Haltung/Einstellung wohl das in Abb. 3 dargestellte Spielzeug bei den spielenden Kindern im Deutschen Reich erzeugen sollte.*

7 *Erläutere, was du von dem Spielzeug in Abb. 3 hältst.*

8 *Zähle mehrere Gründe für die Kriegsbegeisterung im Sommer 1914 auf.*

Stimmen gegen den Krieg

In allen Ländern gab es aber auch Menschen, die sich gegen einen Waffengang aussprachen. Sie wurden freilich von der Welle der Kriegsbegeisterung unter der Masse der Bevölkerung einfach überrollt. Die Menschen in Europa hatten mehr als 40 Jahre keinen Krieg mehr erlebt. Sie konnten sich das Leid und die Opfer, die durch die Kämpfe hereinbrechen sollten, wohl gar nicht vorstellen. Außerdem wurde von den Regierungen durch geschickte Propaganda* der Hass gegen den Feind und die Kriegsbegeisterung in der Bevölkerung noch zusätzlich angeheizt.

Der französische Sozialist Jean Jaurès trat für eine deutsch-französische Aussöhnung ein. Er wurde Ende 1914 von einem fanatischen Nationalisten in Paris ermordet.

2 **Aus dem Magazin „Über Land und Meer", 1894.** Unter dem Bild stand folgender Text: „Was für prächtige Soldaten Oberbayern dem Vaterlande stellt, das hat man 1870 in Frankreich gesehen. Es ist ja auch ganz selbstverständlich, dass ein so schöner und gesunder Menschenschlag, der im täglichen Kampf mit der Gebirgsnatur, bei landwirtschaftlicher Arbeit oder auf der Jagd seine Körperkraft übt und stählt, im Waffendienst sich hervortut. Gerade so frische Volkskraft zu üben macht auch dem Exerzierplatz ganz besonders Mühe. Das hat auch der brave Volksschullehrer auf unserem Bild durchzukosten, der seine Buben auf den Platz vor dem Schulhaus im Turnen unterweist."

3 **Anzeige für Spielzeug, um 1890** (zu Fuß: französische Gefangene).

In Deutschland war Rosa Luxemburg (damals SPD) 1913 zu einer Gefängnisstrafe verurteilt worden, weil sie in einer Versammlung gerufen hatte:

> **Q6** Wenn uns zugemutet wird die Mordwaffe gegen unsere französischen [...] Brüder zu erheben, dann rufen wir: Das tun wir nicht!

9 *Überlegt gemeinsam, warum sich die Kriegsgegner nicht durchsetzen konnten.*

1 **Kriegsalltag an der Front.** Foto 1916.

2 **Tanks vor dem Angriff.** Foto 1918.

3 **Englischer Schützengraben.** Foto 1917.

Eine neue Form des Krieges

1 *Beschreibe die Fotos auf dieser Doppelseite.*

Nach anfänglichen Erfolgen der deutschen Truppen im Westen und der russischen Truppen im Osten erstarrte die Auseinandersetzung zwischen Deutschland und seinen Verbündeten und den Kriegsgegnern zum Stellungskrieg. Keiner Seite gelang es mehr, größere Geländegewinne zu erzielen. Auf beiden Seiten begannen sich die Armeen einzugraben.

Die Stellungen wurden immer vollkommener ausgebaut. Man verstärkte die Verteidigung durch Stacheldrahtsperren und Maschinengewehrnester. Für die Soldaten wurden zuerst Erdbunker gebaut, später auch Betonbunker. Sie alle aber boten keine Sicherheit bei einem Granatvolltreffer.

Die gegnerischen Gräben lagen oft nur 50 Meter voneinander entfernt. Beide Seiten versuchten durch ungeheuren Einsatz an Material und stundenlanges Granatfeuer die gegnerischen Stellungen aufzureißen und die Soldaten zu zermürben. Mit Stoßtrupps wollte man in die Gräben des Feindes einbrechen. Aber fast alle Angriffe wurden zurückgeschlagen.

Neue Waffen

Während des Krieges versuchten beide Seiten durch den Einsatz neuer Waffen, z. B. Maschinengewehren, einen entscheidenden Vorteil zu erringen. Erstmals unterstützten Flugzeuge die Bodentruppen. Die Engländer rückten 1916 mit Tanks, einem Vorläufer des Panzers, an. Der Einsatz von Giftgas führte zur Erblindung oder zum qualvollen Tod von unzähligen Soldaten. Zum Schutz dagegen kämpfte man mit Gasmasken. In die Schützengräben des Gegners wurden Handgranaten geworfen.

Der 19-jährige Student Friedel Dehme schilderte in einem Brief 1917 den Stellungskrieg:

Q1 [...] Furchtbar ist es, hier zu sein. Drei Tage und vier Nächte habe ich in vorderster Stellung gelegen. Es ist entsetzlich. [...] Der Himmel ist ein unaufhörliches Zucken und Leuchten. Die Luft ist erfüllt vom Krachen und Donnern der Abschüsse, vom Platzen berstender Granaten, vom Heulen und Pfeifen der Geschosse, die hin und her fliegen. Granaten haben die Straßen zerrissen.

Am 17. Juli 1916 schrieb ein deutscher Soldat nach Hause:

Q2 [...] Die erste Zeit war es stockdunkel, da wir nur ein paar Kerzenstangen hatten. Dann

4 **Soldaten sterben durch die Druckwelle eines Granateneinschlags.** Foto 1914.

war ein schrecklicher Geruch da unten, ein Modergeruch von Toten. [...] Am vierten Tage, Freitag, ging's dann schon in der Frühe los mit der schweren Artillerie bis abends 21.30 Uhr. Was das heißt: zehn Stunden im Unterstand liegen unter Granatfeuer, zehn Stunden den Tod des Lebendigbegrabenwerdens vor Augen oder die Aussicht in die Luft zu fliegen, falls eine Granate da einschlägt, wo der Sprengstoff liegt. [...] Zum Schluss feuerten die Franzosen wahrscheinlich Gasgranaten vor unser Loch. Auf einmal steht der Feldwebel auf, es wird ihm schlecht; ein paar weitere stehen auf und fallen um. [...]

Ein französischer Hauptmann berichtete 1916:

Q3 [...] Ich bin hier mit hundertfünfundsiebzig Mann angekommen und mit vierunddreißig zurückgekehrt, von denen einige halb verrückt geworden sind. [...]

2 *Überlegt, was die auf den Fotos gezeigten Tatsachen für die beteiligten Menschen bedeuteten.*

3 *Schreibe mithilfe der Fotos und der Texte einen Artikel: „Der Erste Weltkrieg: eine neue Form des Krieges und seine Folgen für die Menschen".*

4 *Wie wirken die Fotos und Materialien auf euch? Vermutet, wie sie auf Eltern und Geschwister der Soldaten gewirkt hätten.*

Kohlrüben-Karte
— Stadt Erfurt —

| 2 Pfund **Kohlrüben** 31. Woche 18.–24. März 1917 | 2 Pfund **Kohlrüben** 32. Woche 25.–31. März 1917 |

| 2 Pfund **Kohlrüben** 29. Woche 4.–10. März 1917 | 2 Pfund **Kohlrüben** 30. Woche 11.–17. März 1917 |

| 2 Pfund **Kohlrüben** 27. Woche 18.–24. Februar 1917 | 2 Pfund **Kohlrüben** 28. Woche 25 Febr. 3. März 1917 |

| 2 Pfund **Kohlrüben** 25. Woche 4.–10. Februar 1917 | 2 Pfund **Kohlrüben** 26. Woche 11. 17 Februar 1917 |

1 Bezugskarte für Kohlrüben 1917.

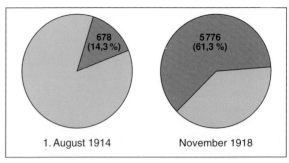

678 (14,3 %)   5776 (61,3 %)

1. August 1914   November 1918

2 Anteil der Frauen an der gesamten Belegschaft der Firma Bosch in Stuttgart.

Die Lage der Bevölkerung

Kohlrüben wurden besonders im Winter 1916/17 in Deutschland zu einem wichtigen Nahrungsmittel. Sie wurden dem Brot beigemischt und anstelle der fehlenden Kartoffeln gegessen. Wie die anderen Lebensmittel wurden die Kohlrüben rationiert (eingeteilt). Eine genau berechnete Menge gab es nur gegen Vorlage einer Karte (siehe Abb. 1).

In den Arbeitsbedingungen einer Munitionsfabrik hieß es im September 1917 für Männer und Frauen:

Q1 […] Tägliche Arbeitszeit in der Regel neun Stunden, Überstunden nach Bedarf, Sonntagsarbeit, wenn erforderlich, nicht ausgeschlossen.

Ein Münchner erinnerte sich an seine Kinderzeit während der Kriegsjahre:

Q2 […] Wir waren sechs Kinder, Jahrgang 1901 bis 1911. Vater war Soldat in Frankreich. Nach seiner Verwundung 1916 wurde er Reserve II und betreute Gefangene im Lager bei Freising. Mutter sorgte für die Kinder. Die kärgliche Unterstützung des Staates nötigte unsere Mutter Wäsche zu waschen bei „Herrschaften". Wenn sie abends heimkam, war ihre Kleidung nass. Waschen war damals schwere Handarbeit. Wir Kinder waren uns selbst überlassen. Abends holten wir uns kärgliche Suppe aus der Volksküche

ab. Auch die gab es nicht ohne „Schlangestehen". […]

In den meisten Häusern gab es Wanzen und kleine und große Kakerlaken. Da Brennstoff knapp war, die Wohnung tagsüber kalt, hielten wir uns lieber am Ostbahnhof auf. Dort hielten des Öfteren am Gleis 1 Truppentransporter. Sofort waren wir Kinder da und bettelten um etwas Brot von den Soldaten. […]

Wenn die Familie am Abend komplett war, konnte man sich in der Zweizimmerwohnung kaum noch bewegen. Das triste Leben hatte auch gesundheitliche Folgen. Meine um zwei Jahre ältere Schwester bekam die englische Krankheit (Rachitis). Es blieben zeitlebens Wirbelsäulenverkrümmungen mit Höcker. Ich kam etwas glimpflicher davon: leichte Wirbelsäulenkrümmung, Hühnerbrust, zu dünne Arm- und Beingelenke, leichte O-Beine. […]

Aufruf an deutsche Schüler im Jahr 1917:

Q3 Sammelt Obstkerne! (Kirschen-, Pflaumen- und Aprikosenkerne) Denn daraus wird Speiseöl gewonnen. Sammelt die Brennnesselstängel! Denn sie werden zu Stoffen verarbeitet und dienen unseren Soldaten zur Kleidung. […] Sammelt das Menschenhaar! Denn daraus werden wegen Ledermangels Treibriemen für die Munitionsfabriken hergestellt!

1 *Gib an, was du aus den Materialien dieser Seite und aus den Fotos von Seite 73 über die Lebensbedingungen in der deutschen Heimat erfährst. Stelle möglichst viele Stichpunkte zusammen.*

2 *Beschreibe die Grafik 2 und versuche die Veränderungen zu erklären.*

3 *Überlege, warum sich die Kinder der Münchner Familie (Q2) vor allem am Ostbahnhof aufhielten.*

Mangel an der „Heimatfront"

In Deutschland hatte man mit einem kurzen Krieg gerechnet. Deswegen war keine Vorsorge für die Ernährung der Bevölkerung getroffen worden. Die Blockade der Nordsee durch britische Kriegsschiffe schloss Deutschland von allen wichtigen Einfuhren an Rohstoffen und Lebensmitteln aus. Da viele Bauern und Landarbeiter als Soldaten an der Front kämpften, mangelte es auch in der Landwirtschaft an Arbeitskräften. Um die fehlenden Arbeitskräfte zu ersetzen wurden nun Frauen in vorher von Männern ausgeübten Berufen eingesetzt (siehe Fotos).

Die Ernteerträge gingen während des Krieges immer weiter zurück. Missernten bei Kartoffeln und Getreide führten im Winter 1916/17 zu einer großen Hungersnot. Zahlreiche Grundnahrungsmittel gab es trotz der ausgegebenen Karten nicht. Nur wer viel Geld hatte, konnte für den fünf- bis zehnfachen Preis auf dem Schwarzmarkt zusätzliche Nahrung kaufen. Viele Menschen litten stark unter dem Hunger, besonders arme Leute, Kranke und Kinder. Die anhaltende Unterernährung führte zusammen mit den langen Arbeitszeiten und der ständigen Überanstrengung auch dazu, dass immer mehr Frauen in jungen Jahren starben. Auch viele Kinder starben. Insgesamt kostete der Hunger in der Zeit von 1914 bis 1918 in Deutschland etwa 800 000 Menschen das Leben.

Auf der Suche nach Ersatz für Rohstoffe

Mit dem „Gesetz über den vaterländischen Hilfsdienst" wurden im Dezember 1916 alle noch verfügbaren Reserven und Kräfte für die Kriegswirtschaft mobilisiert. Von den Kirchtürmen holte man die Glocken um ihr Metall einzuschmelzen. Es gab keine Schuhsohlen mehr aus Leder, sie bestanden jetzt aus Pappdeckeln. Auch Kleider wurden aus Ersatzstoffen hergestellt.

4 *Stelle mehrere Gründe für die Hungersnot 1916/17 in Deutschland zusammen.*

5 *Betrachte die Fotos 3–5. Welche Arbeiten werden getan? Was denkst du darüber?*

6 *Erläutere, mit welchen Maßnahmen man dem Rohstoffmangel entgegenzuwirken versuchte.*

7 *Zum harten Alltag und den Entbehrungen kamen bei den Frauen und Kindern seelische Belastungen hinzu. Führe aus, um welche es sich handeln konnte.*

3 Frauen übernehmen im Krieg schwere körperliche Arbeit (Reinigen und Schleifen der Straßenbahnschienen). Foto 1916.

4 Frauen arbeiten in der Rüstungsindustrie. Foto 1917.

5 Frauen sortieren aus Fallobst verwertbare Früchte aus. Foto 1917.

1 Lenin spricht vor Ausbruch der Revolution in Petersburg. Gemälde.

Unruhen in der Hauptstadt Petersburg

Beim deutschen Kriegsgegner Russland herrschte schon lange große Unzufriedenheit unter der Bevölkerung. Dies führte 1905 zu Streiks und Aufständen. In der Hauptstadt Petersburg versammelten sich mehr als 200 000 Arbeiter vor dem Winterpalais des russischen Herrschers, des Zaren, um ihm eine Bittschrift zu übergeben.

Darin hieß es unter anderem:

> **Q1** Wir hier, viele tausende, sowie das ganze russische Volk haben keine Menschenrechte. Durch deine Beamten sind wir Sklaven geworden. Jeder, welcher wagte von dem Schutze der Interessen des Arbeiterstandes zu sprechen, wurde ins Gefängnis geworfen. Der gesamte Arbeiter- und Bauernstand wurde der Willkür überlassen. Das Beamtentum besteht aus Räubern und Dieben an Staatsgeldern [...] Das Volk ist jeder Möglichkeit beraubt seine Wünsche und Forderungen auszudrücken und an der Festsetzung der Besteuerung und der Staatsausgaben teilzunehmen. Alles dies widerspricht menschlichem und göttlichem Recht. Wir wollen lieber sterben als unter solchen Gesetzen weiterleben.

Im Dezember 1916 erlebte Russland schon zum dritten Mal ein Weihnachtsfest im Krieg. Die Armee, auf einen längeren Kampf nicht vorbereitet, erlitt eine Niederlage nach der anderen und befand sich im Zustand der Auflösung. Überall herrschte Lebensmittelknappheit, die Menschen froren in ihren Häusern und Wohnungen.

Am 25. Februar 1917 meldete aus der russischen Hauptstadt Petrograd der Kommandant des Militärbezirks:

> **Q2** Ich melde, dass infolge des Brotmangels am 23. und 24. Februar in vielen Fabriken ein Streik ausgebrochen ist. Am 24. Februar streikten etwa 200 000 Arbeiter. [...]

Die Soldaten, die anfangs widerstrebend auf die Demonstranten geschossen hatten, schlossen sich immer mehr den Aufständischen an. Das Parlament verweigerte dem Zaren die Gefolgschaft und bildete aus seiner Mitte eine Provisorische (vorläufige) Regierung. Diese zwang den Zaren zur Abdankung. Die Provisorische Regierung schrieb Wahlen zu einem verfassunggebenden Parlament aus, die im Herbst stattfinden sollten.

An der Lage der Arbeiter und Bauern änderte sie nichts. Da sie auch den Krieg gegen Deutschland und Österreich fortsetzen wollte, kam es erneut zu Unruhen. Die Arbeiter und Soldaten wollten den Frieden, und zwar sofort, sie wollten den Achtstundentag, sie wollten etwas zu essen und die Bauern forderten Land. Um ihren Forderungen Nachdruck zu verleihen wählten sie in allen größeren Städten eigene Vertretungen, die Sowjets (Räte).

1 *Nenne anhand der Quellen und des Textes Gründe, die zu den Unruhen unter der Bevölkerung geführt hatten.*

Die Rolle Lenins

Im April 1917 kehrte mit Unterstützung der deutschen Regierung Lenin aus der Verbannung in der Schweiz nach Russland zurück. Er war der Führer der Bolschewisten*, die eine Revolution anstrebten. Die deutsche Regierung erhoffte von der Rückkehr Lenins Unruhen in Russland und eine entscheidende Schwächung des Kriegsgegners. Bereits einen Tag nach der Ankunft stellte Lenin sein Programm vor. Die wichtigsten Forderungen lauteten:

– Beendigung des Krieges.
– Keine Unterstützung der Provisorischen Regierung.
– Übernahme der Macht durch die Sowjets (Räte).
– Enteignung des gesamten adligen Grundbesitzes; Verteilung des Landes unter die Bauern.

In der Nacht zum 25. Oktober 1917 wurde die Provisorische Regierung abgesetzt. Nur am Winterpalais, dem Sitz der Provisorischen Regierung, kam es zu Kämpfen (siehe Abb. 2).

Bei den Wahlen zur Verfassunggebenden Nationalversammlung im November 1917 erhielten die Bolschewisten nur ein Viertel aller Stimmen. Lenin ließ
jedoch die Nationalversammlung im Januar 1918,
einen Tag nach ihrer Eröffnung, von seinen Anhängern auseinander jagen. Danach errichtete er die Diktatur seiner Partei, die sich seit 1918 „Kommunistische Partei Russlands" nannte.

Lenin wird zum Diktator

Die gewaltsame Auflösung der Verfassunggebenden
Versammlung zeigte an, wie Lenin zu regieren ge-
dachte. Aus Mitgliedern der zaristischen Geheimpolizei schuf er unter straffer Leitung der Bolschewisten eine neue Geheimpolizei, die Tscheka. Mit
ihrer Hilfe wurden Gegner, Verdächtige und offen
Unzufriedene durch Einkerkerung und Erschie-
ßung ausgeschaltet. Selbst seine zeitweiligen Bun-
desgenossen ließ Lenin größtenteils ermorden. Die
Zarenfamilie, die schon ein Jahr lang gefangen gehalten worden war, wurde von Wachsoldaten erschossen. Ordentliche Gerichtsverfahren gab es
nicht mehr, sodass die Bevölkerung dem „Terror"
der Bolschewisten und der Geheimpolizei ausgeliefert war.

Die Sowjetregierung unter Lenin begann unverzüglich ihr Programm in die Tat umzusetzen. Unternehmer und Großgrundbesitzer wurden enteignet; Bergwerke, Fabriken und Banken wurden in Gemeineigentum überführt. Der Großgrundbesitz wurde
unter den Bauern verteilt um sie für den neuen Staat
zu gewinnen.

Frieden nach außen – Bürgerkrieg im Innern

Wie angekündigt forderte Lenin noch am ersten Tag
seiner Regierung alle Krieg führenden Nationen auf
einen gerechten Frieden zu schließen. Auf diesen Ap-
pell reagierten aber nur Deutschland und seine Verbündete.

Am 3. März 1918 schloss die russische Revolutions-
regierung in Brest-Litowsk einen Waffenstillstand
mit dem Deutschen Reich. Die Bedingungen dafür
diktierten ausschließlich die Deutschen. Russland
musste Polen, Litauen, Lettland und Estland abtreten. Finnland und die Ukraine sollten Staaten unter
deutscher Oberhoheit werden. Diese Gebiete sollten
Deutschland mit Rohstoffen und Getreide beliefern.
Lenin nahm die enormen Gebietsverluste in Kauf um
Russland eine Atempause zu verschaffen.

2 Die Erstürmung des Winterpalais in der Nacht vom
24. auf den 25. Oktober 1917. Gemälde von Kuznezow.

Den versprochenen Frieden im Inneren konnte Lenin nicht bringen. Im Frühjahr 1918 bildeten sich aus
zarentreuen Offizieren und Soldaten sowie aus vielen
anderen nichtbolschewistischen Gruppen „Weiße
Armeen", die gegen die „Rote Armee" der Sowjets
kämpften. Es kam zu einem blutigen und grausamen
Bürgerkrieg, der bis 1921 andauerte.

3 *Beschreibe die Abb. 1. Vermute, was Lenin in
Abb. 1 wohl zu den Menschen sprechen könnte.*

4 *Überlege, welche Einstellung der Maler zu der
dargestellten Situation haben könnte.*

5 *Erläutere, warum die deutsche Regierung Lenin
bei der Rückkehr nach Russland unterstützte.
Welche Forderung Lenins kam ihr sehr gelegen?*

1 Der Moloch spuckt Kriegsmaterial aus. Karikatur, Deutschland 1917.

Uneingeschränkter U-Boot-Krieg

England hatte bei Kriegsausbruch mit seiner Flotte sofort die Nordsee zum Kriegsgebiet erklärt und eine Blockade über Deutschland verhängt. Minenfelder und englische Kriegsschiffe sperrten den Ärmelkanal und die Nordsee zwischen Norwegen und England. Selbst neutrale Schiffe mit Lebensmitteln für die Zivilbevölkerung konnten Deutschland nicht mehr anlaufen. Als Gegenmaßnahme wurden Handelsschiffe, die britische Häfen anlaufen wollten, von deutschen U-Booten angegriffen.

Am 15. Mai 1915 versenkte ein deutsches U-Boot den britischen Passagierdampfer „Lusitania". Dabei starben 1198 Menschen, darunter 139 Amerikaner. Nach dem energischen Protest der amerikanischen Regierung schränkte Deutschland den U-Boot-Krieg ein.

Kriegseintritt der USA

Am 1. Februar 1917 entschloss sich Deutschland trotz amerikanischer Warnungen zum uneingeschränkten U-Boot-Krieg. Handelsschiffe wurden jetzt ohne Warnung mit Torpedos beschossen. Dieser Beschuss bot den kriegswilligen Kreisen in den USA den willkommenen Anlass die Regierung zum Kriegseintritt zu bewegen. Im April 1917 erklärten die USA Deutschland den Krieg. Dazu sagte Präsident Wilson vor dem amerikanischen Kongress:

Q1 [...] Der gegenwärtige deutsche U-Boot-Krieg gegen den Handelsverkehr ist ein Krieg gegen die Menschheit. Wir haben keinen Streit mit dem deutschen Volk. Seine Regierung hat nicht nach seinem Willen gehandelt, als sie in den Krieg eintrat. [...] Wir kämpfen für den endlichen Frieden und die Befreiung der Völker, mit Einschluss des deutschen, für die Rechte der großen und kleinen Nationen, für das Vorrecht der Menschen überall ihre Art zu leben und zu gehorchen, selbst zu wählen. Die Welt muss für die Demokratie reif gemacht werden ...

Auch amerikanische Finanzkreise hatten den Kriegseintritt befürwortet. Vor dem Kriege hatten die USA vier Milliarden Dollar Schulden in Europa. Im Krieg hatten dagegen Frankreich und Großbritannien durch den Kauf von Kriegsmaterial 11,5 Milliarden Dollar Schulden bei den USA gemacht. Die Bankiers mussten bei einer Niederlage von Frankreich und Großbritannien den Verlust ihres Kapitals befürchten. Bis zum Oktober 1918 entsandten die Vereinigten Staaten 1,8 Millionen gut ausgerüstete Soldaten auf den französischen Kriegsschauplatz. Zusätzlich unterstützten sie Frankreich und England mit Krediten, Kriegsmaterial und Lebensmitteln.

1 *Kläre mithilfe des Textes, warum sich die USA zum Kriegseintritt gegen Deutschland entschlossen.*
2 *Welche Ziele nennt Präsident Wilson in Q1?*
3 *Erläutert, wie in einer deutschen Karikatur 1917 (Abb. 1) der Kriegseintritt der USA dargestellt wurde.*

Die Zahl der Alliierten* wächst ständig

Im Verlaufe des Krieges unterstützten immer mehr Staaten die Alliierten, die Kriegsgegner Deutschlands. So folgten dem Kriegseintritt der USA gegen Deutschland und seine Verbündete, die Mittelmächte, nahezu alle südamerikanischen Staaten. Italien, das mit Deutschland und Österreich-Ungarn verbündet war, hatte im August 1914 bestritten zum Kriegseintritt aufseiten der Mittelmächte verpflichtet zu sein. Nachdem es von den Alliierten im Falle eines Sieges bislang österreichische Gebiete (Südtirol/Triest) als Belohnung in Aussicht gestellt bekam, erklärte es 1915 Österreich-Ungarn und 1916 Deutschland den Krieg. Letztlich standen 31 Staaten gegen Deutschland im Krieg. Die Mittelmächte wurden dagegen lediglich von Bulgarien und der Türkei unterstützt.

Die deutsche Schlussoffensive scheitert

Der Friedensvertrag mit Sowjetrussland im März 1918 brachte Deutschland Entlastung. Der Zweifrontenkrieg war vorbei. An der Westfront versuchte die Heeresleitung 1918 noch einmal die Front der Alliierten in einer gewaltigen Offensive zu durchbrechen in der Erwartung den Krieg doch noch für Deutschland siegreich beenden zu können. Wieder starben hunderttausende von Deutschen, Franzosen, Briten und Amerikanern, ehe der deutsche Angriff zerbrach. Immer stärker griffen jetzt auch die Amerikaner in die Kämpfe ein. Als die Alliierten zum Angriff antraten, wurden die deutschen Truppen zum Rückzug gezwungen.

Die Stimmung unter den deutschen Soldaten an der Westfront im Spätsommer 1918 beschreibt sehr anschaulich ein Bericht der Postüberwachungsstelle der 6. Armee vom 4. September 1918:

> **Q2** [...] Kriegsmüdigkeit und Gedrücktheit ist allgemein. Die Briefschreiber haben sich mit der für sie nackten Tatsache „Wir können nicht siegen" abgefunden und knüpfen daran sogar zum Teil die Anschauung, dass Deutschland unterliegen müsse. Eine gewisse Anzahl mahnt wohl zum Durchhalten. [...]
> Das Interesse des Einzelnen am Kriege ist in den Hintergrund getreten! Der Mann steht fast durchgehend auf dem Standpunkt: „Ich drücke mich von der Front, so gut ich kann." [...]

Keine Aussichten auf einen deutschen Sieg

Am 3. Oktober 1918 telegrafierte die deutsche Oberste Heeresleitung an den Reichskanzler:

> **Q3** [...] Die Oberste Heeresleitung bleibt auf ihrer Forderung der sofortigen Herausgabe des Friedensangebotes an unsere Feinde bestehen. [...] Infolge der Unmöglichkeit die in den Schlachten der letzten Tage eingetretenen sehr erheblichen Verluste zu ergänzen besteht nach menschlichem Ermessen keine Aussicht mehr dem Feinde den Frieden aufzuzwingen.
> Der Gegner seinerseits führt ständig neue frische Reserven in die Schlacht. Noch steht das deutsche Heer fest gefügt und wehrt siegreich alle Angriffe ab. Die Lage verschärft sich aber täglich und kann die OHL (Oberste Heeresleitung) zu schwerwiegenden Entschlüssen zwingen. Unter diesen Umständen ist es geboten, den Kampf abzubrechen um dem deutschen Volke und seinen

2 Deutscher Soldat während einer Kampfpause. Foto 1918.

> Verbündeten nutzlose Opfer zu ersparen. Jeder versäumte Tag kostet tausenden von tapferen Soldaten das Leben.

Reichskanzler Prinz Max von Baden beugte sich den Forderungen der Obersten Heeresleitung und wandte sich in den ersten Oktobertagen 1918 mit der Bitte um Waffenstillstand an den amerikanischen Präsidenten Wilson.

Am 11. November 1918 musste die deutsche Waffenstillstandskommission in der Nähe von Paris die harten Bedingungen unterzeichnen, die die Alliierten als Voraussetzung für einen Waffenstillstand gestellt hatten.

Der Erste Weltkrieg hatte die ihm zugrunde liegenden Probleme nicht gelöst, sondern schuf über den Friedensschluss hinaus neue Konflikte und Spannungen.

4 *Beschreibe mithilfe von Q2 und Abb. 2 die Stimmung unter den deutschen Soldaten im Spätsommer 1918 und versuche sie zu erklären.*

5 *Führe aus, wie die Oberste Heeresleitung ihre Forderung nach einem Waffenstillstand in Q3 begründet.*

6 *Suche nach Erklärungen für die Niederlage der Mittelmächte im Ersten Weltkrieg.*

Obwohl die großen Schlachten des Ersten Welt-krieges nicht auf dem Gebiet des Deutschen Rei-ches ausgetragen wurden, haben die Auseinander-setzungen in nahezu jeder Gemeinde ihre leidvollen Spuren hinterlassen. Nach dem Krieg wurden zur Erinnerung an die Opfer in zahlreichen Orten Kriegerdenkmäler errichtet. Sie können uns einiges über das Leid sagen, das damals über viele Familien hereingebrochen ist.

Sucht in eurem Heimatort (Schulort) eine solche Gedenkstätte auf und beantwortet möglichst die Fragen zu Kriegerdenkmälern. Beachtet dazu auch die Stichworte zu Kriegerdenkmälern. Er-stellt mithilfe der Antworten eine Gesamtüber-sicht über die Opfer in eurem Heimatort. Die Be-richte über die einzelnen Orte könnt ihr auch zu einer Gesamtinformation im Klassenzimmer oder für die ganze Schule zusammenstellen. Für diese Aufgaben eignet sich die Gruppenarbeit beson-ders.

Stichworte zu Kriegerdenkmälern

■ Wozu Denkmäler errichtet wurden:
– Grabmäler auf Schlachtfeldern
– Gedächtnismäler und Ehrentafeln in den Hei-matorten der getöteten Soldaten (und Zivilisten)

– Andenken an Tote und Trost für Hinterblie-bene
– dem Soldatentod nachträglich Sinn verleihen („Helden", „Opfermut", „gestorben, damit wir leben …" usw., aus Soldaten Helden machen)
– Botschaft für die nachfolgende Generation („Vorbild", „Mahnung", „Lehre" usw.)
■ Gestaltungselemente von Kriegerdenkmälern:
– Materialien (schwere Werkstoffe sollen kraft-voll-kriegerisch und dauerhaft „ewig" wirken)
– Skulpturen (Menschen in verschiedene Hal-tungen: trotzig, aufrecht, sterbend, tot; kriegeri-sche Symbole: Adler, Stahlhelme, Waffen)
– Inschriften (Texte, Sprüche)
– Umgebung: Blumen, Mauern, Leuchter usw.

Fragen zu Kriegerdenkmälern im Heimatort

– *Wo befindet sich in eurem Heimatort (Schulort) die Gedenkstätte?*
– *Wie viele Männer des Ortes mussten im Ersten Weltkrieg ihr Leben lassen?*
– *In welchem Jahr besonders viele?*
– *In welchem Land fielen die meisten Männer?*
– *Eine große Schlacht fand in der Nähe von Verdun in Frankreich statt (siehe Auftaktseiten). Ist bei dieser Schlacht auch ein Soldat aus eurem Heimatort gestorben? Wer?*
– *Wer war der erste Gefallene eures Ortes?*
– *Wie alt war der jüngste Gefallene?*
– *Wie alt war der älteste Gefallene?*
– *Gab es auch Vermisste in eurem Heimatort, über deren Schicksal man möglicherweise bis heute nichts weiß? Wie viele?*
– *Sucht nach Familien, die besonders hart getrof-fen wurden, weil mehrere Söhne (Brüder) fielen.*
– *Könnten unter den Opfern auch Väter gewesen sein, die zu Hause Frau und Kinder hinterlassen haben (Alter der Gefallenen)?*
– *Gibt es von den Gefallenen heute noch Ver-wandte an eurem Ort?*
– *Auf dem abgebildeten Denkmal dieser Seite steht als Leitspruch: „Die Gemeinde ihren Söh-nen". Welcher Leitspruch steht auf dem Denkmal in eurem Ort?*
– *Erkundigt euch: Von wem wird die Gedenk-stätte heute gepflegt?*

1 / 2 Links: „So kolonisiert der Deutsche", rechts: „So kolonisiert der Engländer". Karikaturen von Th. Heine, aus der satirischen Zeitschrift „Simplicissimus".

3 Europäischer Dreschplatz. Deutsche Postkarte, 1914. (Deutsche und Österreicher mit Dreschflegeln „bei der Arbeit").

4 Unsere Helden. Postkarte von 1915.

1 *Was wollte der Zeichner mit den Karikaturen 1 und 2 aussagen? Man kann der Darstellung mehrere Aussagen entnehmen.*

2 *Erläutere die Aussagen der Karikatur (Abb. 3) ausführlich mit eigenen Worten.*

3 *Was hat der Soldat im Jahre 1916 mit seiner Feldpost wohl von der Front nach Hause geschrieben (Abb. 4)? Versuche dich in seine Lage zu versetzen und verfasse selbst einen kleinen Brief.*

4 *Versuche zu beschreiben, wie der Alltag während der Kriegsjahre für Jugendliche in deinem Alter ausgesehen hat. Berücksichtige dabei auch Abb. 5.*

5 Postkarte von 1916.

4. Gewalt im Alltag – Umgang mit Konflikten

Streit gibt es immer und überall. Meistens bleibt es beim Gebrüll oder wüsten Beschimpfungen. Aber leider endet er auch gewalttätig und brutal. Wie kann es so weit kommen? Was treibt einen Menschen dazu, Gewalt anzuwenden? Haben wir eine Chance unsere Konflikte ohne Gewalt zu lösen?

Wir beschäftigen uns in diesem Kapitel mit den unterschiedlichsten Beispielen von alltäglicher Gewalt in der Freizeit und in der Familie sowie in der Schule und machen uns Gedanken darüber, wo für uns und andere Gewalt beginnt. Zudem gehen wir der entscheidenden Frage nach: Was können wir dagegen machen? Welche Chance gibt es für eine friedliche Konfliktlösung?

1 Die Polizei trennt Fans im Fußballstadion. Foto 1994.

Stichwort „Aggression"

„Aggression" ist ein Verhalten, das mit großer Wahrscheinlichkeit zu einer direkten oder indirekten Schädigung eines Lebewesens oder eines Gegenstandes führt.

Psychologen sind sich nicht einig darüber, ob Aggressionen angeboren sind oder ob sie erst im Laufe des Lebens „erlernt" werden.

2 Alltagsgewalt? Foto 1996.

Gewalt auf der Straße, im Stadion – wo noch?

M1 Erneut ist es nach einem Fußballbundesligaspiel zu einem „handfesten" Aufeinandertreffen zwischen den Fans der beiden Mannschaften gekommen. Die Polizei konnte durch ihr schnelles Auftreten Schlimmeres verhindern.

M2 Rudi und seine Freundin Karin fuhren auf einem einspurigen Baustellenbereich der Münchener Stadtautobahn mit 60 km/h – exakt so schnell wie erlaubt. Aber offenbar zu langsam für den Autofahrer hinter ihnen. „Der fuhr immer dichter auf, bedrängte das Fahrzeug vor ihm", sagten Augenzeugen. „Der Mann am Steuer fuchtelte wie wild und schimpfte." Schließlich rastete er aus und rammte den grünen Golf.

M3 Es war ein vergnüglicher Nachmittag im Freibad, bis die beiden 14 und 15 Jahre alten Schüler Manfred und Alexander am Fahrradständer von einer Straßengang bedroht wurden. Sie sollten ihr Geld und ihre Schuhe hergeben. Als sie sich weigerten, wurden sie verprügelt.

1 *Haltet ihr diese Berichte für Ausnahmen oder glaubt ihr, dass es sich hierbei um alltägliche Vorkommnisse handelt? Diskutiert in kleinen Gruppen.*

2 *Sammelt Zeitungsberichte über Aggressionen und Gewalt. Versucht das Material zu ordnen.*

3 *Welche persönlichen Erfahrungen habt ihr mit Formen von Aggression und Gewalt gemacht?*

3 Rauferei auf dem Schulhof. Foto.

Gewalt in der Schule

Der Lehrer Otto Herz beschreibt eine Situation:

M4 Vor ein paar Tagen wurde ein Mädchen brutal von Mitschülerinnen der eigenen Klasse zusammengeschlagen. Susanne, so heißt das Mädchen, war gerade nicht „in". Sie trug zur falschen Zeit die falschen Klamotten, dachte und sagte zur falschen Zeit das Falsche! Während der Anwendung von körperlicher Gewalt standen noch mehrere Schülerinnen daneben und johlten, was das Zeug hielt. Auch Jungen aus dieser Klasse standen dabei, aber keiner besaß die Courage* dazwischenzugehen. Keiner sprach auch nur eines der Wörter „Halt!" oder „Stopp!" aus. Susanne hat auch noch Tage danach neben einem verschwollenen und blutig getretenen Körper einen Schock. [...]

Die Mädchen und Jungs empfanden das Ganze nicht als schlimm [...]. Sie sahen das, was sie getan hatten, nicht als Gewalt an. Sie wollten es nicht verstehen, nicht akzeptieren. Für sie war eindeutig Susanne die Schuldige. Nur ein einziges Mädchen formulierte die Worte: „Es tut mir Leid!"[...].

4 *Was hat sich Susanne (M4) „zu Schulden" kommen lassen? Fasse die Aussage des Lehrers Otto Herz zusammen und versuche zu erklären, warum wohl niemand eingeschritten ist.*

5 *Habt ihr an eurer Schule auch schon Gewaltsituationen erlebt? Hatten sie Ähnlichkeit mit dem oben geschilderten Fall oder wie haben sie sich davon unterschieden?*

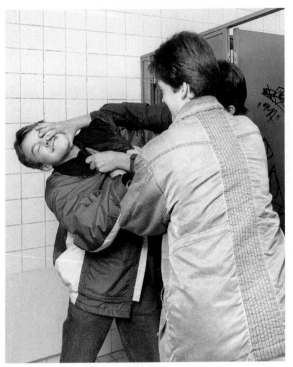

1 Gewalt oder nicht? – Das ist hier die Frage. Foto.

Rang	Gewaltformen	ist Gewalt	ist keine Gewalt
1	Jemanden mit einer Waffe oder einem waffenähnlichen Gegenstand zu töten oder zu verletzen	98,3	1,7
2	Jemanden mit körpereigenen Mitteln Schmerzen zufügen	97,9	2,1
3	Jemandem sein Eigentum wegzunehmen	54,7	45,3
4	Jemandem die Existenzgrundlage zu entziehen, z. B. den Arbeitsplatz wegnehmen	41,1	58,9
5	Gefühle anderer Menschen zu verletzen oder zu missbrauchen	40,6	59,4
6	Jemanden mit Worten, Gesten oder Gebärden zu beschimpfen oder zu beleidigen	23,0	77,0
7	Jemanden durch Lärmen, Gestikulieren o. Ä. zu belästigen oder zu behindern	22,1	77,9
8	Beziehungen zwischen Menschen, z. B. Freundschaften, Partnerschaften oder Gruppen, auseinander zu bringen	20,7	79,3

2 Ergebnisse von Untersuchungen an Magdeburger Schulen zum Thema Jugend und Gewalt im Jahre 1994.

Stichwort „Gewalt"

„Gewalt" ist körperliche Verletzung, Beleidigung, Beschimpfung, Verunsicherung und Einschüchterung von Menschen, ausdauernder Druck, Zerstörung von Sachen.

Gewalt „im Spiel"?

M1 Jedes Mal, wenn Shirin in der Pause auf ihre Klassenkameradinnen zugeht, die sich gerade prächtig unterhalten, verstummt das Gespräch. Egal wie sie sich um Kontakt bemüht, sie bekommt nur einsilbige Antworten.

M2 Daniel hat eine tolle, aber auch sehr wertvolle Jacke zum Geburtstag geschenkt bekommen. Stolz trägt er sie am nächsten Tag in der Schule. In der Pause muss er feststellen, dass ihm die Ärmel seiner Jacke zerschnitten wurden.

M3 Alex weiß, dass ihn David nicht leiden kann und ihm deshalb, wenn er in der Nähe ist, jedes Mal den spitzen Ellbogen in die Rippen stößt. Er geht ihm deshalb aus dem Weg, so gut er kann. Aber es vergeht kein Tag, an dem er nicht mindestens einmal gestoßen wird.

M4 Martina geht jeden Tag nach der Pause auf die Toilette. Jeder weiß das. Eines Tages geht ihr Sandra nach, raucht eine Zigarette und hängt dies Martina bei der Lehrerin an. Diese durchschaut die Verleumdung nicht und gibt Martina einen Verweis.

1 *Betrachte Bild 1 auf dieser Seite, das Bild 2 auf S. 82 und Bild 3 auf S. 85. Wo siehst du Anzeichen von Gewalt? Begründe deine Eindrücke.*

2 *Sind die Situationsbeschreibungen M1–M4 auf dieser Seite Beispiele für Gewalt? Lassen sich unterschiedliche Formen bzw. Ausprägungen erkennen?*

3 *Stellt in eurer Klasse fest, ob ihr dieselbe Rangfolge der Gewalt wie die Magdeburger Schulen (Tabelle 2) aufstellen würdet.*

4 *Versucht den Begriff „Gewalt" einzugrenzen.*

3 Erfahrungen und Meinungen einiger Jugendlicher zum Thema „Gewalt"

Wirkung von Gewalt auf ein Opfer

Eine behinderte Frau berichtet uns von ihrer Gewalterfahrung:

M5 Auf meinem täglichen Arbeitsweg gehe ich mit meinem Führerhund Jola eine Bahnhofstreppe hinauf. Im Vorbeigehen fällt der Satz: „Guck mal, eine Blinde!" Und der Nächste sagt: „Hach, Blinde müssten sowieso vergast werden." Es war eine Gruppe – es müssen etwa sechs oder mehr sehr junge Personen gewesen sein. Ich war nur still und unheimlich froh, als die S-Bahn endlich kam. Dass es da um mich ging, habe ich erst später begriffen. [...]
Der Satz: „Blinde müssten vergast werden!" hat eigentlich heute erst so richtig tiefe Furchen in mir gezogen. [...] Ich habe Angst, dass es massiver wird. Und ich gehe heute mit anderen Gedanken durch volle Bahnhöfe [...]. Vorher war ich ganz unbeschwert und habe meinen Weg gesucht. Heute, wenn ich spüre: Da ist eine Masse von Menschen – dann bekomme ich schon ein sehr beklemmendes Gefühl.

Gewalt aus dem Blickwinkel von Tätern

Einige Täter reden darüber, wie Gewalt bei ihnen wirkt:

M6 a) Auf einen einzutreten macht Spaß. Das erste Mal fasst man sich an den Kopf, aber beim zweiten, dritten Mal reizt es einen mitzumachen.
b) Das sind echte Kumpels, die bereit sind sich für dich zu schlagen und die zu dir stehen.
c) Das ist irgendwie ein ganz besonderes Gefühl, wenn man jemanden unter sich hat. Der kann nichts mehr machen. Das ist ein richtiger Triumph, 'n richtiges Glücksgefühl.
d) Ich hab so viel Kraft, weil die ganze Wut raus will.

5 *Versuche eine Erklärung dafür zu finden, warum die jungen Leute die behinderte Frau (M5) so gefühllos behandelten. Ob sie wohl wussten, was sie taten? Was vermutest du?*
6 *Nenne Argumente, die du den Tätern aus M6 entgegnen könntest.*
7 *Was denkst du über die Äußerungen der Jugendlichen auf dem Bild 3? Kann man unterteilen, wer Bereitschaft zu Gewalt zeigt und wer nicht?*

1 Karikatur.

Gesellschaft und Gewalt

Im Alltagsleben sind Mitte der 90er-Jahre bei vielen Deutschen die Furcht vor Gewalttaten und die Sorge um die eigene Sicherheit sehr gewachsen. Angesichts statistischer Auswertungen scheint eine solche Angst nicht ganz unbegründet zu sein: Gewaltkriminalität zeigt beunruhigende Anstiegsraten.

Der Bielefelder Sozialwissenschaftler Wilhelm Heitmeyer hat sich intensiv mit Schülerinnen und Schülern im Alter zwischen 14 und 15 Jahren unterhalten. Dabei hat er Folgendes festgestellt:

M1 [...] • Über ein Viertel der Schülerinnen und Schüler war davon überzeugt, dass in unserer Gesellschaft nur beachtet wird, wer zu Gewalt greift.
• Etwa 40 % meinten, dass Gewalt zur menschlichen Natur gehört.
• Knapp die Hälfte vertrat die Überzeugung, es sei unwichtig, mit welchen Mitteln man ein gestecktes Ziel erreicht.

Finger am Abzug

In so vielen Fällen wurde in Deutschland mit einer Schusswaffe

	gedroht	geschossen
1996	13 479	8 471
1995	12 855	8 163
1994	12 020	7 678

Quelle: Polizeiliche Kriminalstatistik

© Globus 4306

2 Der Gebrauch von Schusswaffen in privater Hand stieg in den letzten Jahren.

1 *Betrachte in der obigen Karikatur (Abb. 1) den Sohn und seinen wechselnden Gesichtsausdruck. Versuche eine Erklärung dafür zu geben.*

2 *Erkläre die statistischen Angaben aus Abb. 2.*

3 *Nehmt Stellung zu den in M1 dargestellten Teilergebnissen. Seht ihr es auch so?*

3 Alltagsgewalt und gerichtliche Folgen.

Akzeptanz* von Gewalt

Auf den vorherigen Seiten habt ihr erarbeitet, dass es sehr schwierig ist, den Begriff „Gewalt" für jeden verbindlich einzugrenzen. Für den einen ist eine bestimmte Handlung gewalttätig, ein anderer sieht hingegen darin womöglich noch lange keine Gewalt.

Jede Gesellschaft braucht Werte und Normen, damit Gewalt verhindert wird. Diese sind im Grundgesetz formuliert. Dort ist auch sehr genau geregelt, wer Gewalt ausüben darf. Das Wichtigste erklärt hier eine Richterin:

> **M2** Allein der Staat hat in Deutschland das Recht Gewalt auszuüben. Man spricht in diesem Zusammenhang deswegen auch vom „Gewaltmonopol" des Staates. Nur ganz bestimmte Ausnahmefälle erlauben dem Einzelnen „Notwehr".

4 *Wie wird in der obigen Bildergeschichte (Abb. 3) Gewalt ausgeübt? Wer wird gerichtlich verurteilt? Warum?*

5 *War das Beschädigen des parkenden Wagens eine aggressive Handlung? Beziehe zur Beantwortung dieser Frage den Infokasten auf S. 82 links ein.*

Muss man vielleicht die Erklärung dessen, was „Aggression" ist, noch präzisieren?

6 *Schlage Artikel 2 Grundgesetz (S. 208) nach und stelle fest, welche Werte und Normen dort beschrieben sind.*

4 Gesetze regeln das gewaltfreie Miteinander. Foto 1994.

1 Die richtige Erziehungsmethode? Foto.

Darstellung von Gewalt

In zahlreichen Märchen erfolgt eine recht einfache Einteilung der Welt in „gut" und „böse". Viele Märchenfiguren handeln auch gewalttätig

In einem bekannten Märchen heißt es zum Beispiel:

> **M1** [...] Die Alte hatte sich nur so freundlich angestellt, sie war aber eine böse Hexe, die den Kindern auflauerte, und hatte das Brothäuslein bloß gebaut um sie herbeizulocken. Wenn eins in ihre Gewalt kam, so machte sie es tot, kochte es und aß es und das war ihr ein Festtag. [...]

Hier eine weitere Textstelle aus einem anderen Märchen der Brüder Grimm:

> **M2** [...] Da ward sie erst bitterböse, holte ihn herauf und warf ihn aus allen Kräften wider die Wand. „Nun wirst du Ruhe haben, du garstiger Frosch." Als er aber herabfiel, war er kein Frosch, sondern ein Königssohn mit schönen und freundlichen Augen. [...]

1 *Nenne weitere Märchen, in denen Gewalt eine Rolle spielt.*

2 *Würdest du deinen Kindern auch Märchen erzählen? Begründe deine Antwort.*

3 *Nicht nur in Märchen wird Gewalt dargestellt. Darstellung von Gewalt begegnen euch überall im Alltag. Sucht in eurer Umgebung danach. Nehmt Tageszeitungen, Zeitschriften etc. zu Hilfe. Baut eine kleine Ausstellung mit euren gefundenen Beispielen auf.*

Gewalt in der Familie

Wenn nach der Entstehung von gewalttätigem Handeln gefragt wird, darf die Geschichte der eigenen Kindheit nicht außer Acht gelassen werden.

Befragt nach ihrer Einstellung zur Gewalt gegenüber Kindern äußerten 1997 in einer Umfrage 19 %, dass bei der Kindererziehung jede körperliche Züchtigung zu vermeiden sei. 81 % befanden, dass in bestimmten Situationen ein Klaps nicht schaden kann.

Karin Frei, Psychologin und Sozialpädagogin, stellt nach ihrer langjährigen Erfahrung im Kinderschutzzentrum München Folgendes fest:

> **M3** Jugendliche, die als Kinder in der eigenen Familie physische* und psychische* Gewalt erfahren haben, geben diese oft gleichsam automatisch von Generation zu Generation weiter.

Der Kinderpsychiater* Reinmar du Bois berichtet von gewalttätigen Jugendlichen, von denen viele von ihren Eltern misshandelt wurden – nicht immer „nur" körperlich:

> **M4** Die Kinder mussten die Ausbrüche und Katastrophen der Eltern erleiden und haben dabei viel ausgehalten. – Das kehrt sich dann um. Die Kinder geben das zurück.

4 *Ist für dich ein Klaps schon Gewalt? Begründe.*

5 *Beschreibe das Bild oben auf dieser Seite. Was könnte sich ereignet haben?*

6 *Gib M3 und M4 mit eigenen Worten wieder. Diskutiert über die Aussagen.*

2 Szene aus dem Film: „Universal Soldier" mit Dolph Lundgren. Foto 1993.

Gewalt in Filmen und im Fernsehen

Von der Fantasiewelt des Märchens zu den Fantasiewelten von Hollywood und Unterföhring muss man manchmal keine allzu weite Reise unternehmen. Auch in Filmen sowie im Fernsehen sind Mord und Totschlag bei weitem keine Seltenheit.

7 *Wertet die Säulendiagramme der beiden Statistiken auf dieser Seite rechts unten aus.*

8 *Beschreibt Bild 2 auf dieser Seite und eigene Erinnerungen an ähnliche Szenen aus dem Kino.*

Wirkung von Gewaltszenen im Fernsehen auf Zuschauer

Über die Wirkung von Gewalt im Fernsehen herrschen unter Wissenschaftlern verschiedene Auffassungen. Hier eine Äußerung dazu:

M5 Häufiges Ansehen von Gewaltdarstellungen im Fernsehen führt zur Abstumpfung gegenüber Gewalt im Fernsehen, aber auch gegenüber aggressiven Handlungen im täglichen Leben. Dies führt zu einer nicht angemessenen Sichtweise der Wirklichkeit.

9 *Beobachtet heute Abend andere Menschen, wenn sie sich Gewalt im Fernsehen anschauen. Habt ihr den Eindruck, dass sie erschrocken auf Gewaltszenen reagieren oder könnte in der Behauptung zur Abstumpfung gegen Gewalt durch das Fernsehen ein wahrer Kern stecken?*

10 *Wie reagierst du auf Gewalt im Fernsehen?*

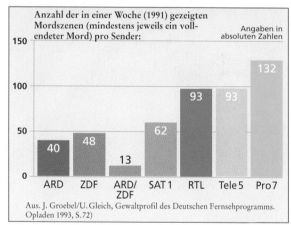

Anzahl der in einer Woche (1991) gezeigten Mordszenen (mindestens jeweils ein vollendeter Mord) pro Sender: Angaben in absoluten Zahlen

Aus. J. Groebel/U. Gleich, Gewaltprofil des Deutschen Fernsehprogramms. Opladen 1993, S. 72)

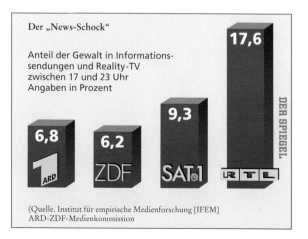

Der „News-Schock"

Anteil der Gewalt in Informationssendungen und Reality-TV zwischen 17 und 23 Uhr Angaben in Prozent

(Quelle. Institut für empirische Medienforschung [IFEM] ARD-ZDF-Medienkommission

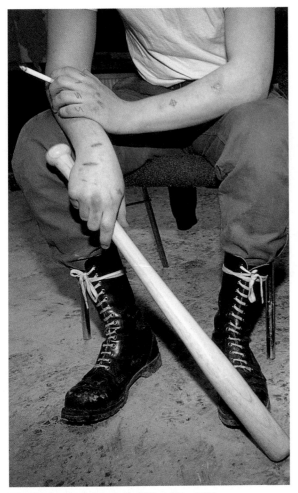

1 Skinhead mit Baseballschläger. Foto 1994.

2 Gewalt im Computerspiel.

3 Zwei Opfer eines Brandanschlags. Foto 1993.

Gemeinsam sind wir stark

Ihr kennt vielleicht auch das Gefühl, dass ihr euch in einer Freundesgruppe oder in einer Gruppe Gleichgesinnter mehr zutraut, als wenn ihr allein seid.

Nicht jede Gruppe verfolgt friedliche Absichten. Beispielsweise ist die Gruppe Skinheads* für ihr hohes Maß an Gewaltbereitschaft bekannt. Der Soziologe* Gunter A. Pilz hat sich intensiv mit dieser Gruppe befasst. Bei seinen Befragungen gab ihm ein ehemaliges Mitglied der Skinheads folgende Auskunft:

> **M1** [...] Stärke zeigen, das Gefühl der Stärke. Wenn wir auftauchen, so 20–30 Mann, dann schlucken die anderen. Und die Schlägereien haben halt auch Spaß gemacht. Es ist irgendwie ein heißes Feeling, wenn man da hinlatscht, irgendwo in der Stadt, und die Leute gehen auf die andere Straßenseite und so weiter. Das ist einfach irgendwie eine Befriedigung, das Gefühl der Stärke, die haben Angst vor dir, das ist stark.

1 *Sammelt Informationen über die Skinheads und andere gewaltbereite Organisationen. Welche Gemeinsamkeiten gibt es, welche Unterschiede?*
2 *Wenn ihr die Gelegenheit hättet einen Skinhead zu befragen, was würdet ihr wissen wollen?*
3 *Versucht Zusammenhänge zwischen den Abbildungen dieser Seite herzustellen. Stellt Vermutungen an.*

Bloß keine Gegengewalt

Zum Schutz gegen Gewalt gibt es kein „Patentrezept". Jede Situation ist anders und erfordert infolgedessen andere Maßnahmen. Als wichtigster Grundsatz könnte formuliert werden: „Am besten ist es, keine Gegengewalt auszuüben!" Du kannst hier noch einige Ratschläge von Fachleuten erfahren, die dir vielleicht sehr nützlich sind.

Roy arbeitet in einem Anti-Gewalt-Projekt. Er spricht hier über eine seiner Erfahrungen:

M2 Der beste Schutz ist: keine körperliche Gegenwehr und vor allem keine Waffen. Wenn ich das tue, was ein Angreifer von mir verlangt, kann ich meinen körperlichen Schaden meistens gering halten. Geld lässt sich ersetzen, mein Leben nicht! Wir hatten vor kurzem in unserer Stadt den Fall, dass jemand glaubte sich mit einem Messer wehren zu können. Und was passierte? Die Straßengang nahm ihm blitzschnell das Messer ab und verletzte ihn damit schwer.

Selbstverteidigungskurse

Die Tatsache, dass man keine Gegengewalt ausüben sollte, widerspricht nicht dem Vorschlag an einem Selbstverteidigungskurs teilzunehmen. Dort lernt man, wie man sich auch ohne Waffen gegen körperliche Angriffe wehren kann. Vielleicht wäre Karate eine nützliche Sportart für dich? Das Wort „Karate" heißt übersetzt übrigens so viel wie: „mit leeren Händen".

Vor allem für Mädchen und Frauen kann es nützlich sein, einen Selbstverteidigungskurs zu besuchen. Es gibt solche speziellen Kurse mittlerweile in vielen Städten.

4 Im Karatekurs. Foto 1997.

5 Roy arbeitet in einem Projekt gegen Rassismus und Gewalt. Foto 1994.

Hilfe in deiner Nähe

Schutzmöglichkeiten sind nicht erst dann wichtig, wenn es zu Überfällen und massiver körperlicher Gewalt kommt. Oft fangen Gewaltdelikte mit vergleichsweise harmlosen Belästigungen an. Die Täterin oder der Täter will vielleicht erst nur einmal herausfinden, wie weit man bei dir gehen kann. So etwas kann sich immer weiter steigern.

Mit allen deinen Fragen und Unsicherheiten zum Thema solltest du dich an Personen deines Vertrauens wenden. In der Schule gibt es z. B. einen Klassensprecher oder eine Vertrauenslehrerin, aber jede Lehrerin und jeder Lehrer hat für deine Sorgen bestimmt ein offenes Ohr.

Bei allen Polizeidienststellen gibt es spezielle Jugendbeamte, die sich um den Schutz vor Gewalt bei jungen Leuten kümmern und dich bestens beraten.

5 *Warum ist Gegengewalt äußerst gefährlich?*

6 *Informiert euch bei eurer Schulleiterin bzw. eurem Schulleiter danach, wo es Selbstverteidigungskurse in eurer Nähe gibt und was sie kosten.*

7 *Sprecht eure Klassenleiterin bzw. euren Klassenleiter an, ob er mit der Einladung eines Jugendbeamten der Polizei in eure Schule einverstanden ist. Vielleicht lässt sich mit Parallelklassen sein Besuch gemeinsam vorbereiten.*

Stichwort „Konflikt"

„Konflikt" [lat. = Zusammenstoß] ist ein Widerstreit zwischen zwei oder mehreren gleichzeitigen Interessen mit unterschiedlichen Zielen.

2 Verschiedene Menschen, verschiedene Meinungen. Foto.

Entstehen von Konflikten

In den beiden vorherigen Teilkapiteln ging es um Aggressionen und Gewalt. Das sind sozusagen Gipfelpunkte von Konflikten. Wie der Worterklärung zu entnehmen ist, ist ein Konflikt zunächst viel „unauffälliger". Es kann auch Konflikte geben, die man mit sich selbst ausmachen muss. Psychologen sprechen dann von einem „inneren Konflikt". Das ist z. B. der Fall, wenn man gleichzeitig zwei Dinge tun oder haben möchte, sich aber nicht für eine Sache entscheiden kann. Es entsteht eine Spannung zwischen „entweder" und „oder".

Die „Stimmungslage" ist für die Entstehung von Konflikten von entscheidender Bedeutung. Wenn man locker und gelassen ist, ist die Konfliktbereitschaft im Allgemeinen gering. Ist man hingegen angestrengt und unter Druck, wächst die Anfälligkeit für Konflikte.

Fachleute können am Gesichtsausdruck und an der Körperhaltung Signale für die augenblickliche Gemütsverfassung eines Menschen wahrnehmen.

3 Schwelender Konflikt beim Mittagessen. Foto.

4 Konfliktgeladene Situation in der Klasse. Foto.

Verschiedene Meinungen und Erwartungen

Konflikte zwischen Personen ergeben sich aus ganz unterschiedlichen Gründen. So können verschiedene Meinungen, Wünsche, Neigungen, Interessen sowie Rollenerwartungen aufeinander treffen und zu Problemen führen.

1 *Betrachte die Zeichnung oben auf der Seite 92. Welche Konfliktsituation ist dargestellt? Welche Gegensätze stoßen zusammen?*

2 *Versuche mit deinem Tischnachbarn die Gesichtsausdrücke auf dem Bild 1 (S. 92 unten) zu be-*

schreiben. Gibt es Unterschiede bei den Gesichtsausdrücken? Habt ihr dieselben Empfindungen, wenn ihr die Bilder betrachtet?

3 *Seht euch die Bilder 2 und 3 oben auf dieser Seite an. Um welche Konflikte könnte es bei den fotografierten Szenen gehen?*

4 *Entscheidet euch in der Klasse für eine Konfliktsituation, die im Bild 2 gegeben sein könnte. Spielt die Situation mit vier verteilten Rollen: Mutter, Vater, zwei Kinder beim Essen. Alle, die nicht mitspielen, suchen sich eine Person aus, die sie während des kurzen Rollenspiels besonders beobachten. Redet anschließend alle miteinander über eure Beobachtungen. Haben die vier „Schauspieler" sich selbst auch so gesehen wie ihre „Beobachter"?*

Vom Verstehen und Missverstehen

Nicht immer ist klar, worum es eigentlich in einer Konfliktsituation geht. Oft kommen Konflikte nur zustande, weil ein Missverständnis zwischen Personen besteht.

Bernd spricht von seinen Missverständnissen, die er oft mit seiner Freundin Andrea hat:

M Es kommt immer wieder vor, dass wir miteinander Streit haben. Andrea wirft mir z. B. vor, dass wir zu selten zusammen ins Kino gehen. Ich bekomme aber nicht so viel Taschengeld wie sie und kann es mir nicht leisten, so oft loszuziehen. Ich schlage ihr dann vor bei mir etwas im Fernsehen anzuschauen. Und sie sagt ich hätte wohl nicht mehr solch ein großes Interesse an ihr wie in der Zeit, als ich sie kennen lernte.

5 *Erläutere das Missverständnis zwischen Gökhan und Andrea (M). Was denken sie wohl voneinander?*

5 Bernd denkt oft über sein Verhältnis zu Andrea nach.

1 Streitgespräch im Fernsehen – die Moderatorin erteilt und entzieht den Rednern das Wort. Foto 1997.

Möglichkeiten der Konfliktlösung

Wenn es im Fernsehen ein Diskussionsrunde gibt, ist auch eine Situation gegeben, in der Konflikte eine Rolle spielen: Höchst unterschiedliche Meinungen prallen mitunter aufeinander. Aber trotzdem bemühen sich die Beteiligten zumeist um Höflichkeit gegenüber anderen Interessenvertretern. Manchmal geht es jedoch auch in Fernsehdiskussionen hoch her. Dann muss der Moderator* oder die Moderatorin der Sendung eingreifen und die „Streithähne" auseinander bringen.

Wer zu einer Fernsehsendung eingeladen wird, kann vorher erfahren, wer noch kommen soll. Passen ihm seine Gesprächspartner nicht, muss er nicht zusagen. In der Schule kann man sich seine Mitschüler allerdings nicht aussuchen. Konflikte sind deshalb unvermeidlich. Auf dem Weg zu einer guten Klassengemeinschaft kommt der gewaltfreien Konfliktlösung eine wichtige Bedeutung zu.

Thorsten ist Schüler einer achten Hauptschulklasse in Weilheim. Er beschreibt den Zustand in seiner Klasse:

M1 Selbstverständlich gibt es in unserer Klasse ab und zu Stress, aber wir können über alles reden und machen uns nicht gegenseitig fertig. Wir kennen einander und wissen, dass wir alle auch gute Seiten haben. Das hilft manchmal, wenn es wieder „dicke Luft" geben sollte.

1 *Welche Rolle spielt die Moderatorin/der Moderator in einer Fernsehdiskussion und welche Rolle übernimmt das anwesende Publikum?*

Zuhören, Verstehen, Reagieren

Die meisten Konflikte lassen sich schon mit relativ einfachen Mitteln entschärfen. Hierzu gibt eine Diplompädagogin* einige Tipps:

M2 • Dem anderen genauestens zuhören um Missverständnisse zu vermeiden.

• Den anderen in Ruhe ausreden lassen.

• Nicht sofort beleidigt sein, sondern ohne Aufregung klarmachen, wie man auf sein Gegenüber reagiert. Man darf auch sagen, dass man enttäuscht oder verletzt ist.

• Den eigenen Standpunkt nachdrücklich vertreten, aber nicht so, dass der andere sich zwangsläufig bedrängt fühlen muss.

• Beleidigungen vermeiden.

• Dem Gegenüber nichts unterstellen und notfalls einen „Vertrauensvorschuss" geben.

• Wirklich an der Lösung eines Konfliktes interessiert sein und einen Kompromiss* anstreben. Das bedeutet im Zweifelsfalle nachgeben zu können und Zurückhaltung zu üben.

2 *Ob die Diplompädagogin ihre eigenen Tipps wohl auch immer befolgt? Was könnte ihr ihre guten Absichten erschweren?*

3 *Erweitert die Liste der „guten Ratschläge für Konfliktfälle". Wenn ihr gemeinsam darüber nachdenkt, fällt euch bestimmt noch manches ein!*

4 *Thorsten spricht von „guten Seiten" (M1). Welche guten Seiten hat dein(e) Tischnachbar(in)?*

2 Konfliktlösungsversuch auf eine wenig Erfolg versprechende Art. Foto.

Konfliktlotsen helfen im Ernstfall

Es ist viel schwieriger, einen Konflikt zu zweit zu lösen, als wenn man eine neutrale Person zur Vermittlung heranziehen kann. Ein Konfliktlotse kann im Bedarfsfall die gegnerischen Parteien zusammenführen. Ortrud Hagedorn bildet an Berliner Schulen Schülerinnen und Schüler für die Streitschlichtung aus. In der Fachzeitschrift „Psychologie heute" war ein Interview mit ihr zu lesen. Hier ein kurzer Auszug:

M3 [...] Die Konfliktlotsen achten in den Pausen auf dem Schulhof darauf, wo es zu Streitereien kommt. Wenn es geht, lösen sie die Konflikte schon im Hof. Bei größeren Konflikten holen die Konfliktlotsen meistens erst den Weinenden in eine Art Ruheraum und trösten ihn. Diesen Raum haben die Schülerinnen und Schüler selbst gestaltet. [...] Laut Schulleitung werden durch Konfliktlotsen sehr viele Konflikte geregelt.

5 *Denkt euch einen kleinen Konfliktfall aus, der sich in der Schule ergeben haben könnte. Zwei aus eurer Klasse spielen die Konfliktgegner. Überlegt gemeinsam, wie man die beiden besänftigen kann. Was würde ein Konfliktlotse in einem solchen Fall tun?*

6 *Konfliktlotsen können zwischen Streitenden vermitteln und ein so genanntes Schlichtungsformular von beiden unterschreiben lassen. Damit werden beide Parteien verpflichtet, eine Vereinbarung miteinander zu treffen. Denkt euch weitere Konflikte aus und welche Vereinbarungen man treffen könnte.*

3 Schulung von Konfliktlotsen. Foto.

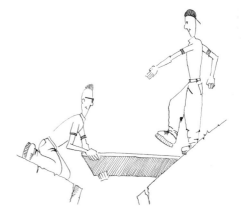

4 Brücken bauen – aufeinander zugehen.

Lauf, Zan, lauf!

Katie latschte über die Müllkippe. Hier würde sie Ivy Toner und ihrer Gang wenigstens nicht begegnen. Es war der längere Schulweg, durch das Stück Brachland, da, wo früher die Häuserblocks mit den Sozialwohnungen gestanden haben. Es dämmerte schon an diesem Nachmittag im späten Oktober. Aber Katie hatte keine Angst. Nicht hier. Obwohl hier alles verlassen war, war sie sicherer, als wenn sie durch die belebten Straßen der Stadt gelaufen wäre.

Allein. In letzter Zeit war sie oft allein. Ihre Freunde hatten sich, einer nach dem anderen, zurückgezogen. Aus Angst, dass sie dadurch, dass sie mit ihr befreundet waren, als Zielscheiben für die Schikanen von Ivy Toner wurden.

Katie kickte nach einem Stein und schaute über das düstere Gelände. Viele Leute luden hier ihren Müll ab. Alles war von schwarzen Müllsäcken übersät – Pappkartons lagen kreuz und quer auf dem Boden. Eine Müllhalde – eine richtige Müllhalde –, aber hier war sie sicher.

Sie spürte, wie ihr die Tränen in die Augen stiegen, aber sie würde nicht weinen.

Eines Tages würde Ivy Toner es leid sein, sie zu schikanieren, und sich anderen Opfern zuwenden, trösteten sie ihre Freundinnen. Aber wann? Monate waren vergangen, seit alles anfing. Zuerst ganz harmlos, nicht brutal, fast komisch. Auf dem Schulhof und auf den Fluren wurde sie gestoßen oder angerempelt, oder man ließ sie nicht vorbeigehen und manchmal klebte Kaugummi auf ihrem Sitz. Anfangs hatte Katie darüber gelacht. War das ihr Fehler gewesen? Sie hatte gelacht, statt sich gleich zu wehren.

Aber sie war kein aggressiver Typ. Sie wollte doch nur mit jedem befreundet sein. Früher war sie bei allen beliebt gewesen. Katie Cassidy hatte immer ein Lachen im Gesicht und einen flotten Spruch auf den Lippen und brachte jeden zum Lachen. Jeden, außer Ivy Toner. Vielleicht war es das, warum Ivy gerade sie herausgepickt hatte.

Meistens hatte Ivy ihre beiden Schatten, Lindy Harkins und Michelle Thomson, dabei. Doch vor den beiden hatte Katie keine Angst. Die beachteten sie nur, wenn Ivy dabei war.

„Du darfst ihnen nicht zeigen, dass du Angst hast", hatte ihr Vater gesagt. „Behaupte dich gegen sie. Das verkraften solche Typen nicht und lassen dich dann in Ruhe."

Das war alles gut und schön. Aber er musste ja nicht jeden Tag allein zur Schule gehen ohne zu wissen, ob man nach der nächsten Ecke nicht plötzlich vor ihnen steht.

Einmal hatten sie sie in der Mädchentoilette abgefangen. Niemand war dort, außer Ivy und ihre beiden Schatten … und Katie. Voller Bitterkeit und Scham erinnert sie sich an diesen Tag. Ivy hatte versucht ihren Kopf in die Toilette zu stecken, bis Katie ihr mit tränenüberströmtem Gesicht versicherte, dass sie eine Prinzessin sei. Prinzessin Ivy … und dass sie, Katie, ihre Sklavin sei.

Als sie dann endlich gehen durfte, war sie heulend zum Lehrer gerannt. Ivy hatte ihr geschworen, dass die Rache fürchterlich sein würde, wenn sie jemals irgendetwas über den Zwischenfall erzählte. Und alles war noch schlimmer geworden.

Ivy hatte jede Beteiligung geleugnet, hatte Zeugen beigebracht um zu beweisen, dass sie zu dieser Zeit ganz woanders gewesen war. Trotzdem hatte sie – ihr Ruf als Schulhoftyrann war nur zu gut bekannt – eine letzte Verwarnung erhalten, sie solle Katie in Ruhe lassen.

Das tat sie auch, aber nur in der Schule. Sie war clever genug um zu wissen, dass die Schule außerhalb ihrer Weisungsbefugnis nichts unternehmen konnte.

Jetzt lauerte sie Katie auf dem Nachhauseweg auf. Und, was noch schlimmer war, Katie wurde als Petze verachtet. Selbst Freunde schnitten sie, als wäre sie die Täterin. In ihrem ganzen Leben war sie noch nie so unglücklich und allein gewesen. Wütend stampfte sie mit dem Fuß auf und schrie: „Und ich bin noch nicht mal 14. Das ist nicht fair!"

Sie wusste nicht, wie sie mit allem fertig werden sollte. Ihre Lehrer, ihre Eltern, ihre Freunde, niemand verstand wirklich, was sie durchmachte. Und keiner konnte ihr helfen.

Sie war allein.

Catherine MacPhail, „Lauf, Zan, lauf!", Alibaba Verlag, Frankfurt 1996

Ihr habt erfahren, dass die Entstehung menschlicher Aggressionen nicht genau geklärt werden kann. Hier könnt ihr einen weiteren Erklärungsversuch lesen, der von einem französischen Philosophen (Alain Finkielkraut) stammt. Er äußert sich zur Aggressivität, die sich aufgrund menschlicher Unterschiede ergeben kann. – Welchen Zusammenhang könnte es mit dem linken Foto geben?

> Aggressivität entsteht nicht, wenn Menschen zusammen sind, die sich gleich oder ähnlich sind, sondern Aggressivität entsteht [oft] dann, wenn sich ein Unbekannter oder Außenseiter in einer Gruppe befindet. Das fremde Verhalten stört den häuslichen Frieden und das Gewohnte wird [manchmal] durch eine beunruhigende Fremdartigkeit bedroht.

Boxen, Fechten, Ringen usw. werden als „Kampfsportarten" bezeichnet. Diese Sportarten haben den unmittelbaren Kampf von „Mann gegen Mann" (zumeist mit Körperkontakt) gemeinsam. Zu den „Kampfspielen" gehören die Mannschaftsspiele bzw. Sportarten, in denen Körperkontakt stattfindet (Eishockey, Rugby, Football usw.).
Diskutiert nach Abschluss des Themas „Gewalt" nun noch einmal in der Klasse, ob man hier auch von Aggressivität, von Konflikten und von Gewalt sprechen kann. Wer soll eure Diskussion leiten (moderieren)?

„Kanns mir mal erklären, wie unser Kleiner neuerdings auf so'n Stuss kommt?"

Der Comic drückt eine Frage auf heitere Art aus. Dabei soll keineswegs der Eindruck entstehen, dass dem Zeichner das Thema nicht ernst wäre.
Fasst noch einmal in einem kurzen Vortrag zusammen, wie die Themen „Erziehung" und Gewalt zueinander passen.

5. Boden

In diesem Kapitel erfahrt ihr, wie der Mensch den Boden gebraucht und welche Belastungen für den Boden sich daraus ergeben können. Wie der Boden umweltverträglich genutzt werden kann, darüber wird anschließend nachgedacht.

Ihr lernt aber auch, welchen Beitrag zur umweltfreundlichen Bodennutzung jeder Einzelne leisten kann. Schließlich könnt ihr selber aktiv werden, wenn ihr im Rahmen eines Projekts beginnt euer Schulgelände naturnah zu gestalten.

1 **Kuhgespann mit Leiterwagen.** Foto 1952.

2 **Der erste Traktor.** Foto 1954.

Landwirtschaft um 1950

Bauern haben einen der ältesten Berufe der Welt. Jahrhundertelang hat der Sohn so gearbeitet wie der Vater, die Tochter so wie die Mutter. Die ersten Maschinen kamen vor 150 Jahren aufs Land, vor 70 Jahren die ersten Ackerschlepper.

Bauer Schwarz ist 1920 geboren worden. Er wohnt in einem kleinen Dorf mit 177 Einwohnern auf der nördlichen Frankenalb. Als er 30 Jahre alt war, hat er den Hof von seinem Vater übernommen. Er erinnert sich und erzählt, was sich seitdem in der Landwirtschaft und in seinem Dorf verändert hat:

M1 Als ich 1950 den Hof von meinem Vater übernahm, gab es in unserem Dorf nur Bauern. Obwohl keiner der Betriebe mehr als 15 Hektar bewirtschaftete, lebten alle Familien von der Landwirtschaft. Die Arbeit auf dem Hof und auf den Feldern war viel mühsamer als heute. Kuh- und Pferdegespanne zogen noch den Pflug. Das Getreide säten wir mit der Hand aus. Wenn es reif war, wurde es mit der Sense gemäht, zu Garben gebunden und mit dem Leiterwagen nach Hause gefahren. Im Herbst lärmte drei Wochen lang die Dreschmaschine im Dorf, die von Hof zu Hof gezogen wurde. Da man für das Dreschen viele Leute brauchte, halfen Erwachsene und Kinder aus der Nachbarschaft mit.

Die meisten Bauern hatten damals kleine Scheunen. Jeder Winkel musste für die Lagerung von Getreide und Heu ausgenutzt werden. Wie oft waren wir von Schweiß durchnässt, wenn wir an heißen Sommertagen die Ernte in die Scheunen brachten und dort noch lange in der stickigen staubigen Luft arbeiten mussten.

Auch die Arbeit im Stall war mühevoller als heute. Die Kuhställe waren meist direkt an das Wohnhaus gebaut, die Scheunen standen wegen der Brandgefahr etwas abseits. Das Viehfutter musste jeden Tag in der Frühe und am Abend mit dem Tragkorb von der Scheune in den Stall gebracht werden.

Jeden Tag, früh und abends, melkte meine Frau unsere vier Kühe. Sie brauchte dazu jedes Mal fast eine Stunde. Außerdem mussten wir noch die Schweine, Ziegen und Hühner füttern.

Meine Frau und ich hätten das alles allein nicht schaffen können. Sie musste ja auch noch unsere drei kleinen Kinder versorgen. Glücklicherweise waren meine Eltern noch rüstig, als ich den Hof übernahm. Sie lebten mit uns zusammen und halfen uns, wo es nur ging. Wenn meine Frau den ganzen Tag mit aufs Feld musste, erledigte meine Mutter den Haushalt und versorgte die Kinder. Mein Vater half mir, so lange er konnte, bei den Feld- und Stallarbeiten. Wir lebten und arbeiteten gut zusammen.

Als ich 1954 meinen ersten Traktor mit 17 PS* kaufte, war dies eine Sensation im Dorf.

3 Pflügen früher.

4 Dreischariger Anbau-Drehpflug.

5 Melken früher.

6 Fischgrätenmelkstand mit Absaugleitung zum Milchtank.

Strukturwandel

Die Veränderungen, die sich zwischen 1950 und heute z. B. in der Landwirtschaft vollzogen haben, nennt der Fachmann „Strukturwandel". In einem Fachlexikon findet man dazu die folgende Erläuterung:

M2 „Struktur" bezeichnet den Zustand zu einer bestimmten Zeit. Ändern sich bestimmte Faktoren, z. B. Art und Umfang des Maschineneinsatzes, so findet ein „Strukturwandel" statt. Er wirkt sich auch auf andere Bereiche aus – beispielsweise auf die Zahl der noch benötigten Arbeitskräfte, woraus sich wieder eine unterschiedliche Besiedlungsdichte eines Raumes ergeben kann. Nicht nur in der deutschen Landwirtschaft, sondern auch in der Industrie fand und findet weiterhin solch ein Wandel statt.

1 *Beschreibe, wie ein landwirtschaftlicher Betrieb um 1950 geführt wurde (M1).*
2 *Überlege, welche Veränderung in der Wirtschaftsweise und im Tagesablauf der Kauf des ersten Traktors für Bauer Schwarz bedeutete.*
3 *In der deutschen Landwirtschaft hat sich in den letzten 50 Jahren viel verändert. Beschreibe mithilfe der Bilder diese Veränderungen.*
4 *Frage bei deinen Großeltern und anderen Verwandten nach, wie sich der Strukturwandel in deinem Heimatraum vollzogen hat.*
5 *Besorgt euch weiteres Informationsmaterial zum Thema Landwirtschaft bei folgender Adresse: Informationsgemeinschaft für Meinungspflege und Aufklärung, Alexanderstraße 3, 30159 Hannover.*

	Einheit	alte Bundesländer				Deutschland	
		1960	1970	1980	1992	1992	1994
		Bevölkerung und Erwerbstätige					
Einwohner	Mio.	53,6	60,7	61,6	64,9	80,6	81,4
Erwerbstätige	Mio.	26,2	26,7	27,1	29,5	35,9	35,1
darunter Land- und Forstwirtschaft	Mio.	3,6	2,3	1,4	0,9	1,41	1,0
		Flächen					
Gesamtfläche	1000 ha	24 864	24 864	24 864	24 862	35 695	35 697
Landwirtschaftlich genutzte Fläche	1000 ha	14 254	13 758	12 248	11 828	16 950	17 308
darunter Ackerland	1000 ha	7979	7539	7270	7326	11 467	11 805
darunter Dauergrünland	1000 ha	5705	5500	4754	4295	5243	5271
		Viehbestand					
Rinder	Mio.	12,9	14,0	15,1	13,4	16,2	16,0
darunter Milchkühe	Mio.	5,8	5,6	5,5	4,3	5,4	5,3
Schweine	Mio.	15,8	21,0	22,6	22,1	26,5	24,7
		Erträge					
Getreide gesamt	dt/ha	31,7	33,4	44,3	59,1	53,4	58,3
Kartoffeln	dt/ha	235,8	272,3	259,4	339,8	301,9	329,5
Zuckerrüben	dt/ha	419,9	440,1	483,7	548,8	508,8	484,2
Milchleistung	kg/Kuh	3395	3812	4527	5141	5114	5258

1 Entwicklung der deutschen Landwirtschaft 1960–1994.

Auf den Seiten 102–105 könnt ihr die positiven und negativen Folgen und Auswirkungen des Strukturwandels in der Landwirtschaft erarbeiten. Arbeitet in Gruppen.

Weniger Bauern – weniger landwirtschaftlich genutzte Fläche – größere Produktion
1 *Versuche mithilfe der Zahlen aus der Tabelle (Abb. 1) und dem Schaubild (Abb. 2) die Angaben in der Überschrift zu belegen.*

Wie Bauer Schwarz (vgl. Seite 100) den Strukturwandel erlebte, darüber berichtet er folgendermaßen:

    M Der Einsatz von Maschinen erleichtert jetzt dem Landwirt die Arbeit. Mit dem Traktor konnte ich in zwei Stunden dieselbe Fläche pflügen wie früher mit dem Kuhgespann an einem Tag. Für das Säen mit der Hand benötigte ich zwei Wochen. Mit Traktor und Sämaschine schaffe ich es in zwei Tagen. Die Getreideernte dauerte früher vier Wochen. Mit dem Mähdrescher ist sie nach wenigen Tagen abgeschlossen. Manche Kleinbauern konnten sich die neuen, sehr teuren Maschinen und den Ausbau des Hofes nicht leis-

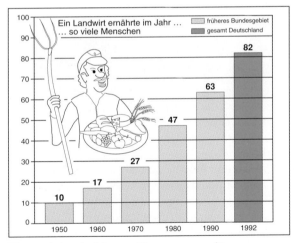

2 Landwirtschaft heute – Verantwortung für morgen.

ten. Deshalb gaben sie ihren Betrieb auf oder verpachteten ihre Felder an einen anderen Bauer. Viele Bauern haben sich heute auf eine bestimmte Wirtschaftsform spezialisiert, z. B. Schweinezucht, Hühnerhaltung, Milchwirtschaft.
2 *Versuche mit eigenen Worte die industrialisierte Landwirtschaft zu erklären. Benutze dazu auch die Seiten 48 und 49.*

Vor der Neuordnung

Das Bild der landwirtschaftlich genutzten Flächen, hat sich im Laufe von Jahrhunderten entwickelt. Durch die Teilung der Felder bei der Vererbung sowie durch Zukauf und Verkauf von Nutzflächen sind die Grundstücksgrenzen und die Besitzverteilung entstanden. Die Bauern besitzen kleine Grundstücke, die weit verstreut liegen. Die langen und schlechten Anfahrtswege kosten viel Zeit und verschleißen die Maschinen. Wegen ihrer ungünstigen Form und der geringen Größe können die Felder mit modernen Maschinen nur schlecht bewirtschaftet werden.

1 *Nenne Nachteile einer solchen Flur.*

Flurbereinigung früher

Seit den 50er-Jahren wandern viele Arbeitskräfte in die Industrie ab. Die Arbeit verrichten nun zunehmend Maschinen. Durch diese Mechanisierung benötigen die Betriebe weniger Arbeitskräfte. Voraussetzung für den wirtschaftlichen Einsatz der Maschinen waren größere Äcker mit maschinengerechtem Zuschnitt und stabil gebaute Anfahrtswege.

Die **Flurbereinigung** schuf möglichst große und leicht zu bearbeitende Nutzflächen. Das erforderte einen umfangreichen Grundstücksaustausch. Auch wurden ungenutzte Flächen für die Landwirtschaft erschlossen. Bei der Neuordnung stand die Wirtschaftlichkeit im Vordergrund. Über Landschaftspflege und Naturschutz wurde kaum nachgedacht.

2 *Beschreibe Maßnahmen der Flurbereinigung.*

Ländliche Entwicklung heute

In den 70er-Jahren erzeugten die Bauern mehr, als verbraucht werden konnte. Überschüsse wurden zu einem Dauerproblem. Die Bauern erhielten nun finanzielle Hilfen, wenn sie weniger produzierten. Der neuen Lage entsprechend wurde 1976 das Flurbereinigungsgesetz geändert. Danach soll der Schutz der Natur stärker berücksichtigt werden. Bei der Landschaftsplanung wirken nun auch Naturschützer mit. Ein anderes Ziel ist die Verbesserung der Lebensbedingungen in den Dörfern durch das Programm der Dorferneuerung. Die Neugestaltung von Dorfplätzen, Bau oder Instandsetzung von Brunnen, die Eingrünung der Wegränder und andere Maßnahmen sollen dafür sorgen, dass sich die Bewohner in ihrem Ort wohl fühlen.

3 *Beschreibe den Wandel der Ziele und Maßnahmen der Flurbereinigung.*

1 Schmale Felder ohne Wegeerschließung erschweren die Bewirtschaftung. Foto um 1969.

2 Die Feldflur wurde überwiegend nach ökonomischen Gesichtspunkten neu eingeteilt. Foto 1973.

3 Ökonomie und Ökologie befinden sich stärker im Einklang. Foto 1995.

1 Bodenabspülung nach starken Regenfällen. Foto 1997.

2 Bodenabtragung und Grabenbildung. Foto 1997.

So erfreulich der gewaltige Produktionsanstieg in der Landwirtschaft auch ist, so müssen dafür häufig andere Pflanzen und Tiere und im Besonderen der Boden den Preis bezahlen.

Wir verlieren den Boden

Die auf hohe Produktion ausgelegte Intensivlandwirtschaft* hat schwerwiegende Auswirkungen auf die Qualität und den langfristigen Bestand der Böden. So wird durch die Umwandlung von Grünland in Ackerland der Boden anfälliger für die Bodenerosion. Unter „Bodenerosion" versteht man den Abtrag von fruchtbarem Bodenmaterial durch Wasser oder Wind (vgl. Bilder 1 und 2).

Durch die häufigen Monokulturen (Mais, Getreide, Zuckerrüben) und die Abnahme an Fruchtfolge* kommt es zu einseitigen Nährstoffverlusten des Bodens; hinzu kommt, dass diese Kulturen für Schädlingsbefall und Erkrankungen anfälliger sind.

Schäden an der Natur

Um ihre Produktion zu steigern setzen die Landwirte heute Dünge- und Spritzmittel ein, die bei ungünstiger Witterung in das Grundwasser oder in Fließgewässer gelangen und dort erhebliche Schäden anrichten können. Der Einsatz von so genannten Pflanzenschutzmitteln oder Schädlingsbekämpfungsmitteln, die in der Fachsprache „Pestizide*" und „Herbizide*" heißen, vernichtet jedoch nicht nur „Schädlinge", sondern auch die „nützlichen" Tiere.

Die „Süddeutsche Zeitung" kommentierte am 21. September 1995:

M [...] Der deutsche Landwirt baut zum Beispiel Mais an, eine exotische Pflanze aus der Neuen Welt, die hier nur gedeiht, wenn zuvor die Ackerwildkräuter radikal ausgemerzt werden. Diese Praxis ist die Ursache dafür, dass heute das „Totalherbizid" Atrazin vielerorts bis ins Grundwasser vorgedrungen ist. Das billige Kraftfutter aus der Dritten Welt, mit dem Europas Bauern überdies ihr Vieh mästen, würde im Herkunftsland die Hungrigen in der Kalorienbilanz direkt etwa siebenfach effektiver ernähren als unsereinen in Form von Hendl oder Hamburger. [...]

1 Welche Gefahren bringt die industrialisierte Landwirtschaft für den Boden mit sich?

2 Was „verheimlicht" das Wort „Pflanzenschutzmittel"?

3 Versucht während einer Exkursion oder bei einem Wandertag die Verschlechterung der Böden (z. B. Bodenerosion, Monokultur) zu fotografieren.

4 Eine „Rote Liste" informiert u. a. über die Bedeutung der Landwirtschaft für gefährdete Farn- und Blütenpflanzen und gefährdete Tierarten. Die „Rote Liste" könnt ihr hier bestellen: Bayerisches Staatsministerium für Landesentwicklung und Umweltfragen, Rosenkavalierplatz 2, 81925 München.

3 Legehennenbatterie. Foto 1995.

Massentierhaltung

Dem Wunsche vieler Kunden folgend bemüht sich die Lebensmittelindustrie darum, landwirtschaftliche Produkte preiswert und mit hoher Qualität anzubieten. Lebensmittelhandel und die Europäische Union machen allerlei Vorgaben: So werden z. B. der Fettgehalt von Schweinefleisch oder die Form eines Hühnereis vorgeschrieben.

Um dies zu erreichen gibt es Betriebe, die sich auf bestimmte Formen der Viehwirtschaft spezialisiert haben. In zahlreichen Betrieben wird nur eine Tierart gehalten. So entstanden reine Legehennen-, Schweine-, Kälber- und Geflügelmastbetriebe.

Durch relativ hohe Investitionen gelang es, die Zahl der Tiere, die von einer Person betreut werden können, erheblich zu steigern. Aber auch einige Probleme entstehen durch diese Konzentration der Tierhaltung: Die Beseitigung der Fäkalien kann zu einem Problem werden, Krankheiten können verheerende Folgen haben, ein länger anhaltender Preisverfall kann zum finanziellen Ruin eines Betriebes führen.

Arbeitet die Massentierhaltung ohne nennenswerte landwirtschaftlich genutzte Fläche, spricht man von „bodenunabhängiger Veredelung". Es gibt Betriebe, die bis zu 250 000 Hühner oder 10 000 Schweine auf engstem Raum unterbringen.

4 Legehennen in Bodenhaltung. Foto 1995.

5 *„Legebatterien sind besonders umweltfreundlich, weil sie den Bodenverbrauch gering halten." – Nimm Stellung zu diesem Satz und erläutere, warum du ihn für richtig oder für falsch hältst. Beziehe dabei auch die Bilder 3 und 4 ein und denke an das Stichwort „artgerechte Tierhaltung".*

6 *Vergleiche Eierpreise in verschiedenen Geschäften. Gibt es Hinweise zur Herkunft der Eier?*

1 Ökobauer auf dem Markt. Foto.

Kritische Stimmen

Ständige Überdüngung und Monokulturen haben viele Böden ruiniert. Das Trinkwasser ist mit Pestiziden und Nitrat belastet, auch die Schadstoffbelastung der Nahrungsmittel nimmt immer mehr zu. In Käfige gepferchte Hühner und salmonellenverseuchte* Eier versetzen die Verbraucher in Unruhe. Diese Folgen der industrialisierten Landwirtschaft werden auch von verantwortlichen Politikern und Interessenvertretern angemahnt, die sich für eine „nachhaltige Landwirtschaft*" einsetzen, wie sie seit dem Umweltgipfel von Rio de Janeiro 1992 in der „Agenda 21*" gefordert wird.

Ökologischer Landbau – ein Weg zur umweltverträglichen Landwirtschaft

Mit dem Begriff „ökologischer Landbau" werden oft recht unterschiedliche Vorstellungen verbunden. Beim folgenden Marktgespräch werden Grundsätze des ökologischen Landbaus genannt.

Ein Marktgespräch (zu lesen mit verteilten Rollen):

M   *„Entschuldigen'S – stimmt da der Preis? Das ist ja alles doppelt so teuer wie normal. Zahlt denn das wer?"*

„Ja, freilich – das ist alles biologischer Anbau!

Heut' Nacht noch auf dem Feld – und alles ungespritzt! – Und wer das kauft? Heut' heißt's, jeder Dritte möcht' biologisch kaufen, ökologisch, alternativ. Aber so viel gibt's ja gar nicht. Von hundert Bauern ist höchstens einer Biobauer. – Und ‚teuer', wissen'S, die Leut', die zum Beispiel mein Fleisch kaufen, die essen gar net so viel Fleisch; mehr Kartoffeln und Gemüse. Bewusste Ernährung, verstehn'S? Die kaufen keine Dosen. Die verarbeiten mehr selber und backen selber Brot. Ja, Roggen und Weizen hab' ich auch! 's ist am End' gar billiger! – Meine Kartoffeln kauft sogar mein Nachbar. Der ist Vertragsbauer für a Knödelpulverfabrik. Was er selber isst, kauft er alles bei mir. I hab' halt Sorten, die der im Großen gar net anbaun kann."

„Trotzdem ist's teuer! Apfel ist für mich Apfel."

„So? – Da schaun'S meine Karotten an; da stecken 800 oder 1000 Mark drin für's Unkrauthacken: Jäten wie im Garten! Mit Spritzen hätt' es 80 Mark gekostet, ist aber Gift! – oder 60 Pfennig für unsere Eier, nebenan sind's 20 Pfennig. Aber wir wollen keine Tierquälerei, sondern artgerechte Hühnerhaltung: weniger Hühner, mehr Auslauf, viel freie Fläche! Das kostet Geld! Und Futter: 100 Mark kostet der Zentner, das ist viel teurer als das ‚Legemehl' aus der Fabrik. – Oder unser Fleisch da: Rechnen'S für ein Kilo das Zehnfache an Biogetreide! – Davon könnt' ein Mensch einen Monat lang leben ."

„Ja, und dem Ei sieht man es nicht einmal an, ob es biologisch ist."

„Dem Ei nicht, aber dem Obst zum Beispiel, es sieht nicht so makellos aus. Dafür schmeckt es besser und lässt sich lagern. – Und es stimmt schon: Die Geschäfte bieten viel mehr als Bioware an, als wir alle zusammen produzieren können. Da gibt es viele schwarze Schafe, ein Riesenproblem. Denn der Begriff ‚Bioware' ist gesetzlich nicht geschützt. Natürlich ist alles, was wächst, irgendwie biologisch. Wir Bioerzeuger haben deshalb Anbauverbände gegründet. Die kontrollieren ihre Mitglieder und bürgen für Qualität und Zuverlässigkeit. Und das spricht sich herum. Kaufen'S bei mir, wenn Sie echte Bioware wollen!"

1   *Beschreibe mithilfe des Marktgespräches (M) Merkmale des ökologischen Landbaus. Nenne Unterschiede zur herkömmlichen Landwirtschaft.*

1 Schüler der Hauptschule Grubweg beim Interview mit dem Biobauer Walter Dankesreiter. Foto 1997.

2 Schutzzeichen des „Biokreis Ostbayern" im Hof von W. Dankesreiter.

Die Klasse 8 erkundet einen ökologisch wirtschaftenden Hof

In Arbeitslehre erkundet ihr in diesem Schuljahr einige Betriebe. Damit könnte man die Erkundung bei einem ökologisch wirtschaftenden Bauern gut verbinden.

Die Schüler der 8. Jahrgangstufe der Hauptschule Passau-Grubweg haben dies bereits beim Landwirt Walter Dankesreiter ausprobiert und folgenden Fragenkatalog zusammengestellt. Er ist Mitglied im „Biokreis Ostbayern".

1. Erzeugung
Woher nehmen Sie das Saatgut?
Verwenden Sie Kunstdünger?
Spritzen Sie gegen Unkraut, Schädlinge usw. oder was tun Sie dagegen?
Wie viel Milch gibt eine Kuh?

2. Maschinen
Wie viele Schlepper haben Sie? Haben Sie diese alle neu gekauft?
Haben Sie Spezialmaschinen um den Boden möglichst umweltverträglich zu bearbeiten?

3. Arbeit
Wann fangen Sie mit der Arbeit an, wann hören Sie auf?
Machen Sie sich auch Sorgen um Ihre Existenz als Ökobauer?
Welche Arbeiten fallen auf Ihrem Hof an? Wer macht was?

4. Tiere
Wie viele Tiere haben Sie insgesamt?
Laufen die Hühner frei herum?
Gehen die Kühe auf die Weide?

5. Freizeit
Wie viel Freizeit haben Sie?
Machen Sie auch einmal Urlaub?

6. Ausblick zum ökologischen Landbau
Warum betreiben Sie eine ökologische Wirtschaftsweise?
Welche Vorteile bringt eine Interessengemeinschaft wie der „Biokreis Ostbayern"?
Werden Sie im Hinblick auf die ökologische Bewirtschaftung Ihres Hofes kontrolliert? Wenn ja, von wem?

1 *Erkundige dich in deinem Heimatort, wo sich ein ökologisch wirtschaftender Bauernhof befindet. Wo und wann findet ein Ökomarkt statt?*

2 *Die Fragen der Schülerinnen und Schüler aus Passau sind nur ein Beispiel. Entwickelt einen Fragebogen für eine eigene Betriebserkundung.*

3 *Zusätzliches Informationsmaterial zum Thema „ökologische Landbau" erhaltet ihr bei folgenden Adressen:*
- *Arbeitsgemeinschaft ökologischer Landbau Baumschulenweg 11, 64295 Darmstadt Tel.: (061 56) 20 81, Fax: (061 56) 57 74*
- *Landesvereinigung für den ökologischen Landbau in Bayern e.V., Bahnhofstraße 18, 85354 Freising, Tel.: (081 61) 91 7 10, Fax: (081 61) 91 7 11*

1 Feldgehölz am Wegesrand. Foto 1996.

2 Schlehenbusch am Ackerrand. Foto 1997.

Landschaftspflege – Lebensräume erhalten und entwickeln

Unter „Landschaftspflege" werden alle Bemühungen zur Erhaltung und zum Schutz einer nachhaltig leistungsfähigen, ökologisch gesunden, vielgestaltigen und schönen Landschaft verstanden.

Eine „nachhaltige Leistungsfähigkeit" bedeutet hierbei, dass eine Landschaft erreicht werden soll, in der möglichst viele verschiedene Arten leben können und die nicht künstlich am Leben erhalten werden muss. Was hingegen eine „schöne" Landschaft ist, lässt sich nicht so leicht und für jeden verbindlich sagen. Eine scheinbar ungepflegte Wiese mit vielen „Unkräutern" ist ökologisch bei weitem wertvoller als ein „gepflegter" Golfplatz.

3 Naturschonende Handarbeit. Foto 1996.

Zusammenarbeit mit der Landwirtschaft

Im Rahmen einer naturverträglichen Bodennutzung kommt der Landwirtschaft im Hinblick auf die Landschaftspflege eine große Bedeutung zu. Die Landwirte handeln dabei im Einklang mit Artikel 4 des Bayerischen Naturschutzgesetzes, nach dem besonders land- und forstwirtschaftliche Betriebe mit landschaftspflegerischen und -gestalterischen Maßnahmen beauftragt werden sollen.

Viele naturnahe Flächen wie alte Weinberganlagen, Buckelwiesen, Streuobstwiesen, alte Teichanlagen oder Heckenlandschaften können nur erhalten werden, wenn die Pflege dieser Lebensräume sichergestellt ist.

Interessenvertreter der Landwirtschaft bemühen sich um langfristig gesetzlich gesicherte Bewirtschaftungszuschüsse für die bislang kostenlos erbrachte Pflege von Erholungsräumen.

4 Maschinelle Feldpflege. Foto 1996.

1 *Erkundigt euch beim Amt für Landwirtschaft (= Untere Landschaftsbehörde) in eurem Heimatort, welche Landschaftsprogramme es dort gibt.*
2 *Beschreibe anhand der Bilder 1 bis 4, welche Landschaftspflegemaßnahmen hier durchgeführt werden bzw. wurden.*
3 *Was ist „nachhaltige Landwirtschaft"?*

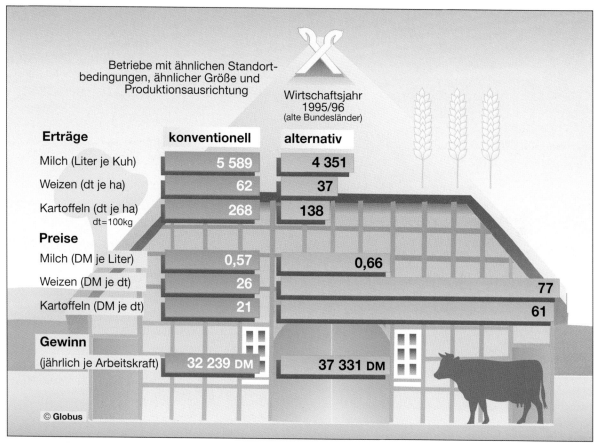

Betriebe mit ähnlichen Standortbedingungen, ähnlicher Größe und Produktionsausrichtung	Wirtschaftsjahr 1995/96 (alte Bundesländer)	
Erträge	**konventionell**	**alternativ**
Milch (Liter je Kuh)	5 589	4 351
Weizen (dt je ha)	62	37
Kartoffeln (dt je ha) dt=100kg	268	138
Preise		
Milch (DM je Liter)	0,57	0,66
Weizen (DM je dt)	26	77
Kartoffeln (DM je dt)	21	61
Gewinn (jährlich je Arbeitskraft)	32 239 DM	37 331 DM

© Globus

Konventionelle und ökologische Landwirtschaft im Vergleich.

Ökologischer Landbau im Vergleich

Lebensmittel aus ökologischem Anbau stehen längst nicht mehr nur in den Regalen von Bioläden. Auch einige Supermärkte verkaufen mittlerweile Ökoprodukte. Die Zahl der alternativen Landwirte ist trotzdem noch recht gering: Nach Angaben der AGÖL (Arbeitsgemeinschaft Ökologischer Landbau) gab es 1996 in Deutschland 6006 Betriebe (das ist ungefähr 1 % aller Betriebe mit einer landwirtschaftlichen Nutzfläche über 1 ha).

Als Verbraucher könnt ihr entscheiden, welche Lebensmittel ihr kauft. Wenn es um die richtige Ernährung geht, solltet ihr an die drei „G" denken:

- Die Nahrung sollte euch „schmecken" (**Gaumenfreude**),
- gesund sein (**Gesundheit**),
- im Hinblick auf die „Produktion" mit eurem **Gewissen** vereinbar sein.

Als „ökologisch" oder „alternativ" dürfen solche Betriebe bezeichnet werden, die ohne mineralischen Stickstoffdünger, mit geringem Einsatz von sonstigem mineralischem Dünger und ohne chemische Pflanzenbehandlungsmittel wirtschaften.

1 *Vergleiche im Schaubild oben den konventionellen Landbau mit dem ökologischen Landbau im Hinblick auf Erträge, Preise und Gewinn.*

2 *Warum können Ökobauern mit ihren Produkten höhere Preise erzielen?*

3 *Stelle Gründe dafür zusammen, warum die Zahl der Betriebe im alternativen Landbau nur einen relativ geringen Anteil ausmachen.*

4 *Inwieweit entspricht oder widerspricht dein Ernährungsverhalten den drei „G"?*

5 *Frage Verwandte und Familienmitglieder, welche landwirtschaftlichen Produkte sie bevorzugen.*

1 Schrägluftbild von Willstätt (Baden-Württemberg) aus dem Jahre 1957.

Bodenverbrauch

In Umweltberichten der jüngsten Vergangenheit ist oft vom so genannten Landschafts- oder Bodenverbrauch die Rede. Genau genommen ist dieser Begriff jedoch nicht richtig, denn Landschaft und Boden kann man eigentlich nicht „verbrauchen". Vielmehr meint man damit, dass Freiräume für Siedlungszwecke* genutzt werden.

Täglich wird in Deutschland rund ein Quadratkilometer für neue Siedlungs- und Verkehrszwecke belegt. Das bedeutet, dass jeden Tag eine Freifläche verloren geht, welche der Größe von ungefähr 130 Fußballfeldern entspricht. Jährlich ergibt dies eine Gesamtfläche, die weit größer ist als die Fläche Münchens.

Auch der Wohnraumbedarf der Menschen ist im Laufe der Zeit immer größer geworden, weil man sich mit der Wohnungsgröße nicht gern einschränkt. Es ist heute keineswegs eine Ausnahme, dass jedes Kind über ein eigenes Zimmer verfügt.

Viele Menschen wünschen sich ein frei stehendes „Haus im Grünen". Solch ein Einfamilienhaus beansprucht relativ viel Freifläche, während ein Reihenhaus weniger und ein Mehrfamilien- bzw. Hochhaus noch weniger Freiraum in Anspruch nimmt.

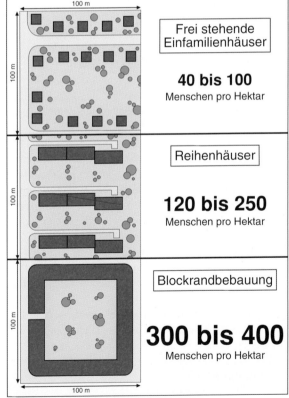

2 So viele Menschen wohnen bei unterschiedlicher Bebauungsdichte auf einem Hektar.

110

3 Schrägluftbild von Willstätt (Baden-Württemberg) aus dem Jahre 1995.

Steigende Flächenansprüche

Der Wohnraumbedarf ist in den vergangenen Jahren immer weiter gestiegen. So wuchs die durchschnittliche Pro-Kopf-Wohnfläche in Deutschland von etwa 35 Quadratmetern im Jahre 1990 auf ungefähr 37 Quadratmeter im Jahre 1995.

Auch der gewerbliche und der industrielle Flächenbedarf Deutschlands steigen noch an. Zwar gibt es größere Industrieflächen, die in ihrer Funktion nicht mehr gebraucht werden, aber die Nachfrage nach solchen Flächen ist eher gering. Viele Unternehmen möchten ihren neuen Betrieb lieber in einem neuen Gewerbegebiet ansiedeln als auf einer so genannten Industriebrache.

Herr Arend, ein Raumplaner aus dem Ruhrgebiet, berichtet:

M Wir wären äußerst froh, wenn wir die alten ungenutzten Industrieflächen wieder gewerblichen oder industriellen Nutzungen zuführen könnten. So ließen sich auch die dringend erforderlichen Freiräume in unserem dicht besiedelten Ruhrgebiet schonen. Leider gibt es aber auch eine Reihe von Problemen, die sich ergeben, wenn eine alte Industriefläche aufgegeben wird: Die Gebäude sind oft für andere Nutzungen nicht gut geeignet, manchmal müssen störende Fundamente beseitigt werden. Gelegentlich befinden sich sogar Giftstoffe im Boden, deren Entsorgung sehr viel Geld kostet.

Moderne Produktionsstätten stellen andere Anforderungen als alte Industriebetriebe. So suchen Hightechfirmen für ihre Produktion bevorzugt staubarme Freiflächen. Erschwerend kommt hinzu, dass manche Unternehmer lieber ein neues modernes Gebäude am Stadtrand bauen wollen. [...]

Da die Wiedernutzung alter Industrieflächen kostspielig ist, unterstützt uns das Land mit erheblichen Geldbeträgen.

Im Umland vieler Städte entstanden größere Einkaufszentren. Dort findet man viele große Geschäfte mit großen Parkplätzen, die vor allem für motorisierte Kunden interessant sind.

1 *Beschreibe die Veränderungen des Raumausschnitts auf den Bildern 1 und 3.*

2 *Vergleiche die Bebauungsarten und die Anzahl der Menschen, die auf einem Hektar (= 100 m x 100 m) wohnen können (Abb. 2).*

3 *Erläutere, wieso die Ansiedlung neuer Unternehmen auf alten Industrieflächen schwierig ist (M).*

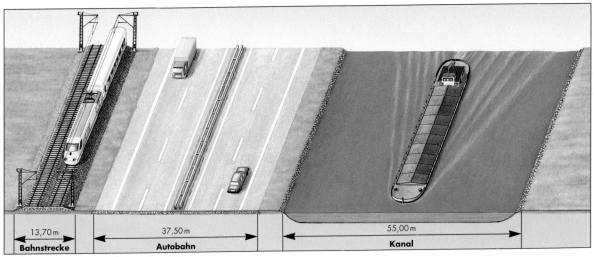

1 Raumbedarf verschiedener Verkehrswege.

Verkehr

Bis zum Jahr 2010 wird nach Expertenschätzungen der Bestand an Pkw in Deutschland von gegenwärtig 40,5 Millionen auf 50 Millionen ansteigen. Statistisch betrachtet teilen sich hier also schon heute etwa zwei Einwohner ein Auto. Das Auto ist das weitaus wichtigste Verkehrsmittel im Personenverkehr. Von den 11 750 Kilometern, die jeder Bundesbürger statistisch betrachtet jedes Jahr im Durchschnitt zurücklegt, hat es einen Anteil von mehr als drei Vierteln.

Aber nicht nur Menschen bewegen sich fort, sondern auch Güter werden transportiert. Deswegen spricht man dann auch vom Güterverkehr. Ähnlich wie beim Personenverkehr der Pkw ist beim Güterverkehr der Lkw das Verkehrsmittel mit der größten Bedeutung. Um einen „reibungslosen" Verkehr zu ermöglichen sind viele Verkehrswege nötig, die entweder schon bestehen oder noch eingerichtet werden müssen.

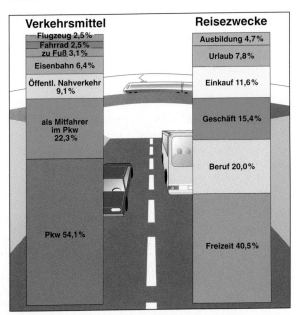

2 Deutsche unterwegs – Verkehrsmittel und Ziele.

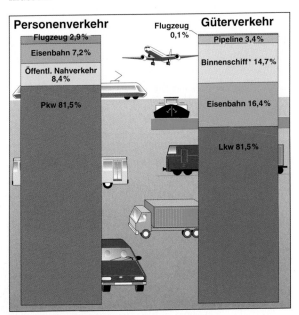

3 Verkehrsleistungen in Deutschland 1997.

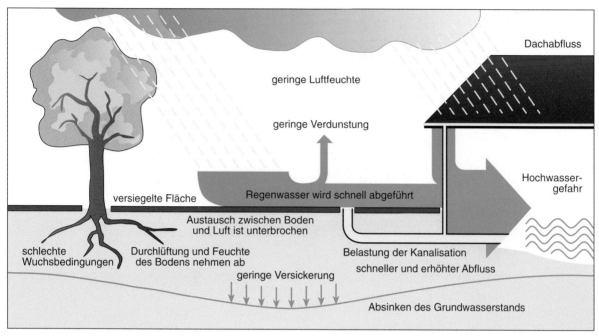

4 Wirkungen versiegelter Flächen.

Versiegelungen

Egal, ob Freiräume in Verkehrswege umgewandelt werden oder ob ein neues Gebäude errichtet wird: Immer bedeuten solche Eingriffe auch eine Versiegelung von Bodenflächen.

Zwei der größten Effekte der Versiegelung sind:

- Es gelangt nur noch wenig oder kein Regenwasser mehr in den Boden.
- Es erfolgt kein Austausch mehr zwischen Boden und Luft.

Beide Effekte führen – ebenso wie das Fehlen von größeren Pflanzen – zu einer geringeren Luftfeuchtigkeit und zu teilweise extrem hohen Temperaturen im Sommer.

Auf den folgenden Seiten wirst du erfahren, wie sich die Umwandlung von Freiräumen für Siedlungszwecke noch auswirkt. Du erfährst aber auch etwas darüber, wie man Bodenversiegelungen möglichst gering halten kann.

1 *Erläutere den unterschiedlichen Raumbedarf verschiedener Verkehrswege (Abb. 1) und beschreibe ihre jeweils typischen Eigenschaften.*
2 *Erkläre die Angaben zu den Reiseanlässen und -zielen der Deutschen (Abb. 2). Versuche einen Zusammenhang zum Bodenverbrauch herzustellen.*

3 *Stelle anhand der Abb. 2, Abb. 3 sowie Abb. 5 die Bedeutung des Straßenverkehrs heraus und informiere dich über das deutsche Autobahnnetz.*
4 *Liste Argumente für und gegen die beiden Verkehrsmittel Pkw und Lkw auf.*
5 *Beschreibe die Folgen der Versiegelung mithilfe des Textes und Abb. 4.*

5 **In einem Einkaufszentrum.** Foto 1996.

1 Das Neckartal um 1800.

2 Das Neckartal 1992.

Eingriffe in Naturräume

In Deutschland gibt es nur noch sehr kleine Teilräume, die man zu Recht mit dem Wort „Naturraum" bezeichnen kann. Denn überall dort, wo der Mensch in die natürlichen Umweltzusammenhänge eingreift, darf man streng genommen nicht mehr von „Naturraum" reden.

Handelt es sich jedoch nur um relativ kleine Eingriffe, kann man entsprechende Räume meist noch als „naturnah" bezeichnen. Naturnahe Räume sind beispielsweise Wälder, in denen Förster und Jäger zur Naturpflege tätig sind, oder Bergwiesen.

Die Umwandlung von naturnahen Räumen in Siedlungsflächen bedeutet weit mehr als nur Versiegelungen und deren Folgen. Für einen Igel oder einen Frosch kann eine Straße zu einem lebensgefährlichen Hindernis werden.

Viel ausgeprägter sind die Zerschneidungseffekte und Umweltbelastungen, die eine Autobahn mit sich bringt: Dazu gehören Lärm und Abgase ebenso wie Staub, Reifenabriebe sowie Motoröl und Streusalz, die in den Boden und damit ins Grundwasser geraten.

1 *Beschreibe den Wandel im Landschaftsbild, der in den beiden Bildern oben auf dieser Seite zu erkennen ist.*

2 *Erläutere, ob es sich beim abgebildeten Neckartal von 1800 um einen „Naturraum" handelt.*

- Rasendächer • Hofbegrünung • Dachbegrünung
- Garten ohne Gift • Sonnenkollektoren
- Fassadenbegrünung • Straßenbäume, Grünstreifen
- Grünzüge, Frischluftschneisen • Park, Stadtwald
- Verkehrsberuhigung • bepflanzte Lärmschutzwände
- Straßentunnel • autofreie Wohnbereiche

3 Möglichkeiten zum ökologischen Bauen und Wohnen.

Ökologisches Bauen und Wohnen

Die Siedlungstätigkeit der Mensch dient dazu, ihre Lebensbedingungen zu verbessern. Dabei ändern sich im Laufe der Zeit die Ansichten darüber, was den gesellschaftlichen Bedürfnissen am ehesten entspricht. In zurückliegenden Jahren war beispielsweise die „autogerechte Stadt" ein Ziel der Politiker und Raumplaner. Viele Nachteile einer auf das Automobil ausgerichteten Planung führten inzwischen zu anderen Überlegungen.

Auch im Städte- und Wohnungsbau führen neue Erkenntnisse stets zu veränderten Planungen. So wurde z. B. erforscht, dass Städte ein eigenes Kleinklima haben, welches sich deutlich von der ländlichen Umgebung unterscheidet. Merkmale dieses so genannten Stadtklimas treten besonders im Sommer in Erscheinung. Dann ist in den Städten die Temperatur höher und die Luftfeuchtigkeit geringer als im Freiraum.

Die Menge unerwünschter Luftbeimengungen ist in der Stadt hoch, Pflanzen und Tiere wurden vom Menschen weitgehend verdrängt. So wurde die städtische Umwelt zunehmend lebensfeindlich.

Ein Ansatz der gegenwärtig aktuellen Forschung ist das „ökologische Bauen und Wohnen". Hierbei strebt man eine harmonische Beziehung von Mensch und Umwelt an. Neben „kleinen Lösungen" für einzelne Häuser gibt es großräumige Konzepte für Stadtteile und Regionen. Über verschiedene Ansätze hierzu kannst du dich in Abb. 3 informieren.

3 *Erkläre, was man unter „ökologischem Bauen und Wohnen" versteht.*

4 *Suche dir aus der Abb. 3 fünf Beispiele für einzelne Maßnahmen heraus und erläutere, welche Umweltvorteile dadurch erzielt werden könnten.*

2 Beispiel für die naturnahe Gestaltung eines Straßenabschnitts. Foto 1995.

Naturnahe Gestaltung von Wegen und Plätzen

Verbesserungen fangen oft im Kleinen an. Um eine gesamte Stadt oder gar eine noch größere Region umweltfreundlicher zu machen ist oft ein Weg vieler kleiner Schritte nötig. Ein solcher erster Schritt kann die naturnahe Gestaltung von einzelnen Plätzen sein. Wenn ihr auf Seite 113 zurückblättert und dort die Abb. 5 noch einmal betrachtet, seht ihr den Bildausschnitt eines großen Parkplatzes. Ihr erkennt Ansätze einer Begrünung in Form vereinzelter junger Bäume und einiger Flächen mit Bodenpflanzen. Um eine naturnahe Fläche handelt es sich dabei jedoch keineswegs.

Anders ist es auf dem obigen Bild: Blühende Pflanzen lassen den Straßenraum freundlich wirken, Bäume spenden Schatten, die Wege sind nicht komplett versiegelt, sondern lassen Regenwasser noch versickern. Solchen Straßen und Plätze bieten auch einigen Tieren Lebensräume.

Nachbarschaftshilfen leisten mitunter einen Beitrag zur unmittelbaren „Wohnumfeldverbesserung" – wozu auch Durchgrünungen zu rechnen sind.

Frau Heindl aus Nürnberg berichtet von ihren Erfahrungen mit der naturnahen Gestaltung eines Straßenabschnitts:

M Die Straße vor unserem Haus war lange Zeit eine staubige, unattraktive Rennstrecke für Autofahrer. Im Sommer staute sich hier die Hitze, im Winter pfiff der Wind um die Ecken. Viele Nachbarn waren mit dieser Situation sehr unzufrieden. Mit der Zeit schlossen wir uns zusammen und gründeten eine Nachbarschaftsinitiative. Wir trafen einander in lockeren Runden und diskutierten unsere Wünsche. Frau Huber informierte sich darüber, welche Behörde für so etwas zuständig ist – und mit der Zeit wurden einige unserer Ideen umgesetzt. Inzwischen wurden auch einige Bäume gepflanzt, die Straße wurde verkehrsberuhigt und in die Vorgärten kamen Blumen. An den Hausfassaden ranken nun Pflanzen und wir fühlen uns alle hier sehr wohl.

1 *Suche dir einen Straßenabschnitt oder einen Platz, den man deiner Meinung nach naturnah gestalten könnte. Beschreibe den gegenwärtigen Zustand und mache Veränderungsvorschläge.*

Unterschiedliche Verkehrsmittel und -träger. Fotos 1995.

Umweltfreundliche Verkehrskonzepte

Autobahnen und Bundesbahnen dürfen in Deutschland nicht einfach so gebaut werden, dass sie auf dem kürzesten Wege zwei Orte miteinander verbinden. Das wäre zwar die schnellste Verbindung und vermutlich zumeist auch die Lösung mit dem geringsten Materialeinsatz. Aber nicht selten würde eine solche Streckenführung die Umwelt doch unnötig stark beeinträchtigen oder schädigen.

Damit bei großen Verkehrsplanungen die Rücksicht auf die Natur nicht zu sehr vernachlässigt wird, muss eine so genannte Umweltverträglichkeitsprüfung (UVP) durchgeführt werden. An diesem Verfahren sind auch Naturschutzverbände beteiligt. Von der ersten planerischen Idee bis zur Eröffnung eines Autobahnteilstücks vergehen wegen der Beteiligung vieler Interessengruppen in Deutschland normalerweise mehrere Jahre.

Wie du schon auf der Seite 112 erfahren konntest, spielen Automobile und Lastwagen beim Personen- und Güterverkehr herausragende Rollen. Deswegen ist es sinnvoll, mit Maßnahmen zur umweltverträglichen Bodennutzung dort anzusetzen.

Die wirkungsvollste Maßnahme zur Entlastung der Umwelt wären ein Verzicht auf Pkw und Lkw sowie Entsiegelungen durch den Rückbau* von Straßen. Das sind vorläufig jedoch wohl nur Wunschvorstellungen, weil wir auf diese Verkehrsmittel nicht ohne weiteres verzichten können. Deswegen muss man nach vernünftigen Lösungen suchen, welche wirtschaftlich Notwendiges und für den Umweltschutz Wichtiges gleichermaßen berücksichtigen.

Oft müssen zunächst auch bescheidene Ziele verfolgt werden, die noch keine Verminderung des Verkehrs bewirken, aber seine negativen Folgen verringern. So kann man zum Lärmschutz auf Autobahnen Tempobegrenzungen und in Wohnbereichen verkehrsberuhigte Zonen einrichten. Auch hier lässt sich durch teilweise Entsiegelungen und stärkere Durchgrünung eine angenehmere Umgebung schaffen.

1 *Betrachte die Bilder auf dieser Seite oben und begründe, ob sie eine umweltfreundliche Verkehrssituation zeigen oder nicht.*

2 *Erkläre die Bedeutung des Begriffes „Umweltverträglichkeitsprüfung". Hältst du eine solche Prüfung für notwendig?*

117

1 Schüler arbeiten an der Neugestaltung ihres Schulgeländes. Foto 1996.

Auf den Seiten 118–120 könnt ihr euch über die Möglichkeiten einer naturnahen Schulgeländegestaltung informieren. Diese kann in einem groß angelegten Projekt, aber auch in kleinen Schritten durchgeführt werden. Ganz entscheidend ist dabei, wie viel Energie ihr selbst bei der Entsiegelung und Neugestaltung eures Schulgeländes einsetzt.

Vom Hartplatz zum „Natur-Erlebnis-Schulhof"

An der Hyazinth-Wäckerle-Hauptschule in Lauingen wurde ein Entsiegelungsprojekt begonnen. Für eine Zeitschrift berichtete eine Beobachterin:

M Markus aus der Klasse 7 b stöhnt. Er trägt schwer an seiner Aufgabe. Klassenlehrer Udo Nestmann braucht noch mehr Steine. „Noch mehr?" Für die große Mauer hinter der Naturbühne. Stück für Stück wächst ein Werk vieler Hände. Hauptschule? Mauerbau? Naturbühne? Jobben Lauinger Schüler etwa in den Ferien auf dem Bau? – Keineswegs! Das ist Schulunterricht. Lehrer und Schüler arbeiten im Projektunterricht. Es geht darum, den Schulhof umzugestalten. „Naturnah, statt versiegeln" heißt hier das Motto!

Der Kerngedanke für die Umgestaltung des Lauinger Schulhofes bestand in der Beteiligung aller Betroffenen (Schüler, Lehrer, Eltern und Gemeinde). Wenn ihr an eurer Schule auch eine Neugestaltung des Schulhofes durchführen wollt, könnt ihr wie folgt vorgehen:

1. Schritt: Ideenfindung

Von allen Klassen werden auf Ausstellungswänden Ideen zur Umgestaltung gesammelt.

2. Schritt: Schulhof-Forum

Für das geplante Projekt wird eine erste Gruppe („Schulhof-Forum") gegründet, in der alle beteiligten Personen vertreten sind: Schüler, Lehrkräfte, Eltern, Hausmeister, Gemeinde, unterstützende örtliche Vereine und Institutionen (z. B. die lokale Ortsgruppe eines Naturschutzverbandes, örtlicher Obst- und Gartenbauverein).

3. Schritt: Information

Bei einer öffentlichen Veranstaltung werden alle beteiligten Gruppen über das Projekt informiert.

2 Pausenhof vor der Umgestaltung. Foto 1995.

4 Erste Maßnahmen der Umgestaltung. Foto 1995.

3 Pausenhof aus einem anderen Blickwinkel. Foto 1995.

5 Pausenhof nach der Umgestaltung. Foto 1996.

4. Schritt: Planung

„Wir sind die besten Planer" heißt das Motto eines Wettbewerbs, für den sich alle Klassen melden können. Jede Klasse erstellt z.B. im Sandkasten ein „Traummodell" für das Schulgelände und untergliedert es in folgende Erlebnis- und Nutzungsbereiche:

- Spiel und Bewegung
- Ruhe und Kommunikation*
- Naturerlebnis
- Kreativität*

Auf der Grundlage der Klassenmodelle wird ein gemeinsamer Plan entwickelt.

5. Schritt: Verhandlungen

Nach Abschluss der Planungsarbeiten lassen sich Umfang und die Menge der Baumaterialien berechnen. In Verhandlungen mit dem Schulträger müssen Baustoffe und Maschineneinsatz finanziell gesichert werden. Versucht u. a. auch Spenden zu sammeln.

6. Schritt: Zeitplanung

Das Schulhof-Forum entwickelt einen über mehrere Jahre sich erstreckenden Zeitplan für die Verwirklichung des Projektes. Die Lehrer werden über die Planung informiert.

7. Schritt: Entsiegelung und maschinelle Vorarbeiten

Die Entsiegelung und der Erdaushub für die geplanten Geländeformen werden mit entsprechendem Gerät wie Bagger oder Schaufellader so weit wie möglich vorgearbeitet.

8. Schritt: Projektarbeit

Jede Klasse an eurer Schule sucht sich aus der Planung ein Gestaltungselement heraus, das sie als Klassenprojekt in einer Projektwoche unter Mithilfe der Eltern verwirklichen möchte.

1 *Lies den Bericht (M) und betrachte Bild 1. Würdest du auch bei einem Schulgeländeprojekt an deiner Schule mitarbeiten? Begründe deine Entscheidung.*

2 *Betrachte die Bilder 2–5. Beschreibe die Veränderungen, die du am Schulgelände in Lauingen feststellen kannst.*

3 *Entwickelt in vier Gruppen Ideen zu den vier Erlebnis- und Nutzungsbereichen, wie sie im vierten Schritt (Planung) unterteilt sind. Tragt eure Ideen den anderen Gruppen anschließend vor.*

1 Naturbühne.

2 Die Naturbühne ist fertig. Foto 1996.

3 Heckenpflanzung/Baumpflanzung.

Rückblick

Der Natur-Erlebnis-Schulhof ist fertig – hat sich die Arbeit gelohnt?

Statt Bitumenbelag*, Straßenlärm und „Einheitsgrün" mit Bodendeckern* und Ziersträuchern erfahren die Schüler nun andere Dinge, z. B.:

– Der Pausenhof ist jetzt ein ruhiger Ort, weil er durch Hügellandschaft und Heckenpflanzung von der Straße abgegrenzt ist.
– Viele kleine, räumlich abgetrennte Nischen laden zu ungestörten Begegnungen ein. Hier kann man sich treffen, miteinander reden, spielen oder einfach nur ausruhen.
– Burgberg und Burggraben wollen erobert werden. Die Naturbühne (Bilder 1 und 2) wartet auf Pausengäste, Rollenspiele, Theatervorführungen und Musikveranstaltungen.
– Unter den Bäumen oder Hecken gibt es schattige Plätze. Bewusst können sich die Schüler aber auch sonnige Stellen suchen. Die Schüler pflanzten über 1000 heimische Pflanzen, 36 heimische Gehölzarten und rund 80 heimische Staudenarten.
– Nicht nur während der Pause, sondern auch während des PCB-Unterrichts können die Schülerinnen und Schüler die heimische Pflanzenwelt auf dem Schulhof kennen lernen.
– Die bunt blühende Pflanzenwelt wird von vielen kleinen und großen Tieren, Insekten und Vögeln wie eine lebendige Einladung verstanden. Auf diese spannende Weise erleben die Schüler viele unterschiedliche Tiere und deren Lebensweise.

1 *Welche Vorteile brachte die Umgestaltung des Schulgeländes für die Lauinger Schüler?*

Übrigens: Nun wollt ihr bestimmt noch wissen, wie es dem stöhnenden Markus (M, S. 118) ergangen ist. Nachdem der letzte Arbeitstag vorbei war, kam er und fragte: „Herr Nestmann, wann bauen wir weiter?"

Was gefällt dir an der Lauinger Schulgeländegestaltung besonders?
2 *Zusätzliches Informationsmaterial zur Schulgeländegestaltung könnt ihr euch bei dem Lehrer besorgen, der an eurer Schule der Ansprechpartner für Umwelterziehung ist.*

Platzbedarf je Personen bei Benutzung verschiedener Verkehrsmittel

1 Wenn alle fahren, kann keiner fahren.

| Gehen | $3\,m^2$ | Pkw | $100\,m^2$ | Straßenbahn | $4\,m^2$ |
| Radfahren | $10\,m^2$ | Bus | $20\,m^2$ | | |

2 Abtragung einer Bodenschicht. Foto 1996.

1 *Erkläre die Unterschrift zu dem Bildvergleich zwischen Bus und Pkw (oben auf dieser Seite).*
2 *Hat das Bild 2 etwas mit dem Thema „Bodenverbrauch" zu tun? Begründe.*
3 *Erläutere mithilfe der Bilder (unten rechts) den Begriff „Mechanisierung der Landwirtschaft".*

3 / 4 Ernte im Jahre 1930 – und heute. Fotos.

6. Die Weimarer Republik

„Das deutsche Volk hat auf der ganzen Linie gesiegt. Das Alte und Morsche ist zusammengebrochen; der Militarismus ist erledigt. Die Hohenzollern* haben abgedankt! Es lebe die deutsche Republik!"

Der Sozialdemokrat
Philipp Scheidemann
am 9. November 1918

1800   1820   1840   1860   1880

Der Führer ist zum Kanzler berufen! ... Dann beginnt der Fackelzug. Endlos, endlos, von 7 Uhr abends bis 1 Uhr nachts ... Das ist der Aufbruch der Nation! Deutschland ist erwacht! In einer spontanen Explosion bekennt sich das Volk zur Revolution der Deutschen ...

Der Nationalsozialist
Joseph Goebbels
am 30. Januar 1933

Seit wann ist Deutschland eine Demokratie? Klar – seit Gründung der Bundesrepublik Deutschland im Jahre 1949 ... oder? Es gab schon früher eine Demokratie in Deutschland. Am Ende des Ersten Weltkrieges, 1918/19, ist sie entstanden. Doch sie hat nicht lange gehalten – bis 1933. Wie sie entstanden ist und warum diese erste Demokratie scheiterte, könnt ihr in diesem Kapitel erarbeiten. Beschreibt zunächst die Abbildung auf dieser Doppelseite, schildert eure Eindrücke. Zieht auch die Texte mit heran.

1920   1940   1960   1980   2000

1 Die Revolution in Deutschland im November 1918.

Auf den folgenden beiden Doppelseiten könnt ihr erarbeiten, wie 1918/19 das Kaiserreich gestürzt wurde und die erste Demokratie in Deutschland entstand.

Kriegsmüde Soldaten und verlorener Krieg
Der Erste Weltkrieg (1914–1918) drohte schon seit dem Sommer 1918 für Deutschland verloren zu gehen (siehe Seite 77). Die Stimmung in der Truppe verschlechterte sich von Tag zu Tag.
Aus einem Bericht der Postüberwachungsstelle der 6. Armee vom 4. September 1918:

> **Q1** [...] Über Auflösung von Truppenteilen wird viel geschrieben. [...] Im Anschluss an die Mitteilungen fallen oft die Worte: „Da seht ihr, es geht bald zu Ende mit uns"; Ersatz ist nicht mehr vorhanden. [...] Das Fehlen von Kartoffeln im Essen und der [...] Mangel an Fleisch wird als sehr unangenehm empfunden. [...]

Die Oberste Heeresleitung schrieb am 3. Oktober 1918 in einem Brief an den Reichskanzler Max von Baden:

> **Q2** [...] Durch Zusammenbrüche an der Front, Schwächung unserer Reserven und erhebliche Verluste in den letzten Schlachten erscheint ein Sieg aussichtslos. Der Gegner führt ständig neue frische Reserven in die Schlacht. Unter diesen Umständen ist es geboten, den Kampf abzubrechen. [...]

Aufständische Matrosen
Ende Oktober 1918 sollte die deutsche Flotte noch einmal auslaufen – zum „Endkampf". Ein Matrose schrieb am 2. November 1918 in einem Brief an seinen Vater:

> **Q3** [...] Nach der ersten Weigerung wurde das Unternehmen um vier Stunden verschoben. Da sich aber die Stimmung nicht gebes-

sert hatte, obwohl uns die Kommandanten durch allerhand schön gehaltene Reden anfeuern und irreführen wollten, wurde es nochmals verschoben [...] Jetzt wollten sie es so hinstellen, als sei nur ein großes Manöver geplant gewesen. [...] Wir haben es gefühlt, daher die instinktive Gehorsamsverweigerung. Bis jetzt sind 1000 Mann verhaftet worden. [...] Wenn nicht bald der Waffenstillstand kommt, wird hier die schönste Militärrevolte ausbrechen. [...]

In Kiel übernahm am 5./6. November ein Arbeiter- und Soldatenrat* die Macht in der Stadt. In einem Aufruf vom 5. November 1918 forderte der Kieler Arbeiter- und Soldatenrat:

> **Q4** [...] 1. Freilassung sämtlicher Inhaftierten und politischen Gefangenen, 2. Vollständige Rede- und Pressefreiheit, 3. Aufhebung der Briefzensur, 4. Bessere Behandlung der Mannschaften durch Vorgesetzte, 5. Straffreie Rückkehr der Kameraden an Bord und in die Kaserne, 6. Keine Ausfahrt der Flotte, 7. Allen künftigen Maßnahmen muss der Soldatenrat zustimmen.

1 *Erarbeite anhand von Q1 bis Q4 die Zustände in Deutschland zwischen Anfang September und Anfang November 1918. Lege dazu eine Liste an und trage ein: Art der Quelle/Datum/Zustände (Ereignisse).*

2 *Erläutere deine Ergebnisse und vermute, worin Gefahren für das Kaiserreich bestehen konnten. Beachte besonders Q4.*

3 *Zeige an Abb. 1, wie die Entwicklung weiter verlief. Wo blieb die Lage ruhig?*

2. Extraausgabe   Sonnabend, den 9. November 1918.

Vorwärts

Berliner Volksblatt.
Zentralorgan der sozialdemokratischen Partei Deutschlands.

Der Kaiser hat abgedankt!

Der Reichskanzler hat folgenden Erlaß herausgegeben:

Seine Majestät der Kaiser und König haben sich entschlossen, dem Throne zu entsagen.

Der Reichskanzler bleibt noch so lange im Amte, bis die mit der Abdankung Seiner Majestät, dem Thronverzichte Seiner Kaiserlichen und Königlichen Hoheit des Kronprinzen des Deutschen Reichs und von Preußen und der Einsetzung der Regentschaft verbundenen Fragen geregelt sind. Er beabsichtigt, dem Regenten die Ernennung des Abgeordneten Ebert zum Reichskanzler und die Vorlage eines Gesetzentwurfs wegen der Ausschreibung allgemeiner Wahlen für eine verfassunggebende deutsche Nationalversammlung vorzuschlagen, der es obliegen würde, die künftige Staatsform des deutschen Volks, einschließlich der Volksteile, die ihren Eintritt in die Reichsgrenzen wünschen sollten, endgültig festzustellen.

Berlin, den 9. November 1918. **Der Reichskanzler.**
Prinz Max von Baden.

Es wird nicht geschossen!

Der Reichskanzler hat angeordnet, daß seitens des Militärs von der Waffe kein Gebrauch gemacht werde.

Parteigenossen! Arbeiter! Soldaten!

Soeben sind das Alexanderregiment und die vierten Jäger geschlossen zum Volke übergegangen. Der sozialdemokratische Reichstagsabgeordnete Wels u. a. haben zu den Truppen gesprochen. Offiziere haben sich den Soldaten angeschlossen.

Der sozialdemokratische Arbeiter- und Soldatenrat.

2 Aus dem Extrablatt der SPD zur Abdankung* des Kaisers.

Eine Republik – aber welche?

Am 9. November 1918 gegen 14.00 Uhr sprach Philipp Scheidemann (SPD*) zu einer Menschenmenge vor dem Reichstag:

> **Q5** Arbeiter und Soldaten!
> [...] Der unglückselige Krieg ist zu Ende. [...] Der Kaiser hat abgedankt. [...] Der Prinz Max von Baden hat sein Reichskanzleramt dem Abgeordneten Ebert übergeben. [...] Die neue Regierung darf nicht gestört werden in ihrer Arbeit für Frieden, in der Sorge um Brot und Arbeit. [...] Das Alte und Morsche, die Monarchie ist zusammengebrochen. Es lebe das Neue! Es lebe die Deutsche Republik!

Der neue Reichskanzler Friedrich Ebert (SPD) ließ am 9. November 1918 verkünden:

> **Q6** Mitbürger!
> [...] Ich bin im Begriff die neue Regierung im Einvernehmen mit den Parteien zu bilden. [...] Die neue Regierung wird eine Volksregierung sein. [...] Ich bitte euch alle dringend: Verlasst die Straßen! Sorgt für Ruhe und Ordnung. [...]

3 Revolution in Berlin. Bewaffnete Soldaten mit der roten Fahne* am Brandenburger Tor am 9. November 1918. Zeitgenössisches Foto.

Eine andere Republik

Am 9. November 1918 gegen 16.00 Uhr hielt Karl Liebknecht, der Führer des Spartakusbundes*, bei einer Massenversammlung vor dem Berliner Schloss eine Rede:

> **Q7** Der Tag der Revolution ist gekommen. [...] Das Alte ist nicht mehr. Die Herrschaft der Hohenzollern, die in diesem Schloss jahrhundertelang gewohnt haben, ist vorüber. [...] Parteigenossen, ich rufe die freie sozialistische* Republik aus. [...] Wir müssen alle Kräfte anspannen um die Regierung der Arbeiter und Soldaten aufzubauen. [...]

4 *Beschreibe die Abb. 2 und 3. Schildere, was die Menschen empfunden haben könnten.*

5 *Stelle aus den Materialien dieser Seite die Ereignisse des 9. November in einer Liste zusammen.*

6 *Fasse zusammen, welche Hauptaussagen Scheidemann (Q5) und Liebknecht (Q7) machten. Kläre vorher unbekannte Begriffe.*

7 *Vergleiche beide Aussagen.*

8 *Stelle fest, welche Ziele der neue Reichskanzler Ebert hatte (Q6).*

9 *Überlege, wie Ebert die Vorgänge auf Abb. 3 beurteilen würde.*

10 *Vermute, wie die neue Regierung zu der Bewegung der Arbeiter- und Soldatenräte stehen könnte. Schau dir noch einmal Abb. 1 auf der Vorseite an.*

Auf dieser Doppelseite könnt ihr zwei wichtige „Modelle" von Demokratie erarbeiten und untersuchen, wie der Kampf um die Macht ausging.

Demokratie – aber wie?

In der Novemberrevolution* wurde die alte Macht – die Monarchie – gestürzt. Über die Demokratie als neue Staatsform gab es zwischen den Gruppen der Arbeiterbewegung* – der SPD einerseits, der USPD* und dem radikalen Spartakusbund andererseits – unterschiedliche Vorstellungen. Die SPD forderte eine parlamentarische Demokratie. USPD und Spartakusbund wollten ein Rätesystem einführen.

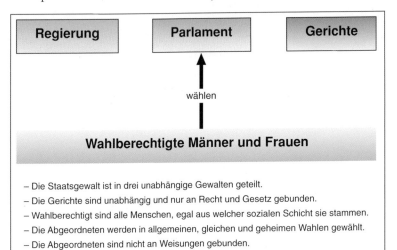

- Die Staatsgewalt ist in drei unabhängige Gewalten geteilt.
- Die Gerichte sind unabhängig und nur an Recht und Gesetz gebunden.
- Wahlberechtigt sind alle Menschen, egal aus welcher sozialen Schicht sie stammen.
- Die Abgeordneten werden in allgemeinen, gleichen und geheimen Wahlen gewählt.
- Die Abgeordneten sind nicht an Weisungen gebunden.

1 Modell der parlamentarischen Demokratie.

- Die Staatsgewalt ist nicht geteilt. Sie liegt allein beim Reichskongress der Räte.
- Wahlberechtigt sind Arbeiter und Angestellte in den Fabriken sowie Soldaten und Bauern.
- Die Räte sind an Weisungen ihrer Gruppe gebunden und können jederzeit abgewählt werden.

2 Modell des Rätesystems.

„Alle Macht den Räten" oder „Keine Macht einer Gruppe allein"?

Der SPD-Vorstand antwortete auf Fragen des USPD-Vorstandes am 9. November 1918:

Q1 […] USPD: Deutschland soll eine soziale Republik sein.
SPD: Wir stimmen zu. Darüber hat jedoch das Volk durch die konstituierende Versammlung* in Wahlen zu entscheiden.
USPD: Die gesamte Staatsgewalt soll bei den Arbeiter- und Soldatenräten liegen.
SPD: Es widerspricht unseren demokratischen Grundsätzen, dass die ausführende, die gesetzgebende und die richterliche Gewalt nur in den Händen von Arbeiter- und Soldatenräten liegen soll …

1 *Beschreibe die beiden Demokratiemodelle. Schreibe zu Abb. 1 auf: Die Wahlberechtigten wählen … Das Parlament wählt … kontrolliert …*
Schreibe zu Abb. 2 auf: Die Betriebe und Militäreinheiten wählen … Die Arbeiter- und Soldatenräte wählen…
Beachte auch die Texte zu den Abbildungen.
2 *Ordne Abb. 1 und 2 den Parteien SPD und USPD richtig zu. Begründe deine Zuordnung.*
3 *Überlege, was es für die Macht der Räte bedeutete, wenn die Staatsgewalt nicht geteilt war.*
4 *Vertreter von SPD und USPD treffen zusammen. Notiere Argumente jeder Seite.*
5 *Spielt eine gemeinsame Sitzung über die künftige Form der Demokratie.*

3 Barrikadenkämpfe im Berliner Zeitungsviertel 1919. Foto.

Neue Regierung „Zwischen den Fronten"

Am 10. November 1918 wurde eine vorläufige Regierung aus SPD und USPD gebildet. Sie nannte sich „Rat der Volksbeauftragten". Mit ihrer Politik zwischen den Gegnern der Revolution, vor allem den Militärs der Monarchie auf der einen Seite und radikalen Revolutionären auf der anderen Seite, geriet sie immer mehr in Schwierigkeiten.

Q2 Schlagzeilen nach Zeitungsmeldungen in der Zeit von November 1918 bis Januar 1919:
9./10. November: Kaiser dankt ab – geht nach Holland – Vorläufige Regierung unter Ebert (SPD) gebildet.
11. November: Deutsche Regierung unterschreibt Waffenstillstandsabkommen
12. November: Rat der Volksbeauftragten: demokratisch-parlamentarische Verfassung ausarbeiten! Wahlrecht für Frauen schaffen!
16. Dezember: Reichsrätekongress ist mehrheitlich für allgemeine Wahlen; Radikale Revolutionäre bleiben in der Minderheit
5. Januar: Massendemonstration in Berlin. Bewaffnete besetzen Zeitungsgebäude, Bahnhöfe, Behörden. Regierung ruft Militäreinheiten, Freikorps* zu Hilfe. Erbitterte Kämpfe
13. Januar: Aufstände niedergeschlagen
15. Januar: Führer des Spartakusbundes, Karl Liebknecht und Rosa Luxemburg, von Freikorps gefangen genommen und hinterhältig ermordet. Aufstände auch in anderen Teilen Deutschlands.

6 *Beschreibe Abb. 3 und überlege, welche Folgen diese Barrikadenkämpfe für die Menschen hatten.*

Arbeiter, Bürger!

Das Vaterland ist dem Untergang nahe.
Rettet es!
Es wird nicht bedroht von außen, sondern von innen:

Von der Spartakusgruppe.

Schlagt ihre Führer tot!
Tötet Liebknecht!

Dann werdet ihr Frieden, Arbeit und Brot haben!

Die Frontsoldaten

4 Plakat. Berlin, 1919.

Denke an die Kämpfenden, an ihre Familien, an die Zerstörungen.
7 *Untersuche Abb. 4. Mögliche Fragen an das Plakat: Wer wird angesprochen? Wozu wird aufgerufen? Was wird versprochen? Wer könnte hinter „Die Frontsoldaten" stehen? Nimm zur Aufforderung des Plakats Stellung. Ziehe zur Untersuchung Q2 mit heran.*
8 *Beurteile anhand von Q2 die Lage der Regierung Ebert.*
9 *Achte auf Berichte über Bürgerkriege in den Medien (Fernsehen, Zeitungen) und referiere in der Klasse darüber.*

Urbeiter!   Soldaten!   Bauern!

An alle!   An alle!

Die Regierung ist gestürzt!
Die alten Machthaber sind geflohen!

Die Beauftragten des Volkes haben die öffentliche Gewalt in ihre Hände genommen.

Baiern ist Freistaat!

Das deutsche Volk hat auf der ganzen Linie gesiegt!
Der Präsident der Vereinigten Staaten Amerika sichert uns einen Frieden der Versöhnung und Verständigung zu, ohne Annektionen und Entschädigungen.

Der Weltfriede ist somit für die Zukunft gesichert.

Das französische und englische Volk beglückwünscht bereits das deutsche Volk zum Sturze seines Imperialismus.
Die englische Flotte hat die rote Fahne gehißt!
Werktätige aller Berufe und Stände!   **Arbeiter, Soldaten und Bauern!**
Damit ist die Periode des Militarismus endgültig beendet.
Der allgemeinen Abrüstung steht hinfort kein Hindernis mehr im Wege.

Die Weltrevolution marschiert!

1   Plakat zur Ausrufung des Regierungssturzes, 8. November 1918.

Auf dieser Doppelseite könnt ihr erarbeiten, wie die November-revolution 1918 in Bayern verlief.

Revolution und Räterepublik in Bayern

1   *Stelle anhand der Karte auf Seite 124 fest, wie Bayern von der revolutionären Bewegung im November 1918 betroffen war.*

Wie im übrigen Deutschland kam es auch in Bayern gegen Ende des Krieges zu Streiks und Unruhen. Die revolutionären Kräfte hatten sich in Bayern in der USPD zusammengefunden. Einer ihrer Anführer war Kurt Eisner. Sein Ziel war die Monarchie zu stürzen und eine Räterepublik zu errichten. Im Gegensatz zur USPD wollte die SPD unter der Führung von Erhard Auer keinen revolutionären Umsturz, sondern baldige Wahlen zu einer bayerischen Nationalversammlung und Reformen innerhalb der Monarchie.

2   *Stelle die beiden Auffassungen zur „Revolution" in Bayern gegenüber. Lies auf Seite 126 nach und ziehe Q1 mit heran.*

Die erste Revolution

3   *Beschreibe die Abb. 1 und 2 und kläre, was in den Tagen zwischen dem 8. und 13. November 1918 geschehen sein muss.*

Am 7. November 1918 zogen nach einer Friedenskundgebung auf der Theresienwiese mit ca. 180 000 Teilnehmern etwa 2000 Anhänger der USPD unter Führung Kurt Eisners durch die Stadt und besetzten öffentliche Gebäude und Kasernen. Sie brachten Truppen auf ihre Seite. Ein „Rat der Arbeiter, Soldaten und Bauern" ernannte Eisner zum Vorsitzenden und übernahm die Macht im Staat. Er selbst erklärte sich zum Ministerpräsidenten. König Ludwig III. musste unter Druck den Thron verlassen und floh nach Salzburg.
Damit war die über 700-jährige Herrschaft der Wittelsbacher mit ihrem großen Einfluss auf Bayern zu Ende. Die SPD arbeitete in der Regierung Eisner mit um vor allem die Entwicklung zu einem Rätesystem zu verhindern. Eisner wusste, dass er ohne die Sozialdemo-

2   Kurt Eisner. Bayerischer Ministerpräsident vom 7. November 1918 bis 21. Februar 1919.

kraten „seine" Republik nicht sichern konnte. Die aber forderten schnelle Wahlen zur Nationalversammlung. Der Termin wurde schließlich auf den 12. Januar 1919 festgesetzt. Wie würden die Wahlen ausgehen?

4   *Fasse die Entwicklung von der Monarchie zur Republik in Bayern zusammen.*

5   *Gib an, was man aus heutiger Sicht am Vorgehen Eisners kritisieren kann.*

Aus einer Rede Eisners Ende November 1918:

Q [...] Die Nationalversammlung kann und darf erst einberufen werden, wenn die Arbeiter-, Soldaten- und Bauernräte sich so sehr entwickelt haben, dass alles von dem neuen Geist erfüllt ist. [...] Die Sicherung der Revolution nur durch die Festigung [...] der Arbeiter-, Soldaten- und Bauernräte. [...]

3 Der Bayerische Landtag* in Bamberg 1919. Foto.

Ergebnis der Wahlen zum Bayerischen Landtag*		
Bayerische Volkspartei (früher Zentrum):	35,0 %	66 Sitze
Übrige bürgerliche Parteien:	20,4 %	34 Sitze
Bayerischer Bauernverband:	9,1 %	16 Sitze
SPD:	33,0 %	61 Sitze
USPD:	2,5 %	3 Sitze

Wahlen zum Bayerischen Landtag

Neben SPD und USPD nahmen auch bürgerliche Parteien, die sich nach der Revolution wieder gebildet hatten, an der Wahl teil (siehe Tabelle). Zwischen Eisner und Auer verschärften sich die Gegensätze über den weiteren politischen Weg in Bayern.

6 *Erläutere das Wahlergebnis (Tabelle). Was bedeutete es für Eisner und die USPD?*

Die zweite Revolution – Gewalt gegen Argumente

Eisner hätte nach dem Wahlergebnis sofort zurücktreten müssen. Er verzögerte aber seine Entscheidung und berief den neu gewählten Landtag erst für den 21. Februar ein. An diesem Tage wurde er auf dem Weg zum Landtag von dem ehemaligen Leutnant Graf Arco-Valley erschossen. Als das Attentat im Landtag bekannt wurde, kam es zu Tumulten

und Schießereien. Der Sozialdemokrat Auer wurde von einem USPD-Abgeordneten schwer verletzt. Der Landtag beauftragte den Sozialdemokraten Hoffmann mit der Regierungsbildung.

Nach der Ermordung Eisners radikalisierte sich die Lage in München. Mehrere Wochen herrschte dort Chaos. Revolutionäre Kräfte errichteten am 7. April mit Gewalt eine „Räterepublik". Die Regierung Hoffmann wurde abgesetzt, der Landtag für aufgelöst erklärt. Beide wichen nach Bamberg aus, weil sie dort von regierungstreuen Truppen unterstützt wurden. Da die Militäreinheiten der Regierung Hoffmann zu schwach waren, rief sie außerbayerische Truppen, darunter auch Freikorps*, herbei. Beim Marsch auf die Stadt und bei ihrer Einnahme kam es zu Racheakten durch die Freikorps. Anfang Mai 1919 wurde München nach schweren Kämpfen eingenommen.

Der Landtag beschloss im August eine neue Verfassung. Bayern war jetzt ein demokratischer Freistaat.

7 *Erkläre anhand der Texte, wie es in München zur Steigerung der Gewalt kam.*

8 *Schreibe aus der Sicht eines Reporters einen Bericht für eine Zeitung. Ziehe Abb. 3 mit heran.*

9 *Nimm Stellung zur Frage: „Gewalt als Mittel der Politik?".*

1 Plakate einer Wahlveranstaltung in Berlin. Foto 1919.

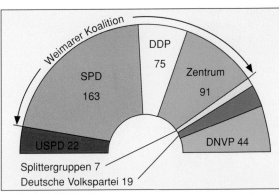

2 Sitzverteilung der Parteien nach der Wahl zur Nationalversammlung 1919.

Wie entstand die erste Demokratie in Deutschland?
Mit welchen Schwierigkeiten hatte sie zu kämpfen?
Diese Fragen könnt ihr auf den folgenden Seiten be-
arbeiten.

Wahlen zur Nationalversammlung 1919

Nach der Niederschlagung der Januaraufstände (vgl.
Q2, Seite 127) konnten die Wahlen zur Nationalversammlung am 19. Januar 1919 stattfinden. Wahlberechtigt waren alle Staatsbürger ab dem 20. Lebensjahr. Zum ersten Mal in der deutschen Geschichte
durften auch Frauen wählen. Die Nationalversammlung trat am 6. Februar 1919 in Weimar zusammen.
Dieser Ort wurde gewählt, weil in Berlin auf den
Straßen zeitweise noch Unruhe herrschte. Außerdem
wollten die demokratischen Politiker mit dem „Geist
von Weimar" auf die Bedeutung der Stadt mit ihren
großen Dichtern Goethe und Schiller hinweisen.

M Parteien in der Weimarer Republik und ihre
Ziele 1919/20 (Auswahl):
Sozialdemokratische Partei Deutschlands (SPD*):
– Bekenntnis zur parlamentarischen Demokratie
– gegen zu grossen Einfluss des Militärs
– Räte nur im wirtschaftlichen Bereich (Betriebs-
räte)
*Unabhängige Sozialdemokratische Partei Deutsch-
lands (USPD*):*
– gespaltene Haltung zur parlamentarischen
Demokratie

– 1920 ging die Mehrheit zur KPD, der Rest trat
der SPD bei.
Kommunistische Partei Deutschlands (KPD*):
– Ablehnung der parlamentarischen Demokratie
– für ein Rätesystem
– Sturz der Kapitalisten (Unternehmer, Groß-
grundbesitzer)
– Aufbau des Sozialismus
Zentrum (Z*):
– Bekenntnis zur parlamentarischen Demokratie
– Schutz des Privateigentums
Deutsche Demokratische Partei (DDP*):
– Bekenntnis zur parlamentarischen Demokratie
– für Privatwirtschaft
Deutsche Volkspartei (DVP*):
– Ablehnung der parlamentarischen Demo-
kratie; aber:
– für Mitarbeit im Parlament
– für eine Monarchie
Deutschnationale Volkspartei (DNVP*):
– Ablehnung der parlamentarischen Demokratie
– für eine Monarchie
– Förderung der Landwirtschaft und des Mittel-
standes

1 *Erläutere die Plakataufschriften (Abb. 1).*
2 *Beschreibe das Wahlergebnis (Abb. 2) und
kläre: Weimarer Koalition. Nimm M zu Hilfe.*
3 *Lege eine Tabelle an mit den Spalten: Für die
Demokratie/Gegen die Demokratie/Unklare Einstellung. Trage anhand von M die Parteien entsprechend ihrer Ziele ein.*
4 *Überlege, woraus sich Probleme bei der Zusammenarbeit ergeben könnten.*

Wahlplakate als Mittel der Werbung

Erstmals in der Weimarer Demokratie wurden in größerem Umfang Plakate verwendet um Wählerinnen und Wähler zu gewinnen. Plakate enthalten meistens Bilder und kurze, einprägsame Texte (Slogans). Die Wirkung auf das Wahlverhalten ist nicht genau einzuschätzen. Unentschlossene dürften aber durch eine geschickte Plakatwerbung zu beeinflussen sein. Sollen die Ziele von Wahlplakaten „durchschaut" werden, müssen sie genauer untersucht werden.

Fragen zur Analyse von Wahlplakaten:

1. Wer ist der „Urheber" des Plakats?
2. An wen richtet sich die Werbung?
3. Werden bestimmte Gruppen angesprochen?
4. Welche Ziele sind zu erkennen?
5. Wie ist das Plakat gestaltet?
6. Welche Wirkung soll erzielt werden?
7. Lässt sich eine Gesamtaussage des Plakats formulieren?

Einige Antworten auf Fragen zur Abb. 1:

zu 2.: Aufruf an verschiedene Bevölkerungsgruppen und „Stämme" (Bayern, Sachsen, Hessen usw.), also an die ganze Bevölkerung.

zu 4.: Ziel ist die Bevölkerung für die Wahl zur Nationalversammlung zu gewinnen („Vereinigt euch …"), zur Teilnahme an der Wahl aufzurufen.

1 Werbeplakat des Rates der Volksbeauftragten zur Nationalversammlung am 19. Januar 1919.

2 Wahlplakat der SPD 1919.

3 Versammlungsplakat der Bayerischen Volkspartei 1919.

zu 6.: Es wird das Gefühl für die Einigkeit der Menschen mit dem Ziel „Nationalversammlung und Demokratie" angesprochen.

1 *Bearbeite die restlichen Fragen.*
2 *Analysiere in Partnerarbeit die Abbildung 2 und Abbildung 3 mithilfe der Fragen.*
3 *Untersuche Wahlplakate aus aktuellen Wahlkämpfen.*

131

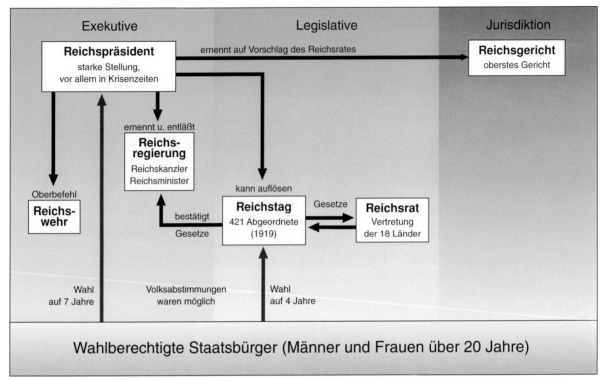

Vereinfachtes Modell der Weimarer Verfassung von 1919.

Die Weimarer Verfassung –
Fundament der jungen Demokratie

Das Verfassungswerk erfüllte den Traum der Demokraten von einer Republik mit dem Volk als Souverän* – mit Grundrechten wie Meinungs- und Versammlungsfreiheit für alle Bürgerinnen und Bürger und mit Gewaltenteilung. Die Verfassung galt als sehr freiheitlich. Neben den Wahlen zum Reichstag sah sie auch die Möglichkeit von Volksabstimmungen unter bestimmten Bedingungen vor. Sie ermöglichte sogar ihren Gegnern die politische Arbeit im Staat. An die demokratische Einstellung der Bürgerinnen und Bürger stellte sie hohe Ansprüche. Würde sie in Krisenzeiten genügend „Verteidiger" finden? Nicht alle Parteien standen 1918/19 „auf dem Boden" der Verfassung (vgl. Seite 130).

1 *Bearbeite anhand des Schaubildes (Abb. oben) die folgenden Aufgaben:*

a) Welche Rechte hat die Wahlbevölkerung?

b) Welche Aufgaben hat der Reichstag?

c) Wie setzt sich der Reichstag zusammen?

d) Wie kommt die Reichsregierung zustande?

e) Wer hat den Oberbefehl über die Reichswehr?

f) Welche Rechte hat der Reichspräsident?

2 *Erläutere mithilfe der Abb. oben die Gewaltenteilung in der Weimarer Republik. Lies noch einmal auf Seite 126 nach.*

3 *Beschreibe mithilfe der Abb. oben, welche „Macht" der Reichspräsident hatte.*

4 *Der Reichspräsident wurde in der Weimarer Republik von manchen „Ersatzkaiser" genannt. Nimm dazu Stellung.*

5 *Untersuche, ob in der Weimarer Verfassung Teile des Rätesystems enthalten sind. Lies noch einmal auf Seite 126 nach.*

6 *Erarbeite, welche Verfassungsorgane (Parlament, Regierung, Gerichte) aus unserem Grundgesetz mit denen in „Weimar" vergleichbar sind. Schlage z. B. in einer Ausgabe des Grundgesetzes nach.*

Ein gerechter Friedensvertrag?

Die Siegermächte forderten die Unterschrift unter den Vertrag von Versailles. Verhandlungen über den Vertrag gab es nicht. Wer sollte unterschreiben? Die Herren des alten Reichs – Kaiser, Adel und Militärs –, die den Krieg zu verantworten hatten, waren politisch vorerst ausgeschaltet. Die schwere Last fiel den demokratischen Politikern zu. Zunächst weigerten sie sich. Die Sieger drohten mit dem Einmarsch der Truppen ins Land. Schließlich stimmte die Nationalversammlung zu den Vertrag zu unterschreiben. Milliarden an Reparationen* waren künftig zu zahlen.

M1 Interessen der Sieger
USA: gerechter Frieden, Ausgleich zwischen Siegern und Besiegten, Völkerbund* gründen.
Großbritannien: Gleichgewicht auf dem Kontinent, gegen Vormacht Frankreichs, Deutschland als Handelspartner erhalten.
Frankreich: dauerhafte Schwächung Deutschlands, hohe Reparationszahlungen, umfangreiche Gebietsabtretungen.

Aus der Rede des Reichskanzlers Philipp Scheidemann (SPD) in der Nationalversammlung vom 12. Mai 1919:

Q1 Heute, wo jeder die erdrosselnde Hand an der Gurgel fühlt, lassen Sie mich ganz ohne taktisches Erwägen reden: Was unseren Beratungen zugrunde liegt, ist dies dicke Buch, in dem 100 Absätze beginnen: Deutschland verzichtet, verzichtet, verzichtet! [...] Ich frage Sie: Wer kann als ehrlicher Mann – ich will gar nicht sagen als Deutscher –, nur als ehrlicher, vertragsgetreuer Mann solche Bedingungen eingehen? [...]

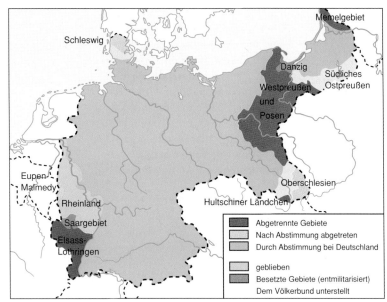

Deutschlands Gebietsverluste in Europa durch den Versailler Vertrag.

Der Versailler Vertrag sah unter anderem Folgendes vor:

Q2 – Deutschland musste die alleinige Schuld am Ausbruch des Ersten Weltkrieges anerkennen.
– Deutschland verlor etwa 13 % seines Staatsgebietes und rund 10 % seiner Bevölkerung in den abzutretenden Grenzgebieten (vgl. Abb. oben).
– Deutschland sollte für alle Kriegsschäden aufkommen und Reparationen zahlen.
– Das Heer wurde auf 100 000 Mann begrenzt.
– Alle deutschen Kolonien mussten an den Völkerbund* abgetreten werden.

Der Historiker Helmut Heiber schrieb 1975 über den Versailler Vertrag:

M2 [...] Deutschland hatte nach den ersten Wirren die Folgen des verlorenen Krieges wirtschaftlich gut überstanden. Bei den Gefühlen und Empfindungen der Menschen war dies anders. Die Reparationen wurden schnell zum gefährlichsten Problem für den Bestand der Weimarer Demokratie. Die Behauptung von der „Versklavung" künftiger Generationen bot antidemokratischen Gruppen jederzeit einen wirksamen Hebel gegen den Staat. [...]

1 *Erarbeite, welche Interessen die Siegermächte hatten und vergleiche (M1).*
2 *Beschreibe anhand der Abb. oben und Q2 die Bestimmungen des Vertrages. Welcher der Sieger hat sich am stärksten durchgesetzt?*
3 *Vermute, wie der Vertrag in Deutschland empfunden wurde.*
4 *Überprüfe deine Vermutungen aus Aufgabe 3 an Q1.*
5 *Untersuche, worin der Historiker das größte Problem des Versailler Vertrages sieht (M2).*

133

Das Krisenjahr 1923

1923. Was für ein Jahr! Weil die Reparationszahlungen nach französischer Meinung nicht schnell genug flossen, besetzten französische Truppen im Januar das Ruhrgebiet. Aufruf zum Widerstand! Im November putscht ein Mann namens Adolf Hitler mit dem General von Ludendorff und einigen Generälen „von gestern" gegen die Demokratie. Gescheitert! Das Schlimmste für die Menschen: die Inflation*! Viele meinten: Die Republik ist an allem Schuld. Was passierte im Inflationsjahr? Wie waren die Menschen davon betroffen?

1 *Kläre den Begriff Inflation (Anhang).*

2 *Stelle fest, welche Ursachen der Inflation in der Abb. 2 genannt werden.*

3 *Weise nach, wie sich der Geldwert veränderte (Abb. 1, 2, 4, 5).*

4 *Untersuche mithilfe von Abb. 2, wie die Menschen von der Geldentwertung betroffen waren. Wer waren die Gewinner, wer die Verlierer?*

5 *Vermute, wie sich die Einstellung der Betroffenen zum Staat verändert haben könnte (Abb. 3, 6).*

Aus 50 000 Mark Sparguthaben wurden			
1914	=	50 000,--	Mark
Dezember 1918	=	24 000,--	Mark
Anfang 1920	=	5 000,--	Mark
Sommer 1921	=	3 000,--	Mark
Mitte 1922	=	500,--	Mark
Anfang 1923	=	400,--	Mark
Ende 1923	=	0,0005	Pfennig

1 Wertverlust von Sparguthaben.

Ursachen der Inflation: Kriegsschulden des Kaiserreichs! Reparationszahlungen an die Siegermächte!

Handwerksmeister: Ein Leben lang gespart. 40 000 Goldmark. Sommer 1923: Geld reicht noch für 1 Brot!

Spekulanten: Ware kaufen, später bezahlen: fürstliches Leben!

2 Schlagzeilen nach Zeitungsberichten und Erinnerungen.

Schlosstheater: Neue Preise: der billigste Platz: 2 Eier der teuerste Platz: 1 Pfund Butter

Textilhaus Hofer: Verkäufe nur gegen Dollar

15. November 1923: Neue Währung: 1 Rentenmark = 1 Billion Papiermark. Mittelstand mit Geldanlagen am meisten geschädigt. Vertrauen in den Staat schwer erschüttert.

Immobilienpreise in Berlin: sechsstöckiges Haus am Kurfürstendamm: 100 Dollar

3 Schlagzeilen nach Zeitungsberichten und Erinnerungen.

4 Inflationsgeld aus München 1923: 20 000 000 000 Mark (20 Milliarden).

Ein Kilo Brot kostete	
Dezember 1919	0,80 Mark
Dezember 1922	163,15 Mark
Juli 1923	3 465,00 Mark
August 1923	69 000,00 Mark
September 1923	1 512 000,00 Mark
Oktober 1923	1 743 000 000,00 Mark
November 1923	201 000 000 000,00 Mark
Dezember 1923	399 000 000 000,00 Mark

5 Preisentwicklung für 1 Kilogramm Brot.

Sauf dich voll, fress dich dick,
Spar nicht deine Kröten;
Denn wenn ein Inflatiönchen kommt,
Geht alles wieder flöten.

6 Spruch aus der Inflationszeit.

Der Journalist Egon Larsen erinnerte sich an 1923 in Berlin:

Q1 [...] Die Arbeiterfrauen hatten eine Methode entwickelt, die ihnen wenigstens genug zu essen für ihre Familien garantierte. Man sah sie an Zahltagen – nun mindestens zweimal in der Woche – in Haufen vor den Fabriktoren stehen und auf ihre Männer warten. [...] Am Nachmittag des Zahltages kamen Lastwagen voller Papiergeld von den Banken, wo das Geld nicht mehr gezählt, sondern die Dicke der Bündel mit Linealen gemessen wurde. Sobald sich die Fabriktore öffneten und die Arbeiter mit ihren Lohnpaketen herausströmten, nahmen die Frauen das Geld, liefen zu den nächsten Läden und kauften ein, ehe die Preise wieder erhöht wurden. [...]

Die Schriftstellerin Vicki Baum schrieb über die Inflationszeit:

Q2 [...] Es war in jener Woche, in der die verzweifelte Bevölkerung fast alle Lebensmittelgeschäfte geplündert hatte; worauf der Metzger, der Bäcker und andere die eisernen Rollläden über die zersplitterten Fensterscheiben herunterließen und der nackte Hunger durch die plötzlich still gewordenen Straßen strich. Zur gleichen Zeit wurde es sehr kalt. So kalt, dass das Wasser nicht nur in den Rohren gefror, sondern die Rohre obendrein brachen. [...] Natürlich funktionierte auch keine Heizung mehr. [...] Die kleinen Buben weinten vor Kälte und Hunger. Ich verpackte sie in ihre Bettchen und teilte eine harte Brotkruste zwischen ihnen. [...]

7 Schlange stehen vor einem Buttergeschäft. Foto 1922/23.

8 Erholungsheim in Süddeutschland für 3000 Kinder, die aufgrund der Inflation von ihren Eltern nicht mehr ernährt werden konnten. Foto 1923.

9 Abholen des Papiergeldes von der Bank für Lohnzahlungen. Foto 1923.

6 *Entwerft mithilfe der Materialien dieser Doppelseite Szenen aus 1923 und spielt sie, z. B.: beim Bäcker, auf der Bank, im Kaufhaus.*

1 Die Außenminister von Frankreich und Deutschland, **Briand und Stresemann.** Zeitgenössisches Foto.

Nach dem Krisenjahr 1923 (vgl. Seite 134) stabilisierten sich in den Jahren 1924–1928 die Verhältnisse in der jungen Demokratie. In der Außen- und Innenpolitik wurden bedeutende Leistungen erreicht. Ihr könnt im Folgenden erarbeiten, wie die Republik in eine „lebensgefährliche" Krise geriet.
Dabei geht es um folgende Fragen:
– Wie gelang es Deutschland, seine Lage außenpolitisch zu verbessern?
– Welche Fortschritte wurden für die Menschen in der Gesellschaft erreicht?
– Welche Gründe führten zum Untergang der Weimarer Demokratie?

Der Vertrag von Locarno* und die Aufnahme Deutschlands in den Völkerbund

Durch den Versailler Vertrag (vgl. Seite 133) war Deutschland außenpolitisch in eine schwache Position geraten. Als Gustav Stresemann 1923 Außenminister wurde, war es sein wichtigstes Ziel, Deutschland wieder zu einer geachteten und gleichwertigen Macht in Europa zu machen. Den Weg dahin sah er zuerst in einer Verbesserung der Beziehungen zu Frankreich. Außerdem strebte er den Eintritt Deutschlands in den Völkerbund an, was 1926 erreicht wurde.

Aus einer Rede des französischen Außenministers Briand aus dem Jahre 1925:

Q1 [...] Unsere Nationen haben sich oft auf den Schlachtfeldern gegenübergestanden, der Vertrag von Locarno soll den Wert haben, dass derartige Metzeleien nicht noch einmal vorkommen sollen. Wir müssen jetzt zusammenarbeiten in der Arbeitsgemeinschaft des Friedens und unsere Nationen [...] werden jetzt menschlichere Mittel zu einem friedlichen Wetteifer finden ...

Der Vertrag von Locarno (1925) sah unter anderem Folgendes vor:

Q2 [...] Die Hohen Vertragschließenden Teile garantieren jeder für sich und insgesamt [...] die Aufrechterhaltung der Grenzen zwischen Deutschland und Belgien und zwischen Deutschland und Frankreich. [...] (Die Vertragsstaaten) verpflichten sich gegenseitig in keinem Falle zu einem Angriff oder [...] zum Kriege gegeneinander zu schreiten. [...]

Die außenpolitischen Ziele Stresemanns (1925):

Q3 [...] Ich sehe [...] in dem Werk von Locarno die Grundlage einer großen Zukunftsentwicklung [...] In der Außenpolitik sehe ich drei große Aufgaben: 1. Lösung der Reparationsfrage (vgl. Seite 133), 2. Sicherung des Friedens, 3. Schutz der Auslandsdeutschen in den abgetretenen Gebieten (vgl. Seite 133), 4. Korrektur der Ostgrenzen (vgl. Seite 133).

1926 wurde Deutschland in den Völkerbund (gegründet 1919) aufgenommen. Die Ziele dieses Bundes lauteten unter anderem:

Q4 – Die Zusammenarbeit zwischen den Staaten fördern.
– Kriegerische Konflikte verhindern.
– Gerechte Beziehungen zwischen den Staaten herstellen.
– Ein anerkanntes Völkerrecht schaffen.

1 *Stelle fest, welche Meinungen Briand und Stresemann vertreten und vergleiche (Q1 und Q3).*
2 *Kläre anhand von Q3, welche weitergehenden Ziele Stresemann nennt. Achte auf Punkt 4.*
3 *Erarbeite anhand von Q2, wie der Vertrag von Locarno den Frieden sichern sollte.*
4 *Schlage in einem Lexikon nach, welche Ziele die Vereinten Nationen (UNO) heute haben und vergleiche mit dem Völkerbund (Q4).*

2 Die Hufeisensiedlung Berlin-Britz (erbaut 1925 bis 1931). Foto.

3 Industrielle Massenproduktion. Zeitgenössisches Plakat.

1920	Betriebsrätegesetz
1923	Mieterschutzgesetz: Schutz vor ungerechtfertigter Kündigung
1924	Die staatliche Fürsorge ersetzt die Armenpflege der Städte und Gemeinden
1926	Einrichtung von Arbeitsgerichten
1927	Mütterschutzgesetz; Einrichtung von Arbeitsämtern; Einführung von Arbeitslosenversicherung

4 Sozialpolitische Reformen 1920–1927.

Fortschritte in der Weimarer Republik

5 *Beschreibe die Fortschritte im Wohnungsbau und in der Industrie (Abb. 2 und 3).*

Seit 1924 stabilisierte sich die Wirtschaft. Stresemanns Außenpolitik schuf Vertrauen. Das zog ausländisches Kapital ins Land. Die Großindustrie konnte sich technisch modernisieren und ihren Absatz verbessern. Klein- und Handwerksbetriebe klagten aber über zu geringe Gewinne. Dafür machten sie die nach ihrer Meinung zu hohen Löhne und die Sozialausgaben verantwortlich. Viele Ausgaben des Staates wurden durch Kredite finanziert.

6 *Erläutere die sozialpolitischen Reformen (Abb. 4). Wem kamen sie zugute?*

7 *Diskutiert über die Aussage: Die Fortschritte enthielten auch Probleme.*

1 „So hat die Republik die Stellung der Frau verbessert ...". Abbildung aus „Illustrierte Reichsbanner Zeitung" von 1930.

Mit Bubikopf und eigenem Willen

Die Weimarer Verfassung sicherte den Frauen das Wahlrecht in der Politik zu (vgl. Seite 132).

Auch im Erwerbsleben strebten die Frauen nach Gleichstellung mit den Männern. Schon im Kaiserreich und dann vor allem im Ersten Weltkrieg hatten Frauen Bedeutendes in den sozialen Diensten, wie der Krankenpflege, und als Arbeiterinnen in den Rüstungsbetrieben geleistet.

Die Angestellte Anita Sellenschloh erinnerte sich 1982 an die Zeit um 1930:

Q [...] 1928 machte ich die mittlere Reife (Realschulabschluss), das war schon etwas Gewaltiges. [...] Ich fing als Angestellte in einer kleinen Im- und Exportfirma an. [...] Für das Maschinenschreiben nahm man nur Frauen. Es war nie richtig rauszukriegen, was die Männer verdienten, die kriegten irgendwelche Zuschläge. Arbeitskräfte waren billig. Man hat den untersten Dreck im Büro gemacht. [...] Ich war sehr unzufrieden. Meine Mutter war nur Reinemachefrau. In meinem Beruf machte man sich nicht schmutzig. Er galt als gehobener Beruf und ich verdiente zehn Mark mehr als sie. [...]

Über die „neue Frau" schrieb die Historikerin Ute Gerhard 1990:

M [...] Die „neue Frau" war jung, sportlich und fesch gekleidet, finanziell unabhängig. Sie hatte Bubikopf und sah attraktiv aus. Ehe und Familie wollte sie mit Lohnarbeit vereinbaren. Sie wurde als „Konsumentin" entdeckt mit einer „Mode" für alle. Die Mode war nicht mehr nach Klassen und Schichten getrennt, sondern richtete sich vor allem nach dem Geldbeutel. [...]

1 *Beschreibe die Abb. 1 und schreibe zu jedem Bild auf, wie die rechtliche Stellung der Frau in der Politik und im Berufsleben dargestellt ist. Vergleiche „einst" und „jetzt".*

2 *Stelle fest, worin Frau Sellenschloh die Vor- und Nachteile ihrer Büroarbeit sah (Q).*

3 *Nenne anhand von M die Eigenschaften der „neuen Frau" und kläre ihre Lebensziele.*

4 *Beschreibe die Abb. 2–5. Notiere Merkmale der Mode in den Zwanzigerjahren und vergleiche mit der Zeit vor 1914. Was erscheint dir an der Mode in der Weimarer Republik modern?*

2 / 3   Straßenszenen auf dem Kurfürstendamm in Berlin um 1926. Fotos.

4   „Das Fräulein von Kasse 12". Filmplakat 1927.

5   Frauenmode vor 1914. Zeichnung.

Krise greift auf Europa über – Kredite müssen an die USA zurückgezahlt werden – Woher nehmen? Erste Banken pleite!

Staatseinnahmen sinken! Arbeitslosenversicherung immer teurer! Vertrauen in die Demokratie schwindet!

25. Oktober 1929: „Schwarzer Freitag": Börsenkrach in New York. Aktienkurse sinken dramatisch

Auch in Deutschland: Firmenpleiten – Immer mehr Entlassungen!

USA: 10 000 Banken zusammen-gebrochen – Sparer sind entsetzt

USA ziehen Kapital aus deutscher Industrie ab

Wirtschaftsblüte war nur Scheinblüte!

Verflechtung der Weltwirtschaft in den vergangenen Jahren gewachsen – Länder untereinander immer mehr abhängig – auch in der Krise?

Absatzkrise! Produktion in den USA zu schnell gewachsen! Erste Entlassungen!

1 *Beantworte mithilfe der Schlagzeilen folgende Fragen:*
– In welchem Land hatte die Weltwirtschafts-krise ihren Ursprung?
– Wie wirkte sich die Krise in den USA aus?

– Wie griff die Krise auf Europa und Deutsch-land über?
2 *Ein Zeitungsreporter soll einen Bericht über die Weltwirtschaftskrise schreiben.*
Nimm auch die folgende Seite zu Hilfe.

1   Werkhalle einer stillgelegten Fabrik in den USA. Zeitgenössisches Foto. Schlagzeilen nach Berichten aus Zeitungen der Jahre 1929 bis 1930.

2 „Erst essen ... dann Miete." Aufschrift in einem Hinterhof in Berlin. Foto 1932.

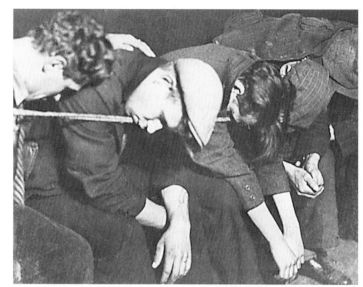

3 Arbeitslose Jugendliche in Hamburg. Gegen Bezahlung haben sie einen Schlafplatz erhalten. Foto 1931.

M1 Krisenfürsorge (monatlich in Reichsmark) für einen Arbeitslosen mit Frau und einem Kind: 51,00 RM
Ausgaben:
Miete, Heizung, Strom 31,50 RM
Für alle anderen Ausgaben standen zur Verfügung: 18,50 RM
Dafür konnte man damals z. B. kaufen (täglich):
3 halbe Brote, 1 Pfund Kartoffeln, 0,5 l Milch, 100 g Kohl, 50 g Margarine.
Im Monat: 3 Heringe.

M2 Fakten und Zahlen aus dem Jahr 1932:
– Ostern 1932 bekamen von 5800 Abgangsschülern einer Stadt 3480 keine Lehrstelle.
– Etwa 400 000 Arbeitslose ziehen im Reichsgebiet herum und belasten die Finanzkassen der Gemeinden und Städte.
– 90 Prozent der Mitglieder der Gewerkschaft der Bauarbeiter sind von Arbeitslosigkeit oder Kurzarbeit betroffen.

– Zwischen 1929 und 1932 verminderte der IG-Farben-Konzern seine Mitarbeiterzahl um rund 45 Prozent.
– 1932: Über 6 Millionen Arbeitslose

Q Aussagen von Jugendlichen aus dem Jahre 1932:
1. Mein Vater (ist) schon fast zweieinhalb Jahre arbeitslos. Er glaubt, dass ich keine Stelle mehr bekomme, weil allein 700 000 junge Leute in Deutschland stellungslos sind. [...] Man könnte mit diesen Menschen sieben Großstädte bevölkern.
2. Meine Hoffnung in der Fabrik als Mechanikerlehrling eingestellt zu werden hat sich leider zerschlagen. Statt meiner tritt dort ein Abiturient [...] an.
3. Ich möchte gern Elektriker werden, aber der Meister darf nun doch keinen Lehrling einstellen, weil er kürzlich wieder zwei Gesellen entlassen musste.
4. Ich bin jeden Tag auf Anzeige losgewesen. Aber immer war es schon besetzt.

3 *Beschreibe anhand der Abb. 2, 3 und M1, welche Probleme eine Arbeitslosenfamilie hatte und wie sich das Leben veränderte. Worauf musste sie verzichten?*
4 *Erarbeite, wie sich die Arbeitslosigkeit auf Jugendliche und Erwachsene auswirkte (Q, Abb. 3, M2).*
5 *Sammle Informationen über Arbeitslosigkeit in unserer Zeit und berichte in der Klasse darüber.*
6 *Vermute, wie sich die schlechte Lage der Arbeitslosen auf ihre Einstellung zur Demokratie ausgewirkt haben könnte.*

1 KPD 1932. „System" nannten Antidemokraten abwertend die Weimarer Demokratie.

In der Weltwirtschaftskrise zeigte sich, dass die Weimarer Demokratie noch wenig gefestigt war. Radikale politische Parteien und ihre Anhänger bekämpften die Demokratie. Diese Antidemokraten wollten die demokratische Ordnung umstürzen und ihre politischen Ziele durchsetzen.

Auf dieser Doppelseite könnt ihr an einigen Beispielen Vorstellungen und Ziele der Verteidiger und Gegner der Demokratie erarbeiten.

Nehmt zur Analyse der Wahlplakate und Texte die Seiten 130 bis 132 zu Hilfe. Die Materialien können am besten in Gruppen- oder Partnerarbeit untersucht werden.

3 Zentrum 1932. Heinrich Brüning (Zentrum) war von 1930–1932 Reichskanzler.

2 SPD 1930. Feinde der Demokratie: Nationalsozialisten und Kommunisten.

4 NSDAP 1932. Mit der Aussage: „Wir Arbeiter sind erwacht" und „Wir wählen Nationalsozialisten" sollten die Arbeiter für die NSDAP gewonnen werden. Die NSDAP versucht die Arbeiter in einen Gegensatz zu den anderen Parteien zu bringen.

5 DDP 1928. „Rote" (Kommunisten) und „Braune" (Nationalsozialisten) werden mit dem schwarzrotgoldenen Schild der Demokratie weggeschoben.

Nationalsozialisten als Antidemokraten
Joseph Goebbels (1928):

Q1 [...] Wir gehen in den Reichstag hinein um die Weimarer Gesinnung lahm zu legen. Wenn die Demokratie so dumm ist, uns Freifahrkarten und Diäten* zu geben, so ist das ihre eigene Sache. Wir kommen als Feinde! Wie der Wolf in die Schafherde einbricht, so kommen wir. Jetzt seid ihr nicht mehr unter euch!

Deutschnationale als Antidemokraten
Aus einem Aufruf des „Stahlhelm*":

Q2 [...] Wir hassen mit ganzer Seele den augenblicklichen Staatsaufbau, weil er uns die Aussicht versperrt unser geknechtetes Vaterland zu befreien und den notwendigen Lebensraum im Osten zu gewinnen, das deutsche Volk wieder wehrhaft zu machen. [...]

Kommunisten als Antidemokraten

Q3 Der Hauptstoß ist gegen die Sozialdemokraten zu führen. Das Proletariat muss sich gegen die „kapitalistische Diktatur" [so nannte die KPD die Weimarer Demokratie] als Massenkraft zusammenschließen. Es ist gleichgültig, ob Sozialdemokraten oder Nationalsozialisten im Auftrag der Kapitalisten die Massen ausplündern.

6 DNVP 1932. Das vom Volk gewählte Parlament wird als „Alleinherrschaft" bezeichnet.

1 Lege eine Tabelle mit der Überschrift „Demokraten und Antidemokraten in der Weimarer Republik" und den Spalten „Antidemokraten" und „Demokraten" an.

2 Beschreibe die einzelnen Abbildungen, notiere Stichpunkte zu den Vorstellungen und Zielen der Parteien und trage sie ein.

3 Ergänze die Eintragungen anhand von Q1–3. Bei Partner- oder Gruppenarbeit tragt ihr die Einzelergebnisse vor und füllt die Tabelle gemeinsam aus.

4 Fasse zusammen: Worin unterschieden sich demokratische und antidemokratische Kräfte in der Weimarer Republik?

1 Versammlung der Nationalsozialisten. Foto 1943.

2 Blick in den Reichstag. Am Rednerpult Reichskanzler Brüning. Foto 1930.

Die Weimarer Republik musste seit ihrem Bestehen gefährliche Krisen überstehen. Lebensgefährlich für die Demokratie wurde es aber, als die Nationalsozialisten unter ihrem „Führer" Adolf Hitler in der Zeit der Weltwirtschaftskrise immer stärker wurden und an die Macht drängten.

Welche „Weltanschauung" hatten die Nationalsozialisten? Mit welchen Methoden traten sie auf? Wer war ihr „Führer" Adolf Hitler? Wie gelang der Aufstieg zu einer Massenbewegung und wer unterstützte ihn dabei? Diese Fragen könnt ihr auf den folgenden Seiten bearbeiten. Zunächst geht es um die Weltanschauung der NSDAP im Vergleich mit Grundsätzen der Demokratie.

Der Führer entscheidet allein

Adolf Hitler in seinem Buch „Mein Kampf", 1925:

> **Q1** [...] Die junge Bewegung ist [...] antiparlamentarisch, das heißt sie lehnt die Mehrheitsbestimmung ab, in der der Führer nur zum Vollstrecker des Willens und der Meinung anderer herabgesetzt wird.
> Die Bewegung vertritt [...] den Grundsatz der unbedingten Führerautorität. [...]
> Immer wird der Führer (in den verschiedenen Organisationen) von oben eingesetzt und gleichzeitig mit unbeschränkter Vollmacht und Autorität bekleidet. [...]

Die Mehrheit entscheidet

Aus der Weimarer Verfassung von 1919:

> **Q2** *Artikel 20*
> Der Reichstag besteht aus den Abgeordneten des deutschen Volkes.
> *Artikel 21*
> Die Abgeordneten sind Vertreter des ganzen Volkes.
> *Artikel 22*
> Die Abgeordneten werden in allgemeiner, gleicher, unmittelbarer und geheimer Wahl von den über zwanzig Jahre alten Männern und Frauen [...] gewählt.

1 *Ordne die Abbildungen 1–6 den Quellen 1–6 richtig zu.*
2 *Gib mit eigenen Worten wieder, was Abbildung und Quelle jeweils aussagen.*
3 *Lege eine Tabelle mit zwei Spalten und den Überschriften „Die Weltanschauung der NSDAP" und „Demokratische Grundsätze" an. Trage dann die Aussagen der Abbildungen und Quellen mit deinen Worten in die entsprechende Spalte ein.*
4 *Vergleiche die Eintragungen in beiden Spalten und notiere deine Überlegungen.*

Aus einer Hitler-Rede von 1928:

> **Q3** [...] Erstens muss unser Volk [...] zum fanatischen Nationalismus* erzogen werden. [...] Zweitens werden wir unser Volk [...] dazu erziehen, gegen den Irrsinn der Demokratie zu kämpfen. [...] Drittens werden wir [...] das Volk [...] von dem Glauben an Völkerversöhnung, Weltfrieden, [...] befreien.

3 **SA*-Kolonne.** Zeitgenössisches Foto.

5 **Plakat der Hamburger SPD.** 1927/28.

4 **Aufruf zum Boykott jüdischer Geschäfte in Hamburg.**
Foto vom 1. April 1933.

6 **Aktion gegen Ausländerfeindlichkeit.** Foto 1992.

Aus einer Rede des Abgeordneten Wels (SPD), 1925:

Q5 Es fragt sich jetzt, ob eine neue Welt, in der der Gedanke des Friedens lebendige Kraft haben soll, das Leben der Völker Europas in Zukunft beherrschen wird oder ob die Mächte, die auf Gewalt und kriegerische Auseinandersetzungen [...] (setzen), dem [...] Wiederaufbau den Weg dauernd versperren sollen. [...]

Aus dem Grundgesetz der Bundesrepublik Deutschland:

Q6 *Artikel 1*
Die Würde des Menschen ist unantastbar [...]
(3) Niemand darf wegen seines Geschlechts, seiner Abstammung, seiner Sprache [...] benachteiligt oder bevorzugt werden.

Hitler in seinem Buch „Mein Kampf", 1925:

Q4 Die völkische Weltanschauung glaubt keineswegs an eine Gleichheit der Rassen*, sondern erkennt mit ihrer Verschiedenheit auch ihren höheren oder minderen Wert und fühlt sich durch diese Erkenntnis verpflichtet, [...] den Sieg des Besseren, Stärkeren zu fördern, die Unterordnung des Schlechteren und Schwächeren zu verlangen.

1 Propagandafahrt der SA in Berlin, 1932.

Propaganda – Mittel auf dem Weg zur Macht

Hitler und seine Anhänger setzten die Mittel der Propaganda, wie Plakate, Reden, Lieder, Parolen und Propagandafahrten, geschickt ein. Sie weckten und verstärkten Gefühle und Stimmungen in der Bevölkerung. Damals neue Medien, wie Film, Radio, Illustriertenpresse und Telefon, nutzten sie für ihre politischen Ziele; ebenso das Flugzeug.

Hitler in seinem Buch „Mein Kampf", 1925:

Q1 [...] Die Aufnahmefähigkeit der großen Masse ist nur sehr beschränkt, das Verständnis klein, dafür jedoch die Vergesslichkeit groß. Aus diesen Tatsachen hat sich jede wirkungsvolle Propaganda auf nur sehr wenige Punkte zu beschränken und diese schlagwortartig solange zu verwerten, bis auch bestimmt der Letzte unter einem solchen Worte das Gewollte sich vorzustellen vermag. [...]

Aufpeitschende Kampflieder wurden bei Demonstrationen auf den Straßen und in Massenversammlungen gesungen. In einem Kampflied hieß es:

Q2 Die Fahne hoch! Die Reihen fest geschlossen! SA marschiert mit ruhig festem Schritt.
Kameraden, die Rotfront* und Reaktion* erschossen, marschiern im Geist in unsern Reihen mit.
Die Straße frei den braunen Bataillonen!
Die Straße frei dem Sturmabteilungsmann!
Es schau'n aufs Hakenkreuz voll Hoffnung schon Millionen.
Der Tag für Freiheit und Brot bricht an. [...]

1 Fasse Q1 mit eigenen Worten zusammen.

2 Plakat der NSDAP, 1932.

> „Weg mit dem Schanddiktat von Versailles!"

> „Keinen Pfennig für Reparationen!"

> „Die Juden sind an allem schuld!"

> „Deutschland, erwache!"

3 Parolen nach Hitler-Reden und Wahlplakaten.

2 Prüfe an den Abb. 1–3 und Q2, welche Aussagen Hitlers (Q1) sich in den Materialien wiederfinden lassen.

3 Suche auf den Abbildungen der Vorseiten weitere Parolen auf NSDAP-Plakaten.

Hitler und die Mörder von Potempa

In den politischen Auseinandersetzungen kam es vor allem in Wahlkämpfen häufig zu Gewaltanwendungen. Am brutalsten gingen Nationalsozialisten und Kommunisten aufeinander los. Am 9. August 1932 drangen SA-Männer in Potempa (Oberschlesien) in die Wohnung eines kommunistischen Bergarbeiters ein und schlugen ihn vor den Augen seiner Mutter tot. Seinen Bruder misshandelten sie schwer. Ein Gericht in Beuthen verurteilte fünf der Mörder zum Tode. Kurz darauf wurde die Todesstrafe in eine lebenslange Zuchthausstrafe umgewandelt. Nach der Machtergreifung Hitlers wurden die Mörder sofort freigelassen.

Adolf Hitler schickte an die Verurteilten folgendes Telegramm:

> **Q3** Meine Kameraden! Angesichts dieses ungeheuerlichen Bluturteils fühle ich mich mit euch in unbegrenzter Treue verbunden. Eure Freiheit ist von diesem Augenblick an eine Frage unserer Ehre. Der Kampf gegen eine Regierung, unter der dieses möglich war, ist unsere Pflicht! Adolf Hitler.

Saalschlacht statt Diskussion

Die Schriftstellerin Margarete Buber-Neumann berichtete in ihren Lebenserinnerungen:

> **Q4** [...] Saalschlachten gehörten in der Weimarer Republik zum [...] (Alltäglichen) in der politischen Auseinandersetzung. Immer häufiger ließ man Parteigegner gar nicht mehr zu Worte kommen, sondern schlug sie im wahrsten Sinne des Wortes einfach aus dem Felde. Aber es gab auch Methoden, ganze Versammlungen, noch bevor die Redner mit der Ansprache beginnen konnten, kurzerhand zu sprengen. [...]

4 *Beschreibe Abb. 4 und überlege, was der Zeichner aussagen wollte. Nimm die Bildunterschrift zu Hilfe.*

4 Karikatur von E. Schilling, Februar 1931. Die Zeichnung trägt die Unterschrift: Nach den Erfahrungen der letzten Wochen ist verfügt worden, dass jeder Demonstrationszug seinen eigenen Leichenwagen mitzuführen hat.

5 *Erkläre mit eigenen Worten, worum es beim „Mord von Potempa" ging.*

6 *Beurteile aus deiner Sicht, ob du das Urteil des Gerichts gerecht findest.*

7 *Kläre anhand von Q3, wie Hitler diese Tat bewertete und welche Schlussfolgerung er zog.*

8 *Überlege, welche Einstellung Hitlers zu Recht und Gesetz in seinem Telegramm deutlich wird.*

9 *Setze Q4 in einen Bezug zu Q3 und Abb. 4.*

10 *Schreibe eine Zusammenfassung: Gewalt in der Politik der Weimarer Republik.*

1   Hitlers Anhänger. Foto 1929.

Von der „Splitterpartei" zur „Massenpartei"

Nachdem der Putsch* vom November 1923 gescheitert war, versuchte Hitler auf dem Weg über Wahlen und Abgeordnetensitze im Reichstag und in den Ländern der Republik seinen politischen Einfluss zu vergrößern. Bis zur Weltwirtschaftskrise blieb die NSDAP jedoch eine Splitterpartei neben vielen anderen kleinen Parteien. 1928 errang sie mit 2,8 % der Stimmen nur 12 Sitze im Reichstag.

Das änderte sich bei den Reichstagswahlen 1930 schlagartig. Hitlers Partei erreichte mit 18 % der Stimmen 107 Sitze im Parlament. Damit gehörte sie zu den großen Parteien, den Massenparteien. Wie ist ihr Aufstieg zu erklären? Sicherlich hatten viele Menschen in der Wirtschaftskrise aus sozialer Not die Nationalsozialisten gewählt. Der Aufstieg der NSDAP wird in der Geschichtswissenschaft jedoch nicht allein mit den Folgen der Wirtschaftskrise erklärt.

Die NSDAP – „Volkspartei" gegen „Klassenpartei"

Die anderen Parteien hatten ihre Mitglieder und Wähler in bestimmten Gruppen der Bevölkerung. Sie waren eigentlich „Klassenparteien", wie SPD und KPD, die Anhänger vor allem in der Arbeiterschaft fanden. Das Zentrum galt als „konfessionelle" Partei mit überwiegend katholischer Wähler- und Mitgliederschaft.

Anders als diese Parteien sprach die NSDAP alle sozialen Schichten der Bevölkerung an. Mit dem Schlagwort von der „Volksgemeinschaft" gewann die NSDAP Zustimmung in weiten Kreisen der Bevölkerung. Unterschiedliche Interessen tat sie als „Parteigezänk" ab. Moderne politische Fortschritte, wie bürgerliche Freiheiten, Menschenrechte und parlamentarische Demokratie, lehnte sie als „westlich" ab. Damit meinte sie Einflüsse aus den USA, England und Frankreich. Andererseits nutzte sie jedoch moderne Medien für ihre Propaganda (vgl. Seite 146).

Aus Hitlers Lebenslauf

Adolf Hitler wurde am 20. April 1889 im österreichischen Braunau am Inn geboren. Am 30. April 1945 beging er im von sowjetischen Truppen eingeschlossenen Berlin Selbstmord. Der Vater war Zollbeamter. 1905 verließ Hitler die Realschule ohne Abschluss und bewarb sich in den folgenden Jahren zweimal erfolglos an der Wiener Kunstakademie.

Bis 1913 lebte er ohne feste Arbeit von Gelegenheitstätigkeiten und einer Waisenrente in Wien. Um sich dem Militärdienst zu entziehen ging er 1913 nach München, meldete sich 1914 aber als Kriegsfreiwilliger bei einem bayerischen Regiment.

Nach dem Krieg trat er 1919 in die Deutsche Arbeiterpartei ein (ab 1920 nannte sie sich Nationalsozialistische Deutsche Arbeiterpartei – NSDAP). Nach dem Putsch von 1923 schrieb er während der Festungshaft in Landsberg am Lech das Buch „Mein Kampf".

---

1   Kläre die Begriffe „Splitterpartei" und „Massenpartei".

2   Erarbeite anhand des Textes, was neben der Wirtschaftskrise als wichtige Ursache für Hitlers Aufstieg anzusehen ist. Verwende die Stichwörter „Volksgemeinschaft" und „Volkspartei".

3   Prüfe, ob sich in Abb. 1 der Begriff „Volkspartei" widerspiegeln könnte.

4   Nimm zu dem Ausschnitt aus Hitlers Lebenslauf Stellung.

Zeittafel 1930–1933

1930 Die seit 1928 bestehende Große Koalition (SPD, Zentrum, DDP, DVP) unter Reichskanzler Hermann Müller (SPD) scheitert an der Frage der Beitragserhöhung in der Arbeitslosenversicherung.

1930 „Präsidialkabinette*"
bis regieren mit der Autorität
1933 des Reichspräsidenten (nach dem Notverordnungsartikel 48 der Weimarer Verfassung).

1931 Die Zahlung der Reparationen wird vorläufig ausgesetzt (Hoover-Moratorium*).

1932 April: Wiederwahl Hindenburgs zum Reichspräsidenten.
Juli: Auf der Konferenz von Lausanne wird das Ende der deutschen Reparationen beschlossen.
Juli: NSDAP wird bei der Reichstagswahl stärkste Partei.
November: Stimmenverluste der NSDAP bei der Reichstagswahl. Deutschnationale und Kreise aus der Industrie drängen auf eine Kanzlerschaft Hitlers.

1933 30. Januar: Reichspräsident von Hindenburg ernennt Hitler zum Reichskanzler einer Koalitionsregierung aus NSDAP und DNVP.
Nach der Auffassung vieler Historiker bedeutete die Machtübertragung an Hitler das Ende der Weimarer Republik.

Die Sozialstruktur (Mitglieder 1930 und 1933 in Prozenten)

Berufsgruppe	NSDAP 1930	NSDAP 1933	Gesellschaft (1930)
Arbeiter	26,3	32,5	46,3
Angestellte	24,0	20,6	12,5
Beamte	7,7	6,5	4,6
Selbstständige (ohne Landwirte)	18,9	17,3	9,6
Landwirte (einschließlich mithelfende Familienangehörige)	13,2	12,5	20,4
Sonstige Gruppen	9,9	10,6	6,6

2 Soziale Zusammensetzung der NSDAP-Mitglieder nach Berufen.

Lesebeispiele: (1) 1930 waren 26,3 % der NSDAP-Mitglieder Arbeiter. Ihr Anteil an der gesamten Bevölkerung betrug jedoch 46,3 %. Das heißt: Arbeiter waren in der NSDAP im Verhältnis zum Anteil in der Gesellschaft weniger vertreten („unterrepräsentiert").
(2) 1933 waren 17,3 % der NSDAP-Mitglieder Selbstständige (ohne Landwirte). In der Gesellschaft betrug ihr Anteil jedoch nur 9,6 %. Das bedeutet: Selbstständige waren in der NSDAP im Verhältnis zur Gesellschaft „überrepräsentiert".

Woher kamen Hitlers Wähler?

Der Historiker Eberhard Kolb fasste 1988 die neuesten Erkenntnisse über die Wählerschaft der NSDAP zusammen:

M [...] (So) kann die landläufige Auffassung das Kleinbürgertum habe mit seinen Stimmen Hitler zur Macht verholfen [...] nicht aufrechterhalten werden. [...] (So) hat die NSDAP gerade in den Wohnvierteln der Oberschicht* und der oberen Mittelklasse* überdurchschnittlich gut abgeschnitten. [...] Aber auch aus der Arbeiterschaft erhielt die NSDAP wesentlich mehr Stimmen, als früher angenommen wurde. [...] Als weiteres wichtiges Ergebnis [...] ist festzuhalten, dass es der NSDAP [...] nicht gelang, auf breiter Front in das Arbeitslosenheer einzubrechen.

5 *Untersuche die Zusammensetzung der NSDAP-Mitgliederschaft mithilfe von Abb. 2. Erarbeite zunächst die Lesebeispiele und formuliere weitere Aussagen. Fasse dann deine Ergebnisse in einigen Thesen zusammen.*

6 *Verdeutliche die Aussagen in M in eigenen Worten.*

7 *Vergleiche die Mitgliederstruktur (Abb. 2) mit der Wählerschaft (M).*

8 *Beschreibe mithilfe der Zeittafel links die politische Entwicklung von 1930 bis Januar 1933. Verwende dabei die Begriffe: Große Koalition, Präsidialkabinette, Reparationen, NSDAP, Reichspräsident von Hindenburg, Ende der Weimarer Republik.*

1 SA-Aufmarsch 1933 in Hamburg. Foto.

2 Aufmarsch von Rechtsextremisten der Freiheitlichen Arbeiterpartei (FAP) in Fulda im August 1993. Foto.

Was Rechtsextremisten und Neonazis heute denken:

- Wir sollten wieder einen Führer haben, der Deutschland mit starker Hand regiert.
- Die Freiheit des Einzelnen ist nichts wert.
- Parteien und Gewerkschaften schaden dem Allgemeinwohl.
- Gewalt ist ein Mittel um seine Ziele durchzusetzen.

1 *Beschreibe beide Abbildungen und schildere deine Eindrücke.*
2 *Nimm zu den Aussagen über Rechtsextremisten und Neonazis heute Stellung.*

1 – DNVP
2 – SPD
3 – NSDAP
4 – Zentrum
5 – KPD
6 – DVP
⊩ - Sonstige

Der deutsche Staatsbaum. Nachzeichnung einer Karikatur aus dem „Simplicissimus" vom 30. 10. 1932.

1 Beschreibe die Abbildung und notiere die auf den Baumstücken abgebildeten Parteien.
2 Schreibe zu jeder Partei deren wichtigste Ziele auf. Schlage im Kapitel nach.
3 Überlege, was der Zeichner mit seiner Karikatur aussagen wollte.

4 Fertige eine eigene Zeichnung zur Weimarer Demokratie an. Vorschläge für Ideen: Inflation, Versailler Vertrag, die „neue Frau", Wirtschaftskrise, Wahlplakat.

Über 50 Jahre nach dem Ende der nationalsozialistischen Herrschaft in Deutschland ist die Frage, wie es dazu kommen konnte, noch nicht endgültig beantwortet. Warum unterwarfen sich die Menschen oft bereitwillig dieser menschenverachtenden Diktatur?

In diesem Kapitel könnt ihr erarbeiten,
– wie Hitler an die Macht kam und eine Diktatur errichtete, in der es keine Grundrechte mehr gab
– wie die Nationalsozialisten die Macht durch geschickte Propaganda, Einbindung in zahlreiche Organisationen, aber auch durch lückenlose Überwachung und Terror erlangten
– wie es zum Zweiten Weltkrieg kam
– welche verbrecherischen Folgen die nationalsozialistische Rassenideologie für Millionen Menschen, insbesondere für die europäischen Juden, hatte
– wer in dieser Diktatur Widerstand leistete
– wie der Zweite Weltkrieg mit dem totalen Zusammenbruch Deutschlands endete.

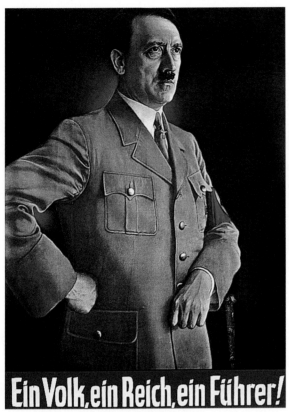

Ein Volk, ein Reich, ein Führer!

1 Wahlplakat der NSDAP 1932.

2 Der Fackelzug vom 30. Januar 1933. Hier drei Jahre später für einen Propagandafilm nachgestellt.

Die Lage in Deutschland spitzt sich zu

Seit März 1930 fehlte den Regierungen der Weimarer Republik die Mehrheit im Parlament (vgl. Zeittafel S. 149). Die so genannten Präsidialkabinette* regierten nur noch mit Notverordnungen des Reichspräsidenten. Die politische Dauerkrise ging einher mit wachsender sozialer Not. Innerhalb von zwei Jahren verdoppelte sich die Zahl der Arbeitslosen und überschritt im Januar 1932 die 6-Millionen-Grenze. Über 30 % der Erwerbstätigen waren arbeitslos.

Zuwachs für die NSDAP

Immer mehr Menschen wandten sich den radikalen Parteien zu: der KPD und der NSDAP. Während die Kommunisten bei den Arbeitslosen besonders starken Zuspruch fanden, gelang es den Nationalsozialisten breite Bevölkerungsschichten anzusprechen. Bei den Reichstagswahlen 1932 wurden sie mit Abstand stärkste Partei, schafften es allerdings nicht, die absolute Mehrheit zu erreichen.

1 *Beschreibe die Abb. 1. Vermute, wer mit dem Text besonders angesprochen werden sollte.*

Die Machtübertragung wird vorbereitet

Hitler forderte das Amt des Reichskanzlers für sich und stellte sich als „starker Mann" dar, der für politische Stabilität und wirtschaftlichen Aufschwung sorgen würde. Dabei ließ er keinen Zweifel an seinem Ziel die Demokratie von Weimar zu beseitigen.

Im November 1932 forderten führende Vertreter der Wirtschaft, Industrie und Landwirtschaft in einem Schreiben an Reichspräsident Hindenburg die Ernennung Hitlers zum Reichskanzler:

Q1 […] Mit Eurer Exzellenz bejahen wir die Notwendigkeit einer vom parlamentarischen Parteiwesen unabhängigeren Regierung. […]
Gegen das bisherige parlamentarische Parteiregime sind nicht nur die Deutschnationale Volkspartei und die ihr nahe stehenden kleineren Gruppen, sondern auch die Nationalsozialistische Deutsche Arbeiterpartei grundsätzlich eingestellt. […] Die Übertragung der verantwortlichen Leitung eines mit den besten sachlichen und persönlichen Kräften ausgestatteten Präsidialkabinetts* an den Führer der größten nationalen Gruppe wird die Schlacken und Fehler, die jeder Massenbewegung notgedrungen anhaften, ausmerzen und Millionen Menschen, die heute abseits stehen, zu bejahender Kraft mitreißen. […]

3 Das Verhängnis.
Zeichnung von A. Paul
Weber, 1932.

In langwierigen Verhandlungen einigten sich die Nationalsozialisten, führende Vertreter der konservativen Parteien und Wirtschaftsführer im Januar 1933 auf eine gemeinsame Regierung von NSDAP und DNVP. Daraufhin ernannte Hindenburg Adolf Hitler am 30. Januar 1933 zum Reichskanzler.

2 *Analysiere Q1 und erläutere, warum führende Wirtschaftsvertreter Hitlers Kanzlerschaft forderten.*
3 *Zeige auf, inwiefern Hitler legal an die Macht gekommen ist.*

Reaktionen aus dem In- und Ausland
1980 erinnerte sich ein ehemaliger Realschüler an den 30. Januar 1933:

Q2 [...] Als ich von der Schule kam, kam eben schon die Sondermeldung, dass der Reichspräsident Hindenburg den Führer der NSDAP Adolf Hitler zum Reichskanzler ernannt habe. [...] Ich selber habe [...], wie wir Jungen damals eingestellt waren, einen Luftsprung gemacht aus Freude, dass nun wirklich die so genannte nationale Erhebung angebrochen war. [...]

Der Schweizer Theologe Karl Barth schrieb am 1. Februar 1933 an seine Mutter:

Q3 [...] Ist also im deutschen Reich Hitler ans Ruder gekommen. Ich glaube nicht, dass dies in irgendeiner Richtung den Anbruch großer Neuigkeiten bedeuten wird [...] Dazu sind sicher vor allem auch die beteiligten Personen zu wenig hervorragend. [...]

Die „Frankfurter Zeitung" berichtete am 31. 1. 1933:

Q4 [...] Es wird nötig sein, die Rechte des werktätigen Volkes, die Grundelemente der Demokratie, den Sinn für Geistesfreiheit, die wirtschaftliche und soziale Vernunft [...] mit allen Mitteln gegen diese Regierung zu verteidigen.

In der „New York Times" war am 31. 1. 1933 zu lesen:

Q5 [...] Es wäre sinnlos, wollte man versuchen, das tiefe Unbehagen zu verbergen, das die Nachricht aus Berlin bei allen Freunden Deutschlands hervorrufen muss. An die Spitze der deutschen Republik ist ein Mann gestellt worden, der sie öffentlich verhöhnt und geschworen hat sie zu vernichten, sobald er die persönliche Diktatur erreicht hätte.

4 *Lies Q2. Versuche zu erklären, warum der Realschüler so begeistert ist.*
5 *Vergleiche die Positionen, die die Autoren der Quellen 3–5 einnehmen.*
6 *Beschreibe Abb. 2. Überlege, welche Ziele die Nationalsozialisten mit diesem Aufmarsch verfolgten.*

Nach seiner Ernennung forderte Hitler sofort die Auflösung des Reichstages und Neuwahlen, wie es vorher mit dem Koalitionspartner vereinbart worden war. Reichspräsident von Hindenburg löste deshalb am 1. Februar 1933 den Reichstag auf und setzte Neuwahlen für den 5. März fest.

7 *Was erhoffte sich Hitler von diesen Maßnahmen?*
8 *Betrachte Abb. 3. Wie sieht der Zeichner der Karikatur Deutschlands Zukunft unter Hitlers Herrschaft?*

Der Reichstag in Flammen!

Von Kommunisten in Brand gesteckt!

So würde das ganze Land aussehen, wenn der Kommunismus und die mit ihm verbündete Sozialdemokratie auch nur auf ein paar Monate an die Macht kämen!

Brave Bürger als Geiseln an die Wand gestellt! Den Bauern den roten Hahn aufs Dach gesetzt!

Wie ein Aufschrei muß es durch Deutschland gehen:

Zerstampft den Kommunismus! Zerschmettert die Sozialdemokratie!

Wählt **Hitler 1**
Liste

1 Plakat der NSDAP zur Reichstagswahl am 5. März 1933.

Hitler schränkt Rechte ein

Hitlers Partner in der Regierung glaubten ihn in ihrem Sinn lenken zu können: Schließlich stellte die NSDAP außer Hitler nur noch zwei weitere Regierungsvertreter. Doch Hitler ließ sich nicht zähmen. Er begann sofort einen groß angelegten Wahlkampf, den sein Propagandachef Goebbels für ihn führte. In der „Notverordnung zum Schutz des deutschen Volkes" wurde die Presse- und Versammlungsfreiheit eingeschränkt. Besonders betroffen von diesen Maßnahmen waren die Mitglieder der KPD und der SPD. Polizeiliche Durchsuchungen und Beschlagnahmungen waren an der Tagesordnung.

Als neu ernannter preußischer Innenminister befehligte Göring auch die Polizei. SA*- und SS*-Leute wurden als Hilfspolizei vereidigt und durch den so genannten Schießbefehl verpflichtet:

Q1 […] Dem Treiben staatsfeindlicher Organisationen ist mit den schärfsten Mitteln entgegenzutreten. Gegen kommunistische Terrorakte und Überfälle ist mit aller Strenge vorzugehen, und, wenn nötig rücksichtslos von der Waffe Gebrauch zu machen. Polizeibeamte, die in Aus-

übung dieser Pflichten von der Schußwaffe Gebrauch machen, werden ohne Rücksicht auf die Folgen des Schußwaffengebrauchs von mir gedeckt. Wer hingegen in falscher Rücksichtnahme versagt, hat dienststrafrechtliche Folgen zu gewärtigen. […]

1 *Lies Q1. Erkläre mit eigenen Worten, was diese Verordnung bedeutete.*

Der Reichstag brennt

Eine Woche vor den Wahlen zerstörte ein Brand das Reichstagsgebäude in Berlin fast vollständig. Wer der Täter war, war noch nicht geklärt. Hitler beschuldigte jedoch sofort die Kommunisten. Dadurch konnte er seinen politischen Gegnern den Todesstoß versetzen. Noch in derselben Nacht wurden über 4000 Kommunisten, aber auch SPD-Mitglieder nach längst vorbereiteten Listen verhaftet.

2 *Erkläre mithilfe von Abb. 1, welchen Nutzen Hitler aus dem Reichstagsbrand zog. Beachte auch, gegen wen sich außer den Kommunisten das Plakat (Abb. 1) richtete.*

Schon einen Tag nach dem Brand erließ Hindenburg auf Betreiben Hitlers die „Notverordnung zum Schutz von Volk und Staat". Sie wurde wegen des Zusammenhangs mit dem Reichstagsbrand auch „Brandverordnung" genannt. Diese Notverordnung blieb keine vorübergehende Regelung, sondern galt während der gesamten Herrschaft der Nationalsozialisten. Sie war die rechtliche Grundlage von Hitlers Diktatur.

Q2 §1 […] Artikel 114, 115, 117, 118, 123, 124 und 153 der Verfassung des Deutschen Reiches werden bis auf weiteres außer Kraft gesetzt. Es sind daher Beschränkungen der persönlichen Freiheit, des Rechtes der freien Meinungsäußerung, einschließlich der Pressefreiheit, des Vereins- und Versammlungsrechtes, Eingriffe in das Brief-, Post-, Telegrafen- und Fernsprechgeheimnis, Anordnungen von Hausdurchsuchungen und von Beschlagnahme sowie Beschränkungen des Eigentums auch außerhalb der sonst hierfür bestimmten gesetzlichen Grenzen zulässig.

§2 […] werden in einem Lande die zur Wiederherstellung der öffentlichen Sicherheit und Ordnung nötigen Maßnahmen nicht getroffen, so kann die Reichsregierung insoweit die Befugnisse der obersten Landesbehörde vorübergehend wahrnehmen.

2 Konzentrationslager Oranienburg bei Berlin im August 1933. Zeitgenössische Fotografie. Die Verhafteten sind von links nach rechts: Ernst Heilmann, Vorsitzender der preußischen SPD-Landtagsfraktion, Fritz Ebert, der Sohn des Reichspräsidenten, Adolf Braun, Sekretär des SPD-Vorstandes in Berlin, Ministerialrat Giesecke, Dr. Magnus und Dr. Flesch, alle drei vom Reichs-Rundfunk.

§ 5 Mit dem Tode sind Verbrechen zu bestrafen, die das Strafgesetzbuch in § 81 (Hochverrat), § 229 (Giftbeimischung), § 307 (Brandstiftung), § 311 (Explosion), § 312 (Überschwemmung), § 315 Absatz 2 (Beschädigung von Eisenbahnen), § 324 (gemeingefährliche Vergiftung), mit lebenslangem Zuchthaus bedroht ...

3 *Erkläre die Verfügung in eigenen Worten. Beschreibe, was sie für den einzelnen Menschen und sein Privatleben bedeutete.*

Konzentrationslager werden errichtet

Aufgrund von § 1 dieser Verordnung war die so genannte Schutzhaft möglich. Politische Gegner konnten ohne Haftbefehl festgenommen werden. Vor allem KPD- und SPD-Mitglieder waren die Opfer, die man in die schnell errichteten Konzentrationslager einlieferte (vgl. S. 166 und Abb. 2). Die Möglichkeiten ihrer Parteien im Wahlkampf waren drastisch beschnitten. Viele Wahlveranstaltungen wurden verboten.

4 *Erkundige dich über das deinem Heimatort nächstgelegene Konzentrationslager.*

Reichstagswahlen und Ermächtigungsgesetz

Nach den Wahlen am 5. März verfügten die Regierungsparteien NSDAP (43,9 %) und DNVP (8 %) zusammen über 52 % der Stimmen. Planmäßig setzten die Nationalsozialisten ihr Programm in die Tat um. Schon zwei Tage nach der Eröffnung forderte Hitler vom Reichstag den Erlass eines Gesetzes, mit dem er seine Diktatur weiter ausbauen wollte. In diesem so genannten Ermächtigungsgesetz heißt es:

Q3 Gesetz zur Behebung der Not von Volk und Reich (Ermächtigungsgesetz) vom 24. März 1933:

Artikel 1: Reichsgesetze können ... auch durch die Reichsregierung beschlossen werden ...

Artikel 2: Die von der Reichsregierung beschlossenen Reichsgesetze können von der Reichsverfassung abweichen ...

Das Gesetz wurde vom Reichstag mit 444 zu 94 Stimmen angenommen. Es war zunächst auf vier Jahre befristet, wurde dann jedoch verlängert.

Das Zentrum und die kleinen Parteien stimmten unter Bedenken für das Gesetz. Allein die Sozialdemokraten lehnten das Gesetz ab. Die kommunistischen Abgeordneten waren entweder verhaftet oder auf der Flucht vor dem nationalsozialistischen Terror.

5 *Deute die Bezeichnung „Ermächtigungsgesetz".*

6 *Erkläre den Ausspruch: „Der Reichstag entmachtet sich selbst."*

1 Besetztes Münchner Gewerkschaftshaus in der Pestalozzistraße. Foto 1933.

Die „Gleichschaltung" ...

Nach der Verabschiedung des Ermächtigungsgesetzes gingen die Nationalsozialisten daran, alle staatlichen Einrichtungen in ihre Hand zu bekommen. Alle bestehenden Organisationen sollten unter der straffen autoritären Herrschaft der Nationalsozialisten vereinheitlicht werden. Diese so genannte Gleichschaltung wurde in allen Lebensbereichen durchgesetzt.

... der Länder

Durch Gesetze verloren alle deutschen Länder ihre Eigenständigkeit. Die Landesparlamente wurden aufgelöst, die Landesregierungen durch „Reichsstatthalter" ersetzt. Über Bayerns Angelegenheiten entschied man künftig in Berlin, nicht mehr in München.

1 *Nenne Gründe dafür, warum die Nationalsozialisten an einer „Zerschlagung" der Länder interessiert waren.*

... der Parteien

Im Juli 1933 erklärte Hitler die NSDAP zur alleinigen Staatspartei. KPD und SPD wurden sofort verboten; die anderen Parteien lösten sich unter dem Druck der Nationalsozialisten selbst auf. Die Gründung neuer Parteien machte Hitler durch ein Gesetz unmöglich.

2 *Begründe, warum Hitler diese Bestimmung durchsetzen konnte. Lies dazu auf S. 157 nach.*

... der Gewerkschaften

Obwohl am 1. Mai 1933 noch der „Tag der Arbeit" gefeiert wurde, schlug Hitler schon am Tag danach zu und ließ die Gewerkschafts-

häuser durch SA-Truppen besetzen. Alle Funktionäre wurden verhaftet, politische und gewerkschaftliche Betätigung in den Betrieben verboten. Anstelle von Gewerkschaften trat die „Deutsche Arbeitsfront" (DAF).

3 *Gewerkschaften waren zum Schutz der Arbeiter gegründet worden. Versuche zu erklären, warum Hitler sie verbot.*

4 *Finde heraus, warum Hitler die Funktionäre einfach verhaften lassen konnte.*

5 *Erkundige dich, welche Funktionen die Gewerkschaften heute haben.*

... der Medien

Nachdem Hitler bereits die Zeitungen der SPD und KPD verboten hatte, wurden nun auch Journalisten, die sich nicht anpassen wollten, entlassen. Reichspropagandaminister Goebbels hatte Presse und Funk fest in seiner Hand. Er allein bestimmte, welche Nachrichten veröffentlicht werden durften.

Auch Literatur, Musik und Kunst waren fortan „gleichgeschaltet". Kunst, die nicht der nationalsozialistischen Weltanschauung entsprach, galt als „entartet" und war damit verboten. Auf Veranstaltungen verbrannte man öffentlich die Werke unerwünschter Autoren, wie z.B. Bertolt Brecht, Sigmund Freud, Erich Kästner, Heinrich Mann, Kurt Tucholsky und Stefan Zweig. Die Bilder von unerwünschten Künstlern wie Oskar Kokoschka, Ernst Barlach oder Franz Marc wurden aus den Museen entfernt.

Dafür propagierten die Nationalsozialisten eine Kunst, in der die so genannte arische Rasse verherrlicht wurde. Aus München wollte Hitler die „Hauptstadt der Bewegung*"

NS-
Kunst

3 Paul Mathias Padua, Der Führer spricht. Gemälde 1937.

„Entartete
Kunst"

4 Franz Marc, Turm der blauen Pferde. Gemälde 1913.

machen. Seine Architekten entwarfen gigantische Bauvorhaben, die aller Welt die Macht der Nazis zeigen sollten.

6 *Beschreibe Abb. 3. Welchen Gesamteindruck sollte wohl dieses Gemälde beim Betrachter erzeugen?*
7 *Betrachte Abb. 4 und vergleiche mit Abb. 3.*
8 *Informiere dich in den Worterklärungen unter „Hauptstadt der Bewegung". Überlegt gemeinsam, wie ihr in München auf Spurensuche gehen könntet.*
9 *Versuche zu erklären, warum die Kontrolle über die Medien für Hitler so wichtig war.*

... der Bürger

Durch die Aufhebung vieler privater Vereine und Berufsverbände wurde auch der einzelne Bürger privat und beruflich gleichgeschaltet. Verbände der NSDAP traten an deren Stelle, in denen jedes Mitglied streng überwacht werden konnte. Beamte, die nicht in die Partei eintreten wollten, wurden entlassen. Juden waren vom Beamtentum ausgeschlossen.

... des Rechts

Gegner der Nationalsozialisten klagte man des Hochverrats vor dem 1934 neu gegründeten Volksgerichtshof an. „Zuverlässige" NS-Richter fällten Urteile im Interesse des nationalsozialistischen Staates. Widerspruch konnte nicht eingelegt werden.

Hitler erreicht die absolute Macht

Nach Hindenburgs Tod übernahm Hitler im August 1934 auch das Amt des Reichspräsidenten. Die Soldaten der Reichswehr mussten einen neuen Eid schwören, der sie persönlich auf Hitler verpflichtete.

> **Q** Ich schwöre bei Gott diesen heiligen Eid, dass ich dem Führer des Deutschen Reiches und Volkes Adolf Hitler, dem Oberbefehlshaber der Wehrmacht, unbedingten Gehorsam leisten und als tapferer Soldat bereit sein will jederzeit für diesen Eid mein Leben einzusetzen.

10 *Vor 1934 wurden die Soldaten auf das deutsche Reich vereidigt. Lies Q und erkläre den Unterschied.*
11 *Erstelle in einer Tabelle eine Übersicht über die Gleichschaltung aller Lebensbereiche.*

159

1 Reichsparteitag in Nürnberg. Foto.

Moderne Propaganda* – Rundfunk für alle

Die nationalsozialistische Lehre sollte von allen Bürgern des Reiches kritiklos akzeptiert und vor allem als „wahr" verinnerlicht werden. Hitler hatte schon in „Mein Kampf" die Bedeutung einer wirkungsvollen Propaganda herausgestellt (vgl. Q1, S. 146).

Jetzt wurde dafür ein eigenes Ministerium geschaffen, dem Joseph Goebbels als „Reichsminister für Volksaufklärung und Propaganda" vorstand. Von der so genannten Reichskulturkammer mussten sämtliche Veröffentlichungen wie Bücher, Zeitungen, Zeitschriften, aber auch alle Aufführungen und Veranstaltungen genehmigt werden. Alles was die Menschen auf diese Weise hörten, sahen und lasen unterlag also der Kontrolle der Nationalsozialisten. Eine besondere Rolle bei der Beeinflussung der Massen spielte der Rundfunk.

Seit Oktober 1923 gab es in Deutschland öffentliche Rundfunksendungen. 1932 gab es bereits 4 Millionen Hörer, was den Rundfunk schon für die Regierungen vor Hitler zu einem wichtigen Propagandainstrument werden ließ. Goebbels setzte diesen Weg konsequent und mit besonderer Geschicklichkeit fort. Über den Rundfunk wurden viele Hitlerreden übertragen. Über alle wichtigen politischen Ereignisse wurde in Reportagen berichtet.

Am 10. Mai 1933 gab es z. B. eine Livereportage von der Bücherverbrennung in Berlin:

Q Hier ist der Deutschlandsender, hier sind alle deutschen Sender mit Ausnahme der Süddeutschen Sendergruppe. Wir befinden uns auf dem Opernplatz. Unter den Linden Berlins. Die deutsche Studentenschaft verbrennt zur Stunde auf einem riesigen Scheiterhaufen anlässlich der Aktion des Kampfausschusses wider den undeutschen Geist Schriften und Bücher der Unmoral und Zersetzung. Sie hören Feuersprüche der Studenten Berlins.

„Deutsche Studenten, wir haben unser Handeln gegen den undeutschen Geist gerichtet. Übergebt alles Undeutsche dem Feuer!" …

1 *Diskutiert über die Wirkung solcher Sendungen auf die Hörer. Beachtet dabei den Unterschied einer solchen Liveübertragung zu einer Nachrichtensendung oder einem Zeitungsartikel.*

Die Kunst von Goebbels bestand darin, politische Sendungen in ein breites Angebot von Unterhaltungsmusik, Reichswunschkonzert und anderen Unterhaltungssendungen einzubetten. Der Rundfunk gewann einen festen Platz im Familienalltag. Für die Breitenwirkung der Propaganda war es jedoch wichtig, dass möglichst viele Haushalte mit Rundfunkempfängern ausgestattet waren. Auf Initiative der Reichsregierung entwickelten deshalb die Radiohersteller 1936 gemeinsam den „Volksempfänger" zum

2 Der nationalsozialistische Führerkult als Ersatzreligion. Zum Erntedankfest wird das Bild Hitlers geschmückt. Foto.

Preis von 76 Reichsmark (siehe Abb. 3). Das entsprach etwa dem Wochenlohn eines Facharbeiters. Goebbels hatte sein Ziel erreicht: Der staatliche Rundfunk tönte bald in jedes Wohnzimmer.

Der Führerkult

Ein „Führerkult" wurde um die Person Hitlers getrieben. In allen Klassenzimmern und Amtsstuben des Reiches hing sein Porträt (siehe Abb. 2). Postkarten und Sammelbilder mit Hitler in der Pose des Tierliebhabers und Kinderfreundes wurden herausgegeben. Einfache, aber schlagkräftige Parolen waren den Menschen ständig im Alltag gegenwärtig und propagierten die Verehrung des „Führers":

„Du bist nichts, dein Volk ist alles."

„Auch du gehörst dem Führer."

„Ein Volk, ein Reich, ein Führer!"

„Führer, befiehl, wir folgen!"

Massenveranstaltungen wie der in Abb. 1 gezeigte Reichsparteitag in Nürnberg sollten die Menschen durch den bloßen Anblick beeindrucken und von der Allmacht der Partei überzeugen.

2 *Betrachte Abb. 1. Versuche dir vorzustellen*
a) die Wirkung auf die beteiligten Menschen,
b) die Wirkung auf die Zuschauer, wenn sie Filmaufnahmen davon sahen. Formuliere zu den folgenden Begriffen je einen Satz: Sicherheitsgefühl, Macht, Beeinflussbarkeit, Aggressivität.

3 Plakat zu dem 1935/36 in Firmenkooperation entwickelten „Volksempfänger".

3 *Überlege, was mit der Veröffentlichung solcher Bilder bezweckt wurde. Was bewirkt eine „Ersatzreligion" bei manchen Menschen?*
4 *Besorgt euch bei eurer Bildstelle den Film „Der Führer spricht". Analysiert mit eurem Lehrer Hitlers Reden in Bezug auf Sprache, Gestik, Mimik.*

1 Die feierliche Eröffnung der Autobahnstrecke München – Salzburg im Dezember 1935. Foto.

2 Volkswohnungsanlage in Berg am Laim bei München, erbaut 1938/1939. Foto um 1940.

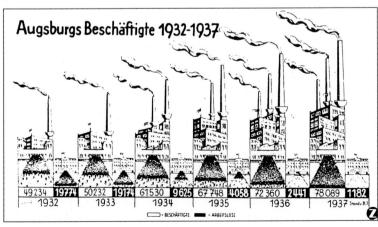

3 Ausgsburgs Beschäftigte 1932–1937.

Wirtschaft und Rüstung

Aufrüstung, Volksbeschäftigung und Autarkie* waren die Ziele der NS-Wirtschaftspolitik. Dazu wurde die staatliche Kontrolle weiter Bereiche der Wirtschaft eingeführt. Staatliche Behörden arbeiteten dazu mit den Industrieverbänden zusammen. Die Arbeiter wurden zu Gefolgsleuten des „Führers der Arbeit" im Betrieb. Mit Arbeitsbeschaffungsprogrammen wurde ab 1933 die Wirtschaft angekurbelt und die Arbeitslosigkeit abgebaut.

1 *Ermittle aus der Abb. 3 die Arbeitslosenzahlen in Prozent. Vergleiche mit den Angaben für das gesamte Reichsgebiet am Ende der Weimarer Republik (S. 154).*
2 *Beschreibe die Abb. 1 und 2. Vermute, warum diese Maßnahmen zur Arbeitsplatzbeschaffung besonders geeignet waren.*
3 *Ziehe die Grafik (Abb. 4) heran. Vergleiche die in Abb. 1 und 2 erkennbaren Maßnahmen mit den anderen Bereichen.*
4 *Diskutiert die Bedeutung der Rüstung für den Rückgang der Arbeitslosigkeit. Haltet eure Meinungen in Pro- und Kontra-Sätzen fest.*

Sozialpolitische Maßnahmen

An die Stelle der Gewerkschaften trat die „Deutsche Arbeitsfront" (DAF), die nun die Belange der Werktätigen gegenüber den Unternehmern vertreten sollte. Sie hatte aber keinen großen Einfluss auf die Unternehmer. Die Verantwortung für die Festsetzung der Löhne ging direkt auf den Staat über. Allerdings erhielten die Betriebe einen großen Spielraum. Ziel der staatlichen Lohnpolitik war es, die Löhne auf möglichst niedrigem Niveau zu stabilisieren. Das gelang aber nur teilweise. Nach dem Erreichen der Vollbeschäftigung 1935 ergab sich sogar ein Arbeitskräftemangel, der zu übertariflichen Lohnzahlungen in vielen Betrieben führte. Die DAF organisierte Leistungswettbewerbe in den Betrieben um die Arbeitsleistungen zu steigern. Sie verfügte durch die Mitgliedsbeiträge über ein hohes Vermögen und wurde selbst unternehmerisch tätig. Ihr gehörte das Volkswagenwerk. Eine der größten Unterorganisationen der Deutschen Arbeitsfront war die Organisation „Kraft durch Freude" (KdF). Diese Vereinigung sollte den Arbeiterinnen und Arbeitern ein interessantes Freizeitangebot machen und damit die Menschen von ihrer politischen Entmündigung ablenken. Mitarbeiter der verbotenen SPD berichteten 1936:

Q Der Gau München Oberbayern (der NSDAP) [...] hat im Mai 1936 neben Urlaubs- und Wanderfahrten folgende Veranstaltungen durchgeführt: Theateraufführungen, Frauennachmittage, Kinderfeste, fröhliche Samstagnachmittage, Gymnastikkurse, Leichtathletik, Sportspiele, Schwimmkurse, Reitunterricht, Segelsportfahrten an die Ostsee, Vorträge, Führungen [...] Fachkurse (Deutsch, Rechnen, Musik usw.), Kochkurse. [...] Die Beliebtheit der KdF-Veranstaltungen ist sehr groß geworden. Auch der einfache Arbeiter kann sich solche Wanderungen leisten, denn sie kommen meist billiger als jede Privatwanderung. [...]

Es wurden auch einzelne Schiffsreisen nach Madeira oder Norwegen veranstaltet, über die groß aufgemachte Presseberichte erschienen.

Gleichzeitig wurden die Volksgenossen mehrfach im Jahr zu Sammlungen gebeten, die praktisch jedoch nicht mehr freiwillig waren. Die bekannteste Aktion war das „Winterhilfswerk". Zugunsten dieses Werkes musste sogar einmal im Monat auf Fleisch verzichtet werden; die Parole hieß: „Wir essen Eintopf, keiner darf hungern."

5 *Berichte über den Alltag von Arbeiterinnen und Arbeitern mithilfe des Textes und der Abbildungen. Versuche die Ziele der nationalsozialistischen Sozialpolitik mit eigenen Worten zu umreißen.*

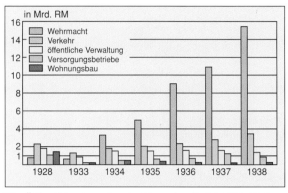

4 Öffentliche Ausgaben im Deutschen Reich 1928–1938.

5 Der NS-Staat als Beförderer der Motorisierung des kleinen Mannes. Plakat für den Volkswagen, den KdF-Wagen, von 1939. Der Volkswagen musste auf Weisung Hitlers zu einem „politischen" Preis von unter 1000 Mark entwickelt werden. Mit KdF-Sparkarten konnte man die Summe ansparen. Keiner der insgesamt 336 000 Besteller erhielt jedoch „seinen" Volkswagen ausgeliefert. Dabei hatten 60 000 ihn schon voll bezahlt. Das Werk in Wolfsburg stellte jedoch während des Krieges ausschließlich Militärfahrzeuge her.

1 Karikatur der amerikanischen Zeitung „St. Louis Dispatch" vom 18. Oktober 1930.

Der Versailler Vertrag: „Deutschlands Schande"

1 *Beschreibt, was ihr auf der Karikaturzeichnung (Abb. 1) erkennen könnt. Welche Gefahr sieht der Zeichner in den Vertragsbestimmungen (Treaty = Vertrag, Party = Partei)?*
2 *Lies im Kapitel über die Weimarer Republik (S. 133) nach, welche Inhalte der Versailler Vertrag hatte.*

Seit 1919 war der Versailler Vertrag praktisch von allen Parteien als „Diktatfrieden" bezeichnet worden. Seine Inhalte waren Anlass zu anhaltender nationaler Empörung. „Gewaltfrieden", „deutsche Schande" und ähnliche Begriffe fielen in breiten Kreisen auf fruchtbaren Boden. Die Revision* des Versailler Vertrages war das wichtigste Ziel der deutschen Außenpolitik während der ganzen Zeit der Weimarer Republik. In den letzten Jahren der Republik konnten beträchtliche Erfolge verbucht werden:
● 1930 waren die Besatzungstruppen aus dem Rheinland abgezogen. Allerdings sollte das Rheinland entmilitarisiert* bleiben.

2 Schmuckblatt zur Saarabstimmung 1935.

● Auf der Konferenz von Lausanne waren die Reparationen* praktisch gestrichen worden.
● Schließlich wurde Deutschland im November 1932 (Konferenz von Genf), also noch vor Hitlers Machtantritt, militärisch wieder ein gleichberechtigter Staat.
Trotz dieser Erfolge saß der Stachel von Versailles tief und jeder Politiker, der darauf anspielte, konnte sich großer Zustimmung sicher sein.

Der Bruch des Versailler Vertrages
Im Januar 1935 stimmten mehr als 90 % der Stimmberechtigten im Saarland in einer Volksabstimmung für die Zugehörigkeit zu Deutschland. Hitler feierte dies als Triumph (siehe Abb. 2).
Am 16. März 1935 verkündete er die Wiedereinführung der allgemeinen Wehrpflicht. Gleichzeitig ließ er die geplante Stärke der Wehrmacht bekannt geben: 36 Divisionen oder rund 500 000 Mann.
Proteste der europäischen Mächte und des Völkerbunds blieben ohne Folgen. Im Gegenteil: In einem Flottenabkommen gestattete Großbritannien 1935 dem deutschen Reich eine Aufstockung der Flotte über

3 **Die Wehrmacht marschiert ins Rheinland ein.** Foto, März 1936.

die in Versailles gezogenen Grenzen. Damit hatte rechtlich Großbritannien selbst gegen den Versailler Vertrag verstoßen. Die deutsche Wiederbewaffnung war dadurch zumindest in Teilen international akzeptiert. Hitlers militärische Handlungsfähigkeit war damit beträchtlich gewachsen. Er ging aber noch weiter. Einen russisch-französischen Bündnisvertrag nutzte er als Vorwand um 1936 eigene Truppen ins Rheinland einrücken zu lassen (siehe Abb. 3). Wieder blieb es bei Protesten der Westmächte. Hitlers außenpolitische Erfolge fanden in Deutschland begeisterte Zustimmung und verschafften ihm internationale Anerkennung. Seine Großmachtpläne wurden dadurch bestärkt.

Die Veränderung der internationalen Situation
Warum ließen die Siegermächte des Ersten Weltkriegs diese Erfolge Hitlers so einfach zu? Werfen wir dazu einen kurzen Blick auf deren Situation:
● Die USA war noch stärker und anhaltender als Deutschland von der Arbeitslosigkeit betroffen (1935: 35 %) und außenpolitisch bereits stark in den Konflikt mit Japan verstrickt.

● Großbritannien war durch seine weltweiten kolonialen Interessen gebunden und hatte kein Interesse an einem Konflikt in Europa.
● Frankreich allein war nicht in der Lage den militärischen und machtpolitischen Wiederaufstieg Deutschlands zu verhindern. Dazu kam, dass Hitler trotz seiner Aktionen immer wieder seinen Friedenswillen betonte (vgl. Q3, Seite 174).

3 *Fasse zusammen, welche Faktoren zu Hitlers Erfolgen bei der Revision des Versailler Vertrages beitrugen.*
4 *Beurteile die möglichen Folgen für Hitlers weitere Politik.*

Ein Konzentrationslager für politische Gefangene

In der Nähe von Dachau

1 Die Schlagzeile über die Errichtung des Konzentrationslagers Dachau. Faksimile.

Gewalt als Mittel der politischen Auseinandersetzung

Von Anfang an bedienten sich die Nationalsozialisten im Kampf gegen politische Gegner der Gewalt als Mittel der politischen Auseinandersetzung (vgl. S. 147). Nach der Ernennung Hitlers zum Reichskanzler wurden die staatlichen Möglichkeiten voll genutzt und weiter ausgebaut.

Verhaftungswellen und die ersten Konzentrationslager

Der Reichstagsbrand war der willkommene Anlass mit allen staatlichen Mitteln die politischen Gegner auszuschalten (vgl. S. 156). In den Gefängniskellern der politischen Partei fanden Folterverhöre statt. Rudolf Diels, der erste Chef der Geheimen Staatspolizei (Gestapo), berichtete über seinen Besuch im Columbiagefängnis der SS in Berlin:

Q1 Ich konnte nun mit den Polizeimannschaften die Marterhöhle betreten. Dort waren die Fußböden einiger leerer Zimmer, in denen sich die Folterknechte betätigten, mit einer Strohschütte bedeckt worden. Die Opfer, die wir vorfanden, waren dem Hungertod nahe. Sie waren tagelang stehend in enge Schränke gesperrt worden, um ihnen „Geständnisse" zu erpressen. Die „Vernehmungen" hatten mit Prügeln begonnen und geendet; dabei hatte ein Dutzend Kerle in Abständen von Stunden mit Eisenstäben, Gummiknüppeln und Peitschen auf die Opfer eingedroschen. Eingeschlagene Zähne und gebrochene Knochen legten von den Torturen Zeugnis ab. Als wir eintraten, lagen diese lebenden Skelette reihenweise mit eiternden Wunden auf dem faulenden Stroh. Es gab keinen, dessen Körper nicht vom Kopf bis zu den Füßen die blauen, gelben

2 Freitod eines KZ-Häftlings aus Verzweiflung und Angst vor weiteren Folterungen am elektrisch geladenen Stacheldrahtzaun im KZ Dachau. Foto.

und grünen Male der unmenschlichen Prügel an sich trug. Bei vielen waren die Augen zugeschwollen und unter den Nasenlöchern klebten Krusten geronnenen Blutes. Es gab kein Stöhnen und Klagen mehr; nur starres Warten auf das Ende oder neue Prügel. [...]

1 *Gib Q1 mit eigenen Worten wieder.*

Überall im Reich entstanden Konzentrationslager. Dazu gehörte auch das Lager Dachau, über dessen Einrichtung ausführlich in der Presse berichtet wurde (siehe Abb. 1). So hieß es am 21. März 1933 in den „Münchener Neuesten Nachrichten":

Q2 In einer Pressebesprechung teilte der kommisarische Polizeipräsident von München, Himmler, mit:

„Am Mittwoch wird in der Nähe von Dachau das erste Konzentrationslager eröffnet. Es hat ein Fassungsvermögen von 5000 Menschen. Hier werden die gesamten kommunistischen und – soweit notwendig – Reichsbanner*- und marxistischen Funktionäre, die die Sicherheit des Staates gefährden, zusammengezogen, da es auf die Dauer nicht möglich ist, wenn der Staatsapparat nicht so sehr belastet werden soll, die einzelnen kommunistischen Funktionäre in den Gerichtsgefängnissen zu lassen, während es andererseits auch nicht angängig ist, diese Funktionäre wieder in die Freiheit zu lassen. Bei einzelnen Versuchen, die wir gemacht haben, war der Erfolg der, dass

166

Es gibt einen Weg zur Freiheit
Seine Meilensteine heissen:
Gehorsam, Fleiss, Ehrlichkeit,
Ordnung, Sauberkeit, Nüchternheit,
Wahrhaftigkeit, Opfersinn und
Liebe zum Vaterlande!

3 Häftlinge im Konzentrationslager Dachau. Zeitgenössisches Propagandafoto.

sie weiter hetzen und zu organisieren versuchen. Wir haben diese Maßnahme ohne jede Rücksicht auf kleinliche Bedenken getroffen in der Überzeugung, damit zur Beruhigung der nationalen Bevölkerung und in ihrem Sinn zu handeln."

2 *Betrachtet Abb. 2. Fasst zusammen, was ihr bisher über die Behandlung der politischen Gegner durch die Nationalsozialisten erfahren habt.*

3 *Lest Q2 und sprecht darüber, welchen Eindruck der Text vermitteln soll.*

Gestapo und SS

Die Geheime Staatspolizei (Gestapo) wurde im April 1933 zunächst in Preußen eingerichtet. Ihre rechtliche Grundlage waren anfangs die entsprechenden Notverordnungen. Im Gestapogesetz vom 10. Februar 1936 wurde ihre Aufgabe so bestimmt:

Q3 Die Geheime Staatspolizei hat die Aufgabe, alle staatsgefährlichen Bestrebungen im gesamten Staatsgebiet zu erforschen und zu bekämpfen, das Ergebnis der Erhebungen zu sammeln und auszuwerten, die Staatsregierung zu unterrichten und die übrigen Behörden über für sie wichtige Feststellungen auf dem Laufenden zu halten. [...] Verfügungen und Angelegenheiten der Geheimen Staatspolizei unterliegen nicht der Nachprüfung durch die Verwaltungsgerichte.[...]

Mit der Einführung der „Gestapo" war es möglich, die inneren Feinde des Nationalsozialismus ganz

nach Belieben auszuschalten. Die Gestapo konnte Menschen ohne eigentlichen Grund in so genannte Schutzhaft nehmen, sie als „Volksschädling" brutalen Verhören unterwerfen, foltern und sogar töten (siehe Abb. 2).

Daneben existierte noch die „Schutzstaffel", abgekürzt „SS" genannt. Die SS wurde schon 1925 gegründet – als persönliche Schutztruppe Adolf Hitlers. Sie gewann an Bedeutung als eine Art interner Sicherheitsdienst der NSDAP. Es waren SS-Einheiten, die 1934 den damaligen Führer der SA, Ernst Röhm, und seine engsten Anhänger in Bad Wiessee ermordeten. Hitler sah in Röhm einen gefährlichen Rivalen innerhalb der eigenen Partei. Die Ermordung Röhms festigte zugleich sein Bündnis mit den Generälen der Reichswehrführung, die eine Entmachtung der SA verlangt hatten.

Die SS wurde dadurch zu einer selbstständigen Organisation, die sich als Elite der NSDAP verstand. 1939 wurden Gestapo, Kriminalpolizei und SS im sogenannten Reichssicherheitshauptamt zusammengefasst. Hier wurden die Einsatzgruppen zur Vernichtung der europäischen Juden und der Sinti und Roma zusammengestellt. Nach dem 2. Weltkrieg wurde die SS zur verbrecherischen Organisation erklärt.

4 *Überlegt, welche Absichten mit dem Propagandafoto (Abb. 3) verbunden waren.*

5 *Gegen wen richteten sich die Aktionen von Gestapo und SS?*

1 An der Schultafel steht: „Der Jude ist unser größter Feind. Hütet euch vor den Juden." Zeitgenössisches Foto.

Die Rassenlehre

Den nationalsozialistischen Standpunkt zur Rassenfrage hatte Hitler bereits in „Mein Kampf" (1923) umrissen:

Q1 [...] Die völkische Weltanschauung erblickt die Bedeutung der Menschheit in deren rassischen Urelementen. [...] Sie glaubt somit keineswegs an eine Gleichheit der Rassen, sondern erkennt mit ihrer Verschiedenheit auch ihren höheren oder minderen Wert und fühlt sich durch diese Erkenntnis verpflichtet [...] den Sieg des Besseren, Stärkeren zu fördern, die Unterordnung des Schlechteren und Schwächeren zu verlangen. Sie huldigt damit prinzipiell dem aristokratischen* Grundgedanken der Natur. [...]

Über die Rolle der Juden schrieb er weiter:

Q2 [...] So ist der Jude heute der große Hetzer zur restlosen Zerstörung Deutschlands. Wo immer wir in der Welt Angriffe gegen Deutschland lesen, sind Juden ihre Fabrikanten. [...] Die Gedankengänge des Judentums dabei sind klar. [...] die Ausrottung der nationalen völkischen Intelligenz und die dadurch ermöglichte Auspressung der deutschen Arbeitskraft im Joche der jüdischen Weltfinanz ist nur als Vorspiel gedacht für die Weiterverbreitung dieser jüdischen Welteroberungstendenz. [...]

1 Gib die Aussagen Hitlers in Q1 und Q2 mit eigenen Worten wieder.

Der Beginn der Judenverfolgung

Hitler bewegte sich mit seinen Angriffen auf die Juden in einer langen Tradition des Antisemitismus*. Aber er beließ es nicht bei Angriffen mit Worten und einzelnen Übergriffen, sondern begann sofort mit der systematischen Verfolgung der Juden. Am 1. April 1933 standen vor jüdischen Geschäften SA- und SS-Leute mit Schildern, auf denen stand: „Deutsche! Wehrt euch! Kauft nicht bei Juden!" Diese oder ähnliche Plakate fand man im ganzen Reich verteilt an Schaufenstern und Litfaßsäulen. Menschen, die trotzdem wie gewohnt in jüdischen Geschäften einkaufen wollten, wurden verhöhnt und am Betreten der Läden gehindert (siehe Abb. 4, S. 145).

Viele Bestimmungen machten den Juden und anderen Minderheiten das Leben zusätzlich schwer. So durften sie keine Radiogeräte haben, keine Fahrräder besitzen, ihren Wohnsitz nicht wechseln, bestimmte Berufe nicht ausüben, mussten im Pass ein „J" für Jude führen und ihre Kleidung mit dem „Judenstern" kennzeichnen.

Im Jahre 1935 wurden auf dem Parteitag in Nürnberg die „Rassengesetze" beschlossen:

Q3 § 1 Eheschließung zwischen Juden und Staatsangehörigen deutschen und artverwandten Blutes sind verboten. Trotzdem geschlossene Ehen sind nichtig. [...]

§ 2 Außerehelicher Verkehr zwischen Juden und Staatsangehörigen deutschen oder artverwandten Blutes ist verboten.

§ 3 Juden dürfen weibliche Staatsangehörige deutschen oder artverwandten Blutes unter 45 Jahren in ihrem Haushalt nicht beschäftigen. [...]

Die Reichspogromnacht

Den Mord an einem Beamten der deutschen Botschaft in Paris nahmen die Nationalsozialisten zum Anlass eine systematische Judenverfolgung zu inszenieren. Vom 8. auf den 9. November 1938 wurden in Deutschland 191 Synagogen angezündet, 7500 jüdische Geschäfte zerstört und geplündert, viele Wohnungen und alle Friedhöfe verwüstet.

Jüdische Bürger wurden misshandelt, etwa 30 000 Juden wurden verhaftet und in die Konzentrationslager eingewiesen. Die offizielle Statistik meldete 31 Tote.

2 Begründe entgegen Q1, warum es auf der Erde keine minderwertigen Rassen gibt.

3 Was sagt das Grundgesetz (Artikel 3) über die Gleichheit der Rassen aus? Schlage auf S. 208 nach.

2 Die Münchner Hauptsynagoge in der Herzog-Max-Straße 7 wurde abgebrochen, nachdem die jüdische Gemeinde zum Verkauf gezwungen worden war. Foto 1938.

1. April 1933:	Aufruf zum allgemeinen Boykott* jüdischer Geschäfte.
April 1933:	Jüdischen Ärzten wird die Zulassung zum Krankenhaus entzogen, jüdische Rechtsanwälte werden nicht mehr bei Gericht zugelassen.
Mai 1933:	Jüdische Professoren und Notare müssen ihre Arbeit einstellen. Etwa 680 Professoren werden von den Universitäten vertrieben. Jüdische Arbeiter und Angestellte im öffentlichen Dienst verlieren ihre Arbeit.
Sept./Okt. 1933:	Jüdische Schriftsteller und Künstler erhalten Berufsverbot.
Oktober 1935:	Nürnberger Gesetze.
November 1938:	Juden dürfen nicht mehr an deutschen Hochschulen studieren. Juden werden gezwungen ihre Geschäfte im Einzelhandel und Handwerk aufzugeben.
Dezember 1938:	Juden dürfen keine Personenkraftwagen oder Motorräder mehr fahren. Ihre Führerscheine werden eingezogen.
Januar 1939:	Jüdische Zahnärzte, Tierärzte und Apotheker dürfen ihren Beruf nicht mehr ausüben.
Februar 1939:	Juden müssen alle ihre persönlichen Wertgegenstände aus Gold, Silber und Platin beim Staat abliefern.
September 1939:	Juden müssen ihre Rundfunkgeräte abliefern.
1941:	Alle Juden müssen in der Öffentlichkeit einen gelben Davidstern tragen.
Oktober 1941:	Juden wird die Auswanderung verboten.

3 Übersicht zur Entrechtung der Juden.

4 Was bedeutete der Satz aus § 1 der Rassegesetze (Q3): „Trotzdem geschlossene Ehen sind nichtig" konkret für die Betroffenen?

5 In welcher Weise wurden die Maßnahmen gegen die Juden „gesteigert"? Gestalte mithilfe der Abb. 3 eine Tabelle, auf dem diese Verschärfung der Maßnahmen zu sehen ist.

Mord an Behinderten

Da körperlich und geistig behinderte Menschen angeblich das Erbgut des deutschen Volkes schädigten, sollten sie getötet werden. Der Begriff, der für diese Morde gewählt wurde, war „Euthanasie". Das Wort, das ursprünglich der „leichte Tod" bedeutet, signalisiert, wie zynisch* die Nationalsozialisten mit den behinderten Menschen umgingen. In Anstalten wie Schloss Grafeneck oder Hadamar, die als Heil- und Pflegeanstalten getarnt waren, wurden arbeitsunfähige Behinderte als „lebensunwertes Leben" vergast oder durch Giftspritzen getötet.

Nachdem Angehörige der Opfer sowie Vertreter der beiden Kirchen Deutschlands, allen voran der Erzbischof von Münster Clemens Graf von Galen, gegen diese Tötungen protestiert hatten, wurden sie offiziell eingestellt. Insgeheim liefen die Morde an Behinderten aller Altersstufen jedoch weiter.

6 Aus welchem Grund sollten die behinderten Menschen getötet werden?

7 Begründe, warum es kein „lebensunwertes" Leben gibt.

1 Zwei Klebezettel aus dem Jahr 1936.

Die parteipolitischen Gegner Hitlers

Die schärfsten Gegner Hitlers waren die beiden großen Arbeiterparteien der Weimarer Republik, SPD und KPD. Davon war die KPD noch am besten auf einen Widerstandskampf aus der Illegalität* heraus vorbereitet. Trotz der sofortigen massiven Verfolgung (Anfang Juli 1933 waren zwischen 12 000 und 15 000 kommunistische Aktivisten in Haft) trat ein weit verzweigtes Widerstandsnetz im Untergrund in Aktion.

Doch kosteten Aktionen wie der illegale Druck und Vertrieb von Flugblättern und Schriften (siehe Abb. 1) große Opfer und hatten keine nachhaltige Wirkung. Ab 1935 verlagerten sich die Aktivitäten ins Exil, nur einzelne Widerstandszirkel blieben aktiv oder wurden später neu aufgebaut.

Die SPD war organisatorisch schlechter auf den Widerstand vorbereitet gewesen. Erst in Prag und danach in Paris hielt aber ihr Exilvorstand bis 1940 die Verbindungen zwischen Kontakten in Deutschland und Gruppen im Ausland aufrecht.

Der systematische Terror und die mit den Erfolgen Hitlers einhergehende innere Festigung seiner Herrschaft ließen den Widerstand der ersten Zeit scheitern. Eine neue Situation entstand erst, als Hitlers Kriegskurs offensichtlich wurde und die Zeit der „Erfolge" sich zum Ende neigte.

Wachsende Popularität Hitlers

Die wirtschaftlichen und außenpolitischen Erfolge in der Anfangszeit der nationalsozialistischen Diktatur trugen erheblich zur Festigung der NS-Herrschaft bei. Dadurch gelang es auch, viele Nicht-NSDAP-Wähler von den „Vorzügen" der NS-Herrschaft zu überzeugen. Zumindest wurden die skeptisch oder feindlich eingestellten Teile der Bevölkerung beruhigt.

Widerstand gegen das System konnte tödlich sein. Schon das Abhören eines „Feindsenders", eines Senders aus dem Ausland, wurde während des Krieges mit dem Tod bestraft. Gegner des Nationalsozialismus wagten es angesichts des Terrors oft nicht, ernsthaft an Widerstand zu denken. Viele Menschen zogen sich deshalb in ihre private Welt zurück.

Irma Keilhack, SPD-Mitglied und spätere Senatorin, erzählt über ihren Alltag im Nationalsozialismus:

Q1 Da wir fast alle arbeitslos waren [...], haben wir uns mit mehreren befreundeten Paaren zusammengetan und uns noch 1933 am Stadtrand von Hamburg Schrebergärten zugelegt. Schrebergärten hatten seinerzeit großen Zulauf, nicht nur um durch Gemüseanbau die wirtschaftliche Not etwas zu lindern, sondern viele sozialdemokratische und kommunistische Aktive flüchteten sich in die „Schreberidylle" um den politischen Pressionen und Bedrohungen in der Stadt zu entgehen.

Auch bei uns in Bergstedt tauchen plötzlich noch andere alte Sozialdemokraten und Kommunisten als Schrebergärtner auf. Das war sowieso eine ganz eigentümliche Erfahrung, dass fast alle das Gleiche taten wie wir. Das stellen wir schon in der Dachorganisation der Wandergruppe fest. Das geschah durch den Druck von außen, der gemeinsam auf denen lastete, die sich nicht anpassten oder ausgesprochene Antinazis waren. Das war eine ganz eigenartige Situation, die man vielleicht gar nicht nachvollziehen kann. [...] Wir hatten sonst keinen Einblick in andere Bevölkerungsschichten außerhalb unseres Kreises. Wir sind immer sehr eng zusammengeblieben aus Gründen des Zusammenhalts. Man lebte in einem Gesinnungsgetto und ging nur mit Leuten um, denen man sich zugehörig fühlte. Alles andere war zu gefährlich.

1 *Versuche mithilfe des Textes das Scheitern des Widerstandes der Anfangszeit zu erklären.*

2 *Beurteile das in Q1 dargestellte Verhalten aus heutiger Sicht.*

3 *Welche Möglichkeiten hätte jemand gehabt passiv Widerstand zu leisten?*

4 *Erkläre die Begriffe „Schreberidylle" und „Gesinnungsgetto" aus Q1.*

Antipropaganda

Diktatur erzeugt bei vielen Menschen das Bedürfnis sich ein Ventil zu suchen. Spottgedichte, Flüsterwitze, Flugblätter und Zeichnungen waren ein beliebtes Mittel sich über bestimmte Eigenarten des Systems lustig zu machen.

Q2 Zehn kleine Meckerlein, die saßen einst beim Wein;
der eine ließ die Freiheit leben,
da waren es nur noch neun!
Neun kleine Meckerlein, die hatten was gedacht;
dem einen hat man's angemerkt,
da waren es nur noch acht!
Acht kleine Meckerlein, die hatten was geschrieben;
dem einen hat man's Haus durchsucht,
da waren es nur noch sieben!
Sieben kleine Meckerlein, die hatten einen Komplex;
der eine schwärmt für Montesquieu*,
da waren es nur noch sechs!
Sechs kleine Meckerlein, die trugen braune Strümpfe;
der eine zog sich rote an,
da waren es nur fünfe!
Fünf kleine Meckerlein, die saßen am Klavier;
der eine spielte Mendelssohn*,
da waren es nur noch vier!
Vier kleine Meckerlein, die wurden abgehört;
der eine sprach von „Schweinerei",
da waren es nur noch drei!
Drei kleine Meckerlein, die nannten „Mein Kampf" Dreck;
da holte die Gestapo gleich zwei von ihnen weg!

2 **„Der Denunziant".** Zeichnung von A. Paul Weber.

Ein kleines Meckerlein ließ dieses Gedicht mal sehn;
man brachte ihn nach Dachau hin,
da waren es wieder – zehn!

5 *Diskutiert, mit welchen Mitteln das Spottlied (Q2) das nationalsozialistische System kritisiert. Erstellt eine Aufstellung der angesprochenen „Verbrechen" und der polizeilichen Methoden.*

6 *Überlegt, was solche Lieder bewirkt haben könnten.*

7 *Erkläre den Begriff „Denunziant" (Abb. 2) mithilfe der Zeichnung von A. Paul Weber.*

171

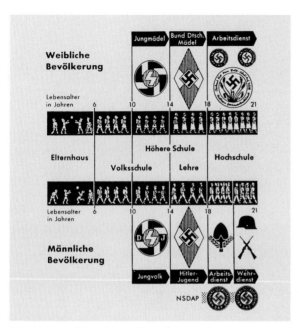

1 Die organisierte Jugend im NS-Staat.

2 Eine Gruppe des „Bundes Deutscher Mädel" (BDM).
Foto 1936.

Die Hitlerjugend (HJ)

Um längerfristig eine starke Herrschaft zu sichern waren die Nationalsozialisten vor allem interessiert schon früh Einfluss auf Kinder und Jugendliche zu nehmen. Die Jugend sollte organisiert und im Geist das Nationalsozialismus erzogen werden.

Werner B. aus Mülheim erinnerte sich 1993:

Q1 […] Mein jüngerer Bruder wurde eines Tages zu einem Pimpfenabend geladen. Ihm gefiel die Gemeinschaft und er wurde Mitglied des Jungvolks*. Er machte schon nach einigen Jahren Karriere und wurde Fähnleinführer. Er, der fünfzehnjährige Junge, durfte den anderen Befehle erteilen. Ich weiß genau, wie begeistert er anfangs zu den Übungen ging, besonders dann, wenn Sport oder Schießen auf dem Plan stand. Auch das Exerzieren mit den Kommandos wie „Stillgestanden", „Rührt euch", „Rechts um", „Im Gleichschritt, marsch" wurde von den Jungen hingenommen. Neben den Oster- und Pfingstfahrten veranstaltete die HJ auch Auslandsfahrten, z. B. nach Belgien und Holland. Erst nach und nach wurde mein Bruder nachdenklicher, denn die zunehmende Militarisierung der Veranstaltungen und die offene Vorbereitung auf den Krieg wurden ihm immer bewusster. […]

Ein ehemaliger Hitlerjugendführer erinnerte sich 1975:

Q2 […] Wenn andere von Pimpfenzeit schwärmen (als sei das Ganze nur ein Pfadfinderklub mit anderem Vorzeichen gewesen), so kann ich diese Begeisterung nicht teilen. Ich habe beklemmende Erinnerungen. In unserem Fähnlein bestanden die Jungvolkstunden fast nur aus „Ordnungsdienst", das heißt aus sturem militärischem Drill. […] Zwölfjährige Hordenführer brüllten zehnjährige Pimpfe zusammen und jagten sie kreuz und quer über die Schulhöfe, Wiesen und Sturzäcker. Die kleinsten Aufsässigkeiten, die harmlosesten Mängel an der Uniform, die geringste Verspätung wurden sogleich mit Strafexerzieren geahndet – ohnmächtige Unterführer ließen ihre Wut an uns aus. Aber die Schikane hatte Methode: Uns wurde von Kindesbeinen an Härte und blinder Gehorsam eingedrillt. […]

1 *Erarbeitet aus Q1–Q2 und der Abb. 3, mit welchen Mitteln und zu welchem Zweck die Nationalsozialisten versuchten Jugendliche zu begeistern und zu beeinflussen.*

172

3 Hitlerjungen um 1935. Foto.

Bund Deutscher Mädel (BDM)

Alle Mädchen gehörten nach ihrer Jungmädelzeit zum Bund Deutscher Mädel (BDM). Dort sollten sie die Vorstellungen der Nationalsozialisten über die Rolle der Frau als Mutter vieler Kinder kennen lernen.

Ein ehemaliges BDM-Mädchen erinnerte sich 1963 an den Alltag der Heimabende:

> **Q3** [...] Die Zeit wurde mit dem Einkassieren der Beiträge, mit dem Führen unzähliger Listen und dem Einpauken von Liedertexten totgeschlagen. [...] Aussprachen über politische Texte – etwa aus „Mein Kampf" – endeten schnell im allgemeinen Verstummen.

Der BDM organisierte aber auch Wochenendfahrten mit Wanderungen, Lagerfeuern und Übernachtungen in der Jugendherberge (siehe Abb. 2). Unter dem Motto „Straff, aber nicht stramm – herb, aber nicht derb" wurde viel Sport getrieben.

Hitlerjugend wird Staatsjugend

Im Gesetz vom 1. Dezember 1936 wurde die HJ zur Staatsjugend erklärt. Danach war für die gesamte Jugenderziehung außerhalb von Schule und Elternhaus die HJ zuständig. Gemäß den Vorstellungen Hitlers wurde sie geordnet und organisiert.

2 *Beschreibt mit dem Schaubild von S. 172 die Erfassung der Jungen und Mädchen im Nationalsozialismus. Vergleicht mit eurem Alltag.*

4 **Als Soldaten missbraucht, am Ende des Zweiten Weltkrieges, 1945.** Foto eines 15-jährigen Hitlerjungen.

1　Amerikanische Karikatur zur Friedensrede Hitlers am 17. Mai 1933 im Deutschen Reichstag.

2　Propaganda der Nationalsozialisten in den 30er-Jahren.

Hitlers außenpolitische Ziele

Bereits in seinem Buch „Mein Kampf" nannte Adolf Hitler seine außenpolitischen Grundvorstellungen:

> **Q1**　Wir Nationalsozialisten (müssen) [...] dem deutschen Volke den ihm gebührenden Grund und Boden auf dieser Erde zu sichern. Und diese Aktion ist die einzige, die vor Gott und unserer deutschen Nachwelt einen Bluteinsatz gerechtfertigt erscheinen lässt. [...]
> Wenn wir aber heute in Europa von neuem Grund und Boden reden, können wir in erster Linie nur an Russland und die ihm untertanen Randstaaten denken.

Bereits drei Tage nach seiner Ernennung zum Reichskanzler nannte Hitler in einer geheimen Rede vor Befehlshabern des Heeres und der Marine vom 3. Februar 1933 seine wahren politischen Ziele. In einem Stichwortprotokoll der Rede heißt es zur Außenpolitik:

> **Q2**　[...] Wie soll pol. Macht, wenn sie gewonnen ist, gebraucht werden? Jetzt noch nicht zu sagen. Vielleicht Erkämpfung neuer Exportmöglichkeiten, vielleicht – und wohl besser – Eroberung neuen Lebensraums im Osten u. dessen rücksichtslose Germanisierung*. [...]

1　*Fasse die in Q1 und Q2 genannten außenpolitischen Ziele und Mittel in einem Schlagwort zusammen.*

Öffentliche Friedensbeteuerungen

In der Öffentlichkeit und damit auch für die internationale Staatenwelt wurde ein ganz anderer Eindruck erweckt. Kurz nach der Machtübernahme erklärte Adolf Hitler am 17. Mai 1933 vor dem Reichstag:

> **Q3**　[...] Die deutsche Regierung wünscht sich über alle schwierigen Fragen politischer und wirtschaftlicher Natur mit den anderen Nationen friedlich und vertraglich auseinander zu setzen. Sie weiß, dass jeder militärische Akt in Europa auch im Falle seines vollständigen Gelingens, gemessen an seinen Opfern, in keinem Verhältnis steht zum möglichen, endgültigen Gewinn. [...]
> Wir [...] respektieren die nationalen Rechte auch der anderen Völker ... und möchten aus tiefstinnerem Herzen mit ihnen in Frieden und Freundschaft leben. [...]

2　*Sprecht über die Karikatur (Abb. 1) als Antwort auf Q3.*
3　*Vermutet, welcher Eindruck mit der Abb. 2 vermittelt werden sollte.*

3 Der Einmarsch der teilnehmenden Nationen bei der Olympiade in Berlin 1936.

„Olympischer Glanz"

In vielen anderen Reden zwischen 1933 und 1938 betonte Hitler seinen Willen zum Frieden. Als Beweis für seine Friedensliebe konnte er auch auf den Nichtangriffspakt mit Polen (1934) verweisen. In dieses Konzept passte auch die glanzvolle Inszenierung der Olympischen Spiele 1936 in Garmisch-Partenkirchen (Winterspiele) und Berlin (Sommerspiele). Das nationalsozialistische Deutschland präsentierte sich der ganzen Welt als offenes, wirtschaftlich aufstrebendes Land. Ein schwarzer Sportler aus den USA, Jesse Owens, wurde mit dem Gewinn von vier Goldmedaillen in der Leichtathletik zum umjubelten Helden der Spiele. Hitler applaudierte ...

Während der Spiele waren antisemitische Parolen aus dem Stadtbild entfernt worden. Aber die Spiele wurden zum Anlass genommen Sinti und Roma aus Berlin zu internieren, d.h. in einem Lager festzuhalten. Nach längeren Gefangenschaften wurden sie nach Auschwitz deportiert.

4 *Suche mithilfe der Abb. 3 und des Textes Hinweise auf die propagandistische Nutzung der Spiele.*

Hitlers Bekenntnis

Erst 1938 enthüllte Hitler in einer geheimen Rede vor Chefredakteuren deutscher Zeitungen seine wahren Ziele:

Q4 Die Umstände haben mich gezwungen jahrzehntelang fast nur vom Frieden zu reden. Nur unter der fortgesetzten Betonung des deutschen Friedenswillens und der Friedensabsichten war es mir möglich, dem deutschen Volk Stück für Stück die Freiheit zu erringen und ihm die Rüstung zu geben, die immer wieder für den nächsten Schritt als Voraussetzung notwendig war. Es ist selbstverständlich, dass eine solche jahrzehntelang betriebene Friedenspropaganda auch ihre bedenkliche Seite hat; denn es kann nur zu leicht dahin führen, dass das heutige Regime an sich identisch sei mit dem Entschluss und dem Willen einen Frieden unter allen Umständen zu wahren. [...]

5 *Fasse mithilfe von Q4 Hitlers politische Taktik zusammen.*

6 *Diskutiert die vermutlichen Gründe für Hitlers Reden „mit zwei Zungen".*

1 **Guernica. Gemälde von Pablo Picasso, 1937 (351 cm x 782 cm).** Alle Gesichter auf dem Gemälde sind in einem Stil gemalt, bei dem der Unterschied zwischen Profil und Vollansicht aufgehoben wird. Der Künstler kann so die Gefühle und Charakterzüge ausdrucksvoll darstellen.

Kampf den Rüstungsbeschränkungen

Die Heeresstärke wuchs stufenweise von 100000 auf zunächst 300000 Mann, der Aufbau der Luftwaffe begann und die Kriegsmarine wurde modernisiert und verstärkt. 1935 führte Hitler die allgemeine Wehrpflicht, zunächst mit einjähriger Dienstzeit, ein. Das war ein offener und eindeutiger Bruch des Versailler Vertrages (siehe auch S. 164/165).

Frankreich, Großbritannien und Italien protestierten zwar gegen die Einführung der Wehrpflicht, unternahmen aber ansonsten nichts dagegen.

Kriegsvorbereitung in der Wirtschaft

Ab 1936 wurde die gesamte Wirtschaft auf Kriegsbedürfnisse umgestellt. Grundlage dafür war eine geheime Denkschrift Hitlers. Darin hieß es:

Q1 1. Wir sind überbevölkert und können uns auf der eigenen Grundlage nicht ernähren. […]
6. Die endgültige Lösung liegt in der Erweiterung des Lebensraumes bzw. der Rohstoff- und Ernährungsbasis unseres Volkes. […]
Ich stelle damit folgende Aufgabe:
I. Die deutsche Armee muss in vier Jahren kriegsfähig sein.
II. Die deutsche Wirtschaft muss in vier Jahren kriegsfähig sein.

Reichsminister Hermann Göring, mit der Durchführung des „Vierjahresplanes" beauftragt, baute die Rüstungsindustrie mit allen Kräften aus. Das hatte eine ernste Verknappung an Verbrauchsgütern (Lebensmittel und Kleidung) für die Bevölkerung zur Folge.In Landwirtschaft, Industrie und Handel erstrebte Hitler Autarkie, d.h. die Erzeugung möglichst aller benötigten Güter im Inland und Verzicht auf Importe, um die Unabhängigkeit von der Weltwirtschaft zu erreichen. Er wollte das Reich vor den Folgen einer Blockade schützen, die Deutschland im Ersten Weltkrieg in die Knie gezwungen hatte. Deshalb sollte die deutsche Landwirtschaft dahin gebracht werden, dass sie ohne Importe, nur aus eigener Erzeugung, die Versorgung der Bevölkerung sichern konnte.

Teilnahme am spanischen Bürgerkrieg

Im Juli 1936 kam es in Spanien zu einem Militärputsch* gegen die linksgerichtete Regierung der Republik, der zu einem dreijährigen Bürgerkrieg führte. Das nationalsozialistische Deutschland leistete zusammen mit Italien den Putschisten unter Führung von General Franco* umfangreiche materielle und direkte militärische Hilfe. Deutsche Luftwaffeneinheiten griffen in die Kämpfe ein und zerstörten die nordspanische Stadt Guernica durch Brandbomben im April 1937. Bei diesem ersten Luftangriff in der Geschichte auf einen zivilen Ort kamen zahlreiche Menschen ums Leben. Der spanische

2 Firmenwerbung im Zweiten Weltkrieg.

3 Deutsche Truppen marschieren 1938 in Salzburg ein. Foto.

Maler Pablo Picasso (1881–1973) malte zum Gedenken an diesen Terrorangriff sein berühmtes Bild (Abb. 1).

Der deutsche Einsatz an der Seite Francos trug mit zu dessen Sieg im Bürgerkrieg und zur Errichtung der Franco-Diktatur in Spanien bei. Die deutsche Hoffnung auf eine spätere Unterstützung durch Franco im Zweiten Weltkrieg erfüllte sich allerdings nicht. Das Gemälde von Pablo Picasso durfte erst nach dem Ende der Herrschaft Francos (1975) in Spanien ausgestellt werden.

1 *Versuche das Bild von Picasso zu deuten. Leichter wird es, wenn du zuerst die Gesichter genauer betrachtest und dann die Figuren.*

2 *Nenne Kernpunkte der nationalsozialistischen Politik, die beim Eingreifen in Spanien erkennbar werden.*

Die „Heimholung" Österreichs

Nach dem Ersten Weltkrieg hatten sich alle Parteien Österreichs für den Anschluss an das Deutsche Reich ausgesprochen. Durch die Siegermächte wurde dies 1919 verboten.

Die Frage des Anschlusses an das Reich wurde aber in Österreich immer wieder leidenschaftlich diskutiert.

Besonders lautstark forderten die österreichischen Nationalsozialisten den Anschluss Österreichs an das Deutsche Reich. Auf deutschen Druck hin übernahmen sie am 11. März die Regierungsgewalt in Österreich. Am 12. März 1938 marschierten deutsche Truppen nach Österreich ein. Die überwiegende Mehrheit der Österreicher jubelte ihnen zu: „Ein Volk, ein Reich, ein Führer!" Großdeutsches Denken und die Hoffnung auf Besserung der wirtschaftlichen Verhältnisse veranlassten auch viele Österreicher, die keine Nationalsozialisten waren, zur Zustimmung.

Auch in Österreich verbanden die Nationalsozialisten eine geschickte Propaganda mit staatlichem Terror gegen Gegner des Regimes und gegen Juden. Kurzfristig kam es zu über 70 000 Festnahmen. Am 1. April ging der erste Transport von politischen Häftlingen in das KZ Dachau. Die britische Tageszeitung „Daily Express" kommentierte die Ereignisse so:

Q2 Österreich wünscht Hitler [...] Großbritannien und Frankreich können die Österreicher nicht zwingen unabhängig zu sein. [...] Die britische Regierung hielt Hitlers Einmarsch ins Rheinland vor zwei Jahren für ernst, weil es ein gleicher Vertragsbruch war. Aber auch da begrüßten die deutschen Einwohner die deutschen Eindringlinge. Das britische Volk legte sich die Frage vor: Sollen wir dafür kämpfen, die Deutschen getrennt voneinander zu halten, und gab die Antwort: Nein! Es wird diesmal genauso fragen und antworten wie damals.

3 *Beschreibe, welche Stimmung unter der Bevölkerung Salzburgs durch Abb. 3 vermittelt wird.*

4 *Besprecht die außenpolitische Haltung, die in Q2 zum Ausdruck kommt. Überlegt dabei, welche Wirkung eine solche Haltung auf Hitler haben musste.*

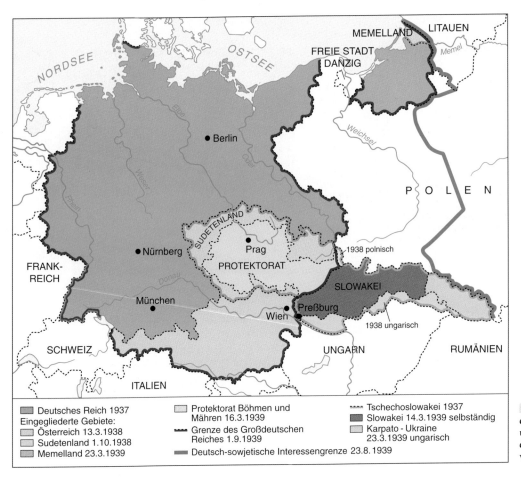

1 Das Großdeutsche Reich und das Schicksal der Tschechoslowakei.

Legend contents of the map:

Deutsches Reich 1937
Eingegliederte Gebiete:
Österreich 13.3.1938
Sudetenland 1.10.1938
Memelland 23.3.1939

Protektorat Böhmen und Mähren 16.3.1939
Grenze des Großdeutschen Reiches 1.9.1939
Deutsch-sowjetische Interessengrenze 23.8.1939

Tschechoslowakei 1937
Slowakei 14.3.1939 selbständig
Karpato - Ukraine 23.3.1939 ungarisch

Hitlers Entschluss

Am 30. Mai 1938 befahl Hitler der Wehrmacht:

> **Q1** [...] Es ist mein unabänderlicher Entschluss, die Tschechoslowakei in absehbarer Zeit durch eine militärische Aktion zu zerschlagen. Den politisch und militärisch geeigneten Zeitpunkt abzuwarten oder herbeizuführen ist Sache der politischen Führung. [...]

Die 1918 gegründete Tschechoslowakei war ein Vielvölkerstaat. In ihr lebten auch 3,5 Millionen Deutsche, die meisten von ihnen im Sudetenland. Seit 1933 gewann die nationalsozialistische Bewegung unter den Deutschen in der Tschechoslowakei immer größeren Einfluss. Die Sudetendeutschen forderten in enger Absprache mit Hitler den Anschluss des Sudetenlandes an Deutschland. Sie stellten der tschechoslowakischen Regierung immer unerfüllbarere Forderungen um Hitler einen Vorwand für den Einmarsch zu schaffen.

Das Münchner Abkommen

Angesichts eines drohenden Krieges wegen des Sudetenlandes schlug der britische Premierminister Chamberlain eine Konferenz vor. Auf Vermittlung Italiens trafen sich die Regierungschefs von Italien, Großbritannien und Deutschland in München.

Die betroffene Tschechoslowakei wurde nicht eingeladen. Im Münchner Abkommen vom 29. September 1938 billigten die drei Mächte die deutschen Forderungen und beschlossen, dass die Tschechoslowakei das Sudetenland räumen musste. Gleichzeitig garantierten Großbritannien und Frankreich feierlich den Fortbestand der restlichen Tschechoslowakei. Die Tschechoslowakei erkannte das Münchner Abkommen nicht an. Sie konnte sich aber gegen den Beschluss und den Einmarsch der deutschen Truppen in das Sudetenland nicht wehren. Am 1. Oktober 1938 wurde das Sudetenland dem Deutschen Reich angegliedert (siehe Abb. 1).

2 Sudetendeutsche Frauen beim Einmarsch der deutschen Truppen. Das Foto wurde am 3. Oktober 1938 offiziell freigegeben durch das Reichsministerium für Volksaufklärung und Propaganda, verbunden mit der Unbedenklichkeitserklärung des Chefs des Oberkommandos der Wehrmacht. Foto 1938.

In einer Rede im Berliner Sportpalast hatte Hitler bereits am 26. September 1938 geäußert:

> **Q2** [...] Ich habe nur weniges zu erklären: Ich bin Herrn Chamberlain dankbar für alle Bemühungen. Ich habe ihm versichert, dass das deutsche Volk nichts anderes will als Frieden. [...] Ich habe ihm weiter versichert und wiederhole es hier, dass es für Deutschland in Europa kein territoriales Problem mehr gibt. [...] Wir wollen gar keine Tschechen!

Besetzung der tschechischen Gebiete

Doch das Münchner Abkommen bedeutete für Hitler nur einen Zwischenschritt. Er arbeitete jetzt auf die vollständige Auflösung der Tschechoslowakei hin.

Am 15. März 1939 ließ Hitler den neuen tschechischen Staatspräsidenten Hacha nach Berlin kommen, während bereits deutsche Truppen nach Böhmen und Mähren, dem tschechischen Teil der ehemaligen Tschechoslowakei, einmarschierten. Hacha wurde die Bombardierung Prags angedroht, falls er nicht das Schicksal des tschechischen Volkes „vertrauensvoll in die Hände des Führers des Deutschen Reiches" lege. Dieser Erpressung musste sich Hacha fügen. Kampflos wurde Prag besetzt. Das tschechische Gebiet wurde der Herrschaft Hitlers unterworfen und am 16. März 1939 zum „Protektorat Böhmen und Mähren" erklärt. Die Slowakei wurde ein selbstständiger Staat.

3 Deutsche Truppen in Prag. Zeitgenössisches Foto.

Die Regierung unterstellte sich in einem „Schutzvertrag" dem Großdeutschen Reich.

1 *Beschreibe die Stimmung der abgebildeten Bevölkerung beim Einmarsch der deutschen Truppen (Abb. 2 und 3).*

2 *Vergleiche Hitlers Äußerungen vom September 1938 (Q2) mit seinem tatsächlichen Verhalten im März 1939. Was könnte dahinter stecken?*

Kriegsvorbereitung: Der Hitler-Stalin-Pakt

Völlig überraschend schlossen das nationalsozialistische Deutschland und die Sowjetunion am 23. August 1939 einen gegenseitigen Nichtangriffspakt. Hitler und seine Führungsgruppe wollten sich damit eine günstigere Position gegenüber den Westmächten verschaffen. Stalin hoffte darauf Deutschland von einem Angriff auf die Sowjetunion abhalten zu können. In einem Zusatzprotokoll vereinbarten die beiden Staaten die Aufteilung Polens:

> **Q3** [...] Für den Fall einer Umgestaltung der zum polnischen Staat gehörenden Gebiete werden die Interessenssphären [Einflussgebiete] Deutschlands und der UdSSR ungefähr durch die Linie der Flüsse Narew, Weichsel und San abgegrenzt. Dieses Protokoll wird von beiden Seiten streng geheim behandelt werden.

3 *Erläutert mithilfe eines (Geschichts-)Atlas den Inhalt von Q3. Überlegt, warum der Inhalt des Zusatzprotokolls von beiden Seiten geheim gehalten werden sollte.*

Mit dem Hitler-Stalin-Pakt war der Weg frei für die Eroberung Polens als nächster Schritt zur Ausdehnung des Deutschen Reiches.

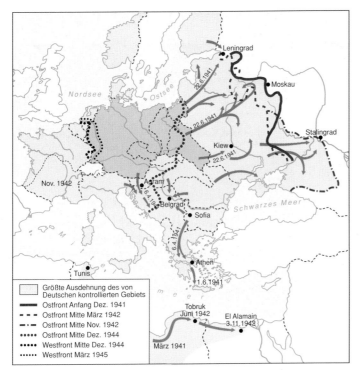

1 Größte Ausdehnung des deutschen Machtbereiches.

Legende zur Karte:

Größte Ausdehnung des von Deutschen kontrollierten Gebiets
— Ostfront Anfang Dez. 1941
– – Ostfront Mitte März 1942
–·– Ostfront Mitte Nov. 1942
···· Ostfront Mitte Dez. 1944
••••• Westfront Mitte Dez. 1944
•••••• Westfront März 1945

2 Zeittafel: Der Zweite Weltkrieg.

1.9.1939 Deutscher Angriff auf Polen
3.9.1939 Kriegserklärung Großbritanniens und Frankreichs an Deutschland
10.5.1940 Deutscher Angriff gegen Belgien, die Niederlande, Luxemburg, Frankreich
22.6.1940 Waffenstillstand zwischen Deutschland und Frankreich
22.6.1941 Deutscher Angriff gegen die Sowjetunion
7.12.1941 Japanischer Angriff auf den amerikanischen Stützpunkt Pearl Harbor auf Hawaii, Kriegserklärung der USA und Großbritanniens an Japan
11.12.1941 Kriegserklärung Deutschlands an die USA
31.1.1943 Kapitulation der 6. deutschen Armee in Stalingrad
6.6.1944 Invasion* amerikanischer und britischer Soldaten in Nordwestfrankreich
7./8.5.1945 Unterzeichnung der deutschen Kapitulation in Reims und Berlin

Der Überfall auf Polen

Am 1. September 1939 überschritten deutsche Truppen ab 4.45 Uhr ohne Kriegserklärung die polnische Grenze. Großbritannien und Frankreich standen zu ihrem Bündnis mit Polen und erklärten Deutschland den Krieg. Sie konnten aber Polen nicht mehr rechtzeitig zu Hilfe kommen. Nach 18 Tagen hatte die deutsche Wehrmacht Polen besiegt. Bereits am 17. September 1939 marschierte auch die Sowjetunion in Polen ein und besetzte Ostpolen bis zur Weichsel.

Polen wurde aufgeteilt. Während die östlichen Gebiete jetzt sowjetische Republiken wurden, kamen die westpolnischen Gebiete zum Deutschen Reich. Der Rest wurde unter der Bezeichnung „Generalgouvernement" unter deutsche Herrschaft gestellt. Für die Polen begann unter der deutschen und sowjetischen Besatzung eine bittere Leidenszeit. Hunderttausende von Polen wurden aus ihrem Besitz vertrieben. Sie mussten in Rüstungsfabriken, auf Gütern und Bauernhöfen harte Zwangsarbeit leisten. Angehörige der Oberschicht, Offiziere, Wissenschaftler, Geistliche und Ärzte wurden ermordet.

Der Krieg im Westen

Während der ersten Phase des Zweiten Weltkrieges bis 1941 schien es, als ob Deutschland bald ganz Europa beherrschen würde.

Nach dem Sieg über Polen eroberten deutsche Truppen ab April 1940 Dänemark und Norwegen um die Zufuhr wichtiger Erzlieferungen nach Deutschland zu sichern. Im Mai 1940 befahl Hitler den Angriff auf Frankreich. Unter Bruch der Neutralität Belgiens und der Niederlande stießen Panzertruppen durch Belgien nach Frankreich vor. Fallschirmjäger und Panzertruppen besetzten die Niederlande. Am 22. Juni 1940 kapitulierten* die französischen Truppen. Eine britische Armee entging erst in letzter Minute durch eine groß angelegte Rettungsaktion der Vernichtung durch deutsche Truppen. Dabei mussten die Briten ihre gesamte Ausrüstung am Strand von Dünkirchen zurücklassen.

In allen eroberten Gebieten errichteten die Deutschen eine oft grausame Besatzungsherrschaft, besonders in Polen. Einheiten der SS und reguläre Truppen verfolgten Juden, verbrachten sie in Konzentrationslager oder erschossen sie an Ort und Stelle.

3 Ein russischer Vater zieht im Winter 1942/43 seine beiden verhungerten und erfrorenen Kinder auf einem Schlitten um sie irgendwo zu beerdigen. Zeitgenössisches Foto.

4 Hinrichtung von Partisanen durch die SS in Russland. Zeitgenössisches Foto.

Vernichtungskrieg gegen die Sowjetunion

Unter Bruch des Nichtangriffpaktes aus dem Jahre 1939 eröffnete die deutsche Wehrmacht am 22. Juni 1941 den Angriff auf die Sowjetunion. Dieser Krieg wurde auf Befehl Hitlers mit einer bislang unbekannten Brutalität geführt. In einem Bericht über eine Führerbesprechung heißt es:

> **Q1** Der Führer ist entschlossen die Stadt Petersburg (Leningrad) vom Erdboden verschwinden zu lassen. [...] Es ist beabsichtigt, die Stadt [...] durch Beschuss mit Artillerie aller Kaliber und laufenden Lufteinsatz dem Erdboden gleichzumachen. [...] Ein Interesse an der Erhaltung auch nur eines Teiles der Bevölkerung besteht in diesem Existenzkrieg unsererseits nicht.

Allein in Leningrad starben damals durch Beschuss, Hunger und Kälte 1,5 Millionen Menschen.

Das Drama von Stalingrad

Im Winter 1942/43 gelang es den sowjetischen Truppen, die 6. deutsche Armee in Stalingrad einzukesseln. Ein Ausbruch der deutschen Armee wurde von Hitler verboten. Anfang 1943 mussten sich die Reste der deutschen Armee ergeben: ausgehungert, zerlumpt und entkräftet.

Stalingrad wurde zum Grab für 150 000 deutsche Soldaten und zum Wendepunkt des Krieges in Europa. 90 000 Soldaten traten den Marsch in die Gefangenenlager an, nur 6000 davon kehrten in die Heimat zurück. Aus den Erinnerungen von Überlebenden der Schlacht bei Stalingrad:

> **Q2** ... das Inferno nahm von Tag zu Tag zu. Nur denen, die nochmals als „fronttauglich" galten, blieb eine Hoffnung. Bei den anderen ...: „Die sind zum Ableben bestimmt, mit denen braucht man nicht mehr zu rechnen." Laufend schnitten sich die Leute die Pulsadern auf. [...] Die steif gefrorenen Leichen haben wir quasi als Kugelfang vor unserem Geschützloch aufgestapelt, ... Kameraden, mit denen wir vor zwei Tagen noch zusammen waren, stierten uns nachts mit toten Augen an. [...]

1 *Nenne mithilfe von Karte 1 die Staaten, die bis 1942 von den deutschen Truppen erobert und besetzt wurden.*

2 *Deute den Begriff „Vernichtungskrieg" mithilfe von Q1.*

3 *Warum wird die Schlacht von Stalingrad als ein Wendepunkt im Zweiten Weltkrieg bezeichnet?*

1 Zwangsarbeiterinnen aus dem Osten beim Arbeitseinsatz in Deutschland. Foto 1942.

Arbeitskräfte für Deutschland

Um die Rüstungsindustrie und die Lebensmittelproduktion während des Krieges aufrechtzuerhalten wurden Kriegsgefangene eingesetzt, aber auch zivile ausländische Arbeiterinnen und Arbeiter zwangsweise nach Deutschland gebracht. Die meisten kamen aus Osteuropa. Dort wurden sie oft durch Razzien* oder unter Androhung von Gefängnis oder sogar der Todesstrafe zusammengetrieben.

Ende 1944 gab es etwa 5 Millionen Zwangsarbeiter in Deutschland, darunter fast 2 Millionen Russen und ca. 850000 Polen. Durch Abzeichen, die sie tragen mussten, sollten diese Menschen schon äußerlich als „minderwertig" diskriminiert werden. Wer sein Abzeichen nicht trug, wurde zu Gefängnis verurteilt. Die Einstellung zu ihnen drückte Heinrich Himmler, Leiter des gesamten Unterdrückungs- und Terrorapparates, deutlich aus:

> **Q1** Ob bei dem Bau eines Panzergrabens 10 000 russische Weiber an Entkräftung umfallen oder nicht, interessiert uns nur insoweit, als der Panzergraben für Deutschland fertig wird. Wir werden niemals roh und herzlos sein, wo es nicht sein muss; das ist klar. Wir Deutsche, die wir als Einzige auf der Welt eine anständige Einstellung zum Tier haben, werden ja auch zu diesen Menschentieren eine anständige Einstellung einnehmen. […]

1 Überlege, was es für einen Menschen bedeutet hat, ein solches Abzeichen (Abb. 2) tragen zu müssen.

2 Beschreibe mit Q1, wie Himmler andere Völker einschätzte. Vergleiche auch mit Q1, Seite 168.

Zwangsarbeiter in Betrieben

Die Lebensbedingungen der Arbeiter waren schlecht, hingen aber von Herkunft und Einsatzort ab. Wer in der Rüstungsindustrie eingesetzt war, musste zusammengepfercht in schmutzigen Baracken leben. Es gab kein warmes Wasser, waschen konnte man sich nur in Bächen. Die Ernährung war meist völlig unzureichend. Bei Fliegeralarm durften die Zwangsarbeiter keinen Luftschutzkeller aufsuchen. Ein Arbeiter der IG-Farben-Fabrik in Auschwitz schildert seine Erlebnisse:

> **Q2** […] Unser Mittagessen bestand aus Kartoffel- oder Rübensuppe, abends bekamen wir etwas Brot. Während der Arbeitszeit wurden wir fürchterlich misshandelt. […] Wer während der Arbeitszeit aus seiner Parzelle herausging, wurde auf der Stelle wegen „Fluchtversuchs" erschossen. Der Weg von und zur Arbeit wurde in scharfem Marschtempo zurückgelegt, wer nicht mithalten konnte, wurde erschossen.

3 Beschreibe mithilfe von Q2 die Arbeitsbedingungen der Zwangsarbeiter.

4 Luftangriffe richteten sich oft gezielt auf Rüstungsbetriebe. Was bedeutete das für die Arbeiter?

5 Erkundige dich, ob es in deiner Nähe einen Betrieb gibt, der während des Krieges Zwangsarbeiter beschäftigt hat.

1. Das Verlassen des Aufenthaltsortes ist streng verboten.
2. Während des von der Polizeibehörde angeordneten Ausgehverbotes darf auch die Unterkunft nicht verlassen werden.
3. Die Benutzung der öffentlichen Verkehrsmittel, z. B. Eisenbahn, ist nur mit besonderer Erlaubnis der Ortspolizeibehörde gestattet.
5. Wer lässig arbeitet, die Arbeit niederlegt, andere Arbeiter aufhetzt, die Arbeitsstätte eigenmächtig verlässt usw., erhält Zwangsarbeit im Arbeitserziehungslager. Bei Sabotagehandlungen und anderen schweren Verstößen gegen die Arbeitsdisziplin erfolgt schwerste Bestrafung, mindestens mehrjährige Unterbringung in einem Arbeitserziehungslager.
6. Jeder gesellige Verkehr mit der deutschen Bevölkerung, insbesondere der Besuch von Theatern, Kinos, Tanzvergnügen, Gaststätten und Kirchen, gemeinsam mit der deutschen Bevölkerung, ist verboten. Tanzen und Alkoholgenuss ist nur in den den polnischen Arbeitern besonders zugewiesenen Gaststätten gestattet.

2 Pflichten polnischer Zwangsarbeiter. Oben rechts das Abzeichen, das sie tragen mussten.

Arbeiter ohne Rechte

Die Bestimmungen für Zwangsarbeiter (siehe Abb. 2) waren sehr streng. Intime Kontakte zwischen Deutschen und Zwangsarbeitern wurden besonders scharf verfolgt. Wer gegen sie verstieß, musste mit harten Strafen rechnen. So wurde der Pole Josef Chojnacky 1942 hingerichtet, weil er eine deutsche Frau „in schamloser Weise belästigt und unsittlich angegriffen" haben sollte.

Ein 17-jähriges Mädchen wurde zufällig Zeugin einer solchen Bestrafung:

Q3 Als ich mit meiner Schwester durch das benachbarte Städtchen ging, fiel uns auf, dass sich zahlreiche Menschen aus dem Marktplatz versammelt hatten. [...] Gleich darauf schleppten zwei Uniformierte eine etwa 25-jährige Frau herbei, die kaum mehr in der Lage war selbst zu gehen und setzten sie auf den Stuhl. Erst später haben wir erfahren, dass man die Frau beschuldigte mit dem französischen Kriegsgefangenen, der auf ihrem Hof arbeitete, ein Verhältnis zu haben. Ich werde nie vergessen, was dann geschah. Der Friseur des Ortes betrat – offensichtlich nicht freiwillig – das Podium, packte die langen, dunklen Haare der Frau, zog sie über ihren Kopf nach vorne und rasierte sie mit 4 oder 5 Strichen seiner Haarschneidemaschine völlig ab. Dann wurde die wehrlose Frau wieder abgeführt. Für den Rest des Tages waren wir wie gelähmt und sprachen kaum noch ein Wort.

6 *Stelle mithilfe von Abb. 2 zusammen, was die ausländischen Arbeiter nicht durften.*

7 *Lies Q3 und überlege, warum man die Frau gerade auf diese Weise bestrafte.*

Zwangsarbeiter in der Landwirtschaft

Viele Bauernhöfe erhielten einen Zwangsarbeiter als Unterstützung zugeteilt. Hier wurden die strengen Bestimmungen oft nicht eingehalten. Eine 17-jährige Bauerntochter berichtete:

Q4 1941 erhielten wir einen etwa 30-jährigen polnischen Zwangsarbeiter namens Johann zugeteilt. Mein Vater war schon gestorben, einer meiner Brüder gefallen und die anderen waren im Krieg. Meine Mutter, meine ältere Schwester und ich mussten den Hof alleine betreiben. [...] Wir erhielten natürlich die Bestimmungen ausgehändigt, wie man einen Arbeiter aus den besetzten Gebieten zu behandeln hatte. Aber Johann kam nur mit einem kleinen Köfferchen zu uns, seine Kleider waren nur noch Lumpen. Also gaben wir ihm Kleider meines Vaters und meiner Brüder. Johann konnte zunächst kein Wort Deutsch, aber er lernte schnell und gehörte bald zur Familie. Er aß mit uns an einem Tisch und saß am Abend in der warmen Stube. Wie hätten wir uns denn voneinander fern halten sollen, wo wir doch jeden Tag zusammen arbeiteten. Da musste man sich doch miteinander verständigen. Natürlich waren wir uns der Gefahren bewusst, denen wir uns aussetzten. Jederzeit hätte uns jemand denunzieren können und das hätte strenge Strafen bedeutet. Johann wusste diese Behandlung zu schätzen. [...] Als der Krieg vorbei war, ging er nicht sofort zurück wie die anderen, sondern blieb bis zum Oktober um uns weiter bei der Arbeit zu helfen.

8 *Lies Q4 und zähle auf, womit die Familie gegen die geltenden Bestimmungen verstoßen hat.*

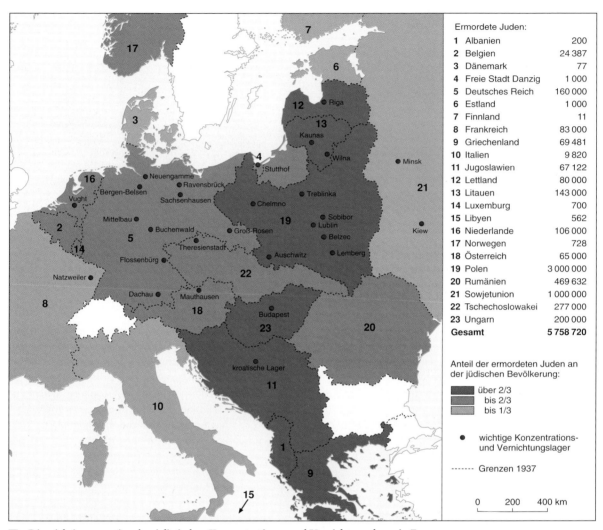

Ermordete Juden:

1	Albanien	200
2	Belgien	24 387
3	Dänemark	77
4	Freie Stadt Danzig	1 000
5	Deutsches Reich	160 000
6	Estland	1 000
7	Finnland	11
8	Frankreich	83 000
9	Griechenland	69 481
10	Italien	9 820
11	Jugoslawien	67 122
12	Lettland	80 000
13	Litauen	143 000
14	Luxemburg	700
15	Libyen	562
16	Niederlande	106 000
17	Norwegen	728
18	Österreich	65 000
19	Polen	3 000 000
20	Rumänien	469 632
21	Sowjetunion	1 000 000
22	Tschechoslowakei	277 000
23	Ungarn	200 000
Gesamt		**5 758 720**

Anteil der ermordeten Juden an der jüdischen Bevölkerung:

- über 2/3
- bis 2/3
- bis 1/3

● wichtige Konzentrations- und Vernichtungslager

------- Grenzen 1937

0   200   400 km

1 Die wichtigsten nationalsozialistischen Konzentrations- und Vernichtungslager in Europa.

Die „Endlösung" der Judenfrage

Nach Hitlers Überfall auf Polen verschlechterte sich die Lage der Juden bedeutend. Die Nationalsozialisten begannen mit der planmäßigen Ermordung der Juden in Polen und in der Sowjetunion. Ihren Massenerschießungen fielen etwa 1 Million Menschen zum Opfer.

Am 20. Januar 1942 tagten hohe Parteifunktionäre und Polizeibeamte in Berlin. Auf dieser so genannten Wannsee-Konferenz wurde die Durchführung der Vernichtungsaktion aller europäischen Juden besprochen. Die geplante Mordaktion nannte man beschönigend „Endlösung". Im Protokoll der Konferenz heißt es:

Q1 […] Im Zuge dieser Endlösung der europäischen Judenfrage kommen rund elf Millionen Juden in Betracht. […] In großen Arbeitskolonnen, unter Trennung der Geschlechter, werden die arbeitsfähigen Juden Straßen bauend in diese Gebiete geführt, wobei zweifellos ein Großteil durch natürliche Vernichtung ausfallen wird. Der […] verbleibende Rest wird, da es sich bei diesem zweifellos um den widerstandsfähigsten Teil handelt, entsprechend behandelt werden müssen. […]

1 *Beschreibe, wie in Q1 über die Juden gesprochen wird.*

Organisierter Massenmord

Um den geplanten millionenfachen Mord möglichst schnell und effektiv durchzuführen begann man bereits Ende 1941 mit Vergasungen. Aus allen von den Nazis eroberten Ländern wurden die Juden in Vernichtungslager verschleppt. Man transportierte sie eng zusammengepfercht in Viehwaggons. Essen und Trinken gab es auf den oft langen Fahrten nicht.

Rudolf Höß, Kommandant von Auschwitz, schrieb:

> **Q2** [...] Ich befehligte Auschwitz bis zum 1. Dezember 1943 und schätze, dass mindestens 2 500 000 Opfer dort durch Vergasung und Verbrennen hingerichtet und ausgerottet wurden; mindestens eine weitere halbe Million starb durch Hunger und Krankheit, was eine Gesamtzahl von drei Millionen Toten ausmacht.

2 *Betrachte Abb. 1 und nenne die Vernichtungslager. Wo lagen sie? Versuche die Wahl dieser Lage aus der Sicht der Nationalsozialisten zu begründen.*

Nach der Ankunft in den Lagern wurden die Menschen von SS-Ärzten begutachtet und „selektiert", d. h. ausgesondert (siehe Abb. 2). Arbeitsfähige wurden in primitiven Baracken zu tausenden untergebracht und mussten Schwerstarbeit leisten. Die nicht Arbeitsfähigen, vor allem Frauen, Kinder und alte Menschen, gingen sofort in die Gaskammern.

Der SS-Offizier Kurt Gerstein berichtet über eine solche Massenvergasung im KZ Belzec:

> **Q3** Am anderen Morgen um kurz vor sieben Uhr kündigt man mir an: In zehn Minuten kommt der erste Transport! Tatsächlich kam nach einigen Minuten der erste Zug von Lemberg aus an. 45 Waggons mit 6 700 Menschen, von denen 1450 schon tot waren bei ihrer Ankunft. Hinter den vergitterten Luken schauten, entsetzlich bleich und ängstlich, Kinder durch, die Augen voll Todesangst, ferner Männer und Frauen. Der Zug fährt ein: 200 Ukrainer reißen die Türen auf und peitschten die Leute mit ihren Lederpeitschen aus den Waggons heraus. Ein großer Lautsprecher gibt die weiteren Anweisungen: Sich ganz ausziehen, auch Prothesen, Brillen usw. Die Wertsachen am Schalter abgeben, ohne Bons oder Quittung. Die Schuhe sorgfältig zusammenbinden, denn in dem Haufen von reichlich 25 Meter Höhe hätte sonst niemand die zugehörigen Schuhe wieder zusammenfinden können. Dann die Frauen und Mädchen zum Friseur, der mit

2 Auf der Rampe bei der Ankunft im KZ Auschwitz. Foto.

zwei, drei Scherenschlägen die ganzen Haare abschneidet und sie in Kartoffelsäcken verschwinden lässt.

Dann setzt sich der Zug in Bewegung. [...] So steigen sie die kleine Treppe herauf und dann sehen sie alles. Mütter mit Kindern an der Brust, kleine nackte Kinder, Erwachsene, Männer und Frauen, alle nackt – sie zögern, aber sie treten in die Todeskammern, von den anderen hinter ihnen vorgetrieben oder von den Lederpeitschen der SS getrieben. Die Mehrzahl ohne ein Wort zu sagen. [...] Die Menschen stehen einander auf den Füßen. 700 bis 800 auf 25 Quadratmetern, in 45 Kubikmetern! Die SS zwängt sie physisch zusammen, soweit es überhaupt geht. – Die Türen schließen sich. Währenddessen warten die anderen draußen im Freien, nackt. Man sagt mir: Auch im Winter genauso!

3 *Betrachte Abb. 2 und lies Q3. Versuche zu beschreiben, wie das Vorgehen der Nazis auf dich wirkt.*

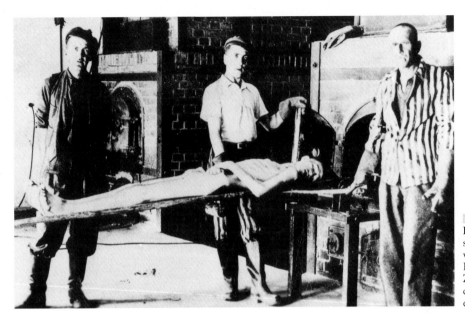

1 **Verbrennungsöfen im KZ Auschwitz.** Das Hilfspersonal, das die Verbrennungen vornahm, bestand selbst aus KZ-Häftlingen, die nach kurzer Zeit von der SS erschossen wurden und durch andere Häftlinge ersetzt wurden. Foto um 1942.

Vernichtungslager Auschwitz-Birkenau

Man schätzt, dass insgesamt etwa 6 Millionen Juden in Europa von den Nationalsozialisten ermordet wurden, fast die Hälfte davon in Polen.

1946, kurz vor seiner Hinrichtung, schrieb der ehemalige Kommandant des KZ Rudolf Höß Folgendes nieder:

Q Nach der Entkleidung gingen die Juden in die Gaskammer, die mit Brausen und Wasserleitungsrohren versehen völlig den Eindruck eines Baderaumes machte. Zuerst kamen die Frauen mit den Kindern hinein, hernach die Männer, die ja immer nur die wenigeren waren. Dies ging fast ganz ruhig, da die Ängstlichen und das Verhängnis vielleicht Ahnenden von den Häftlingen des Sonderkommandos beruhigt wurden. Auch blieben diese Häftlinge und ein SS-Mann bis zum letzten Moment in der Kammer.
Die Tür wurde nur schnell zugeschraubt und das Gas sofort in die Einwurfluken durch die Decke der Gaskammer in einen Luftschacht bis zum Boden geworfen. Dies bewirkte die sofortige Entwicklung des Gases. Durch das Beobachtungsloch in der Tür konnte man sehen, dass die dem Einwurfschacht am nächsten Stehenden sofort umfielen. Man kann sagen, dass ungefähr ein Drittel sofort tot war. [...] Nach spätestens 20 Minuten regte sich keiner mehr. Eine halbe Stunde nach Einwurf des Gases wurde die Tür geöffnet

und die Entlüftungsanlage eingeschaltet. Es wurde sofort mit dem Herausziehen der Leichen begonnen. [...] Den Leichen wurden nun durch das Sonderkommando die Goldzähne entfernt und den Frauen die Haare abgeschnitten. Hiernach [wurden sie] durch den Aufzug nach oben gebracht vor die inzwischen angeheizten Öfen. [...]
Das Aschenmehl wurde mittels Lastwagen nach der Weichsel gefahren und dort schaufelweise in die Strömung geworfen, wo es sofort abtrieb und sich auflöste.

1 *Erkläre, welche Vorgänge man immer mit dem Namen „Auschwitz" in Verbindung bringen wird.*
2 *Diskutiert darüber, warum sich die Juden ohne Gegenwehr in ihr Schicksal fügten.*
3 *Versuche zu begründen, warum die „Endlösung" vor der Öffentlichkeit geheim gehalten wurde.*
4 *Informiert euch über die so genannte Endlösung. Seht euch dazu Filme wie „Holocaust" oder „Schindlers Liste" an und fragt in der Bibliothek nach Augenzeugenberichten aus dieser Zeit.*
5 *Plant einen Unterrichtsgang zu der nächsten KZ-Gedenkstätte. Auf Seite 187 findet ihr Anregungen dazu.*
6 *Rechtsextremisten behaupten, die Judenvernichtung habe gar nicht stattgefunden. Nimm Stellung dazu.*

1 Der Kommandant von Dachau mit SS-Führern. Foto.

2 KZ-Häftlinge im Steinbruch von Flossenbürg und Mauthausen. Foto.

Besuch einer Gedenkstätte

Gedenkstätten dienen der Erinnerung und sollen die Vergangenheit durch die Begegnung mit originalen Gegenständen für uns lebendig machen. Solche Gedenkstätten sind auch die Konzentrationslager, die uns die Gräueltaten der Nationalsozialisten und das Leiden der Häftlinge besonders eindrucksvoll verdeutlichen. In der Nähe von München liegt das erste KZ, das Hitler errichten ließ – Dachau. Den Besuch des Lagers sollte man aber gut planen. Und so könnt ihr dabei vorgehen.

Planung

● Informationen einholen:
– Ausstellungskatalog
– Berichte von ehemaligen Häftlingen
– Zusammenarbeit mit anderen Fachlehrern, z.B. dem Religionslehrer
● Aufbau der Gedenkstätte erläutern: Museum, Film und Außengelände
● Führung in Anspruch nehmen: rechtzeitiges Buchen berücksichtigen
● vorbereitendes Material: Fragebögen für das Museum schicken lassen
● Organisation der Fahrt: Zug oder Bus, mögliche Zuschüsse
● Erwartungen klären: Ein Gedenkstättenbesuch ist kein lustiger Schulausflug

Auswertung

● Gefühle während des Besuches
● Wo haben wir Neues erfahren, was wussten wir schon?
● Wie wirkte die Darstellung?
● Wo hätte ich noch gerne zusätzliche Informationen?
Wie kann ich sie mir beschaffen?
● Welche Lehren kann man aus dem Besuch ziehen?
● Auswertung der Fragebögen
● Vertiefung des Themas: Zeitzeugen einladen, Filme („Holocaust" oder „Schindlers Liste")

Unterlagen

● Führungshilfe zum Besuch der Gedenkstätte des ehemaligen KZs Dachau
● Akademie-Berichte Dillingen: KZ-Gedenkstätte Dachau, Akademiebericht 62, 1983

Zuschüsse

● Bayerische Landeszentrale für politische Bildungsarbeit, München

1 Georg Elser. Foto.

Deutsche leisten Widerstand

Schon seit Hitlers Machtergreifung leisteten in Deutschland mutige Männer und Frauen Widerstand gegen seine Diktatur. Ihre Arbeit war lebensgefährlich, denn sie mussten nicht nur die Gestapo fürchten, sondern auch Denunzianten, die sie verrieten. Die Gründe, warum sich Menschen gegen Hitler stellten, waren verschieden, ihr Ziel aber war dasselbe: sie wollten die NS-Diktatur stürzen.

Einzelne Bürger verübten Attentate auf Hitler, wie z. B. der Schreiner Hans Georg Elser, der 1939 Hitler im Münchner Bürgerbräukeller mit einer Bombe töten wollte um den Ausbruch des Zweiten Weltkrieges zu verhindern. Der Anschlag scheiterte jedoch.

Widerstand politischer Gruppen

Ehemalige Mitglieder der SPD, KPD und der Gewerkschaften fanden sich zu Gruppen zusammen, die illegal im Untergrund tätig wurden. Sie verteilten Flugblätter in Betrieben und organisierten Anschläge auf Rüstungsbetriebe. Ebenso waren auch zahlreiche Arbeiter im Untergrund tätig, die die Zerschlagung ihrer Parteien und Organisationen nicht hinnehmen wollten. Viele von ihnen büßten ihren Einsatz mit Haft, Folter oder sogar mit dem Tod.

Widerstand der Kirche

Der Widerstand der Christen beider Konfessionen war nicht in Gruppen organisiert. Es gab nur einzelne Pfarrer und Priester, die mutig gegen das NS-Regime und vor allem gegen die Ermordung von Geisteskranken und die Vernichtung der Juden predigten. Bekannte Vertreter waren der katholische Weihbischof Johannes Neuhäusler und der evangelische Pastor Martin Niemöller, die ihr engagiertes Auftreten gegen die Nazis mit der Einlieferung ins

KZ Dachau büßten. Auch der Jesuitenpater Rupert Mayer war ein entschiedener Gegner der Nationalsozialisten. Er hielt sich nicht an das Predigtverbot und wurde deshalb 1939 verhaftet und ins KZ Sachsenhausen eingeliefert. Er überlebte die Haft als todkranker Mann und starb 1945 in München.

1 *Stelle zusammen, wer gegen das NS-Regime Widerstand leistete.*

2 *Erkundige dich über Priester und Geistliche, die ins KZ eingeliefert wurden.*

Die „Weiße Rose"

Auch junge Menschen begannen mit Widerstandsaktionen, als sie von den Gräueltaten der Nazis im Osten erfuhren. Eine der bekanntesten Gruppen war die „Weiße Rose", eine Vereinigung Münchner Studenten um die Geschwister Hans und Sophie Scholl und den Professor Kurt Huber. In Flugblättern forderten sie die Menschen in Deutschland zum Sturz der NS-Diktatur auf.

Am 18. Februar 1943 verteilten Hans und Sophie Scholl einen Koffer voll Flugblätter in der Münchner Universität. Dabei wurden sie vom Hausmeister an die Gestapo verraten, verhaftet und hingerichtet. Im vorletzten Flugblatt heißt es:

Q1 [...[Was aber tut das deutsche Volk? Es sieht nicht und es hört nicht. Blindlings folgt es seinen Verführern ins Verderben. Sieg um jeden Preis! haben sie auf ihre Fahnen geschrieben. Ich kämpfe bis zum letzten Mann, sagt Hitler – indes ist der Krieg bereits verloren.

Deutsche! Wollt ihr und eure Kinder dasselbe Schicksal erleiden, das den Juden widerfahren ist? Wollt ihr mit dem gleichen Maße gemessen werden wie eure Verführer? Sollen wir auf ewig das von aller Welt gehasste und ausgestoßene Volk sein? Nein! Darum trennt euch von dem nationalsozialistischen Untermenschentum! Beweist durch die Tat, dass ihr anders denkt! Ein neuer Befreiungskrieg bricht an. Der bessere Teil des Volkes kämpft auf unserer Seite. Zerreißt den Mantel der Gleichgültigkeit, den ihr um euer Herz gelegt! Entscheidet euch, ehe es zu spät ist!

Aus dem letzten Flugblatt der „Weißen Rose":

Q2 [...] Der Tag der Abrechnung ist gekommen, der Abrechnung der deutschen Jugend mit der verabscheuungswürdigsten Tyrannis*, die unser Volk je erduldet hat. Im Namen der deutschen Jugend fordern wir vom Staat Adolf Hitlers

In der Strafsache gegen

1.) den <u>Hans</u> Fritz S c h o l l aus München, geboren in Ingersheim am 22. September 1918.
2.) die <u>Sophia</u> Magdalena S c h o l l aus München, geboren in Forchdenberg am 9. Mai 1921.

wegen landesverräterischer Feindbegünstigung, Vorbereitung zum Hochverrat, Wehrkraftzersetzung
hat der Volksgerichtshof, 1. Senat, aufgrund der Hauptverhandlung vom 22. Februar 1943

für Recht erkannt:
Die Angeklagten haben im Kriege in Flugblättern zur Sabotage der Rüstung und zum Sturz der nationalsozialistischen Lebensform unseres Volkes aufgerufen, Gedanken propagiert und den Führer aufs Gemeinste beschimpft und dadurch den Feind des Reiches begünstigt und unsere Wehrkraft zersetzt.
Sie werden deshalb mit dem
T o d e
bestraft.

2   Das Todesurteil gegen Hans und Sophie Scholl (Auszug).

die persönliche Freiheit, das kostbarste Gut des Deutschen, zurück, um das er uns in der erbärmlichsten Weise betrogen. [...]

3   *Beschreibe die Abb. 1 und 2. Wie wirken diese Menschen auf dich?*

4   *Überlege, warum sich gerade junge Leute, vor allem auch Studenten, gegen Hitler stellten.*

5   *Lies Q1 und Q2. Erkläre, was die „Weiße Rose" dem deutschen Volk vorwirft und was sie von ihm fordert.*

6   *Lies den Text zur Abb. 2 und nimm Stellung zu der Bestrafung der Geschwister Scholl.*

Der 20. Juli 1944

Auch Angehörige des Militärs organisierten sich in Gruppen um die Macht in Deutschland zu übernehmen und das Land vor der völligen Vernichtung zu bewahren. 1944 übernahm Oberst Claus Graf Schenk von Stauffenberg die Ausführung dieses Plans. Als hoher Offizier hatte er Zugang zum Führerhauptquartier. Am 20. Juli 1944 wurde Stauffenberg zu einer Besprechung mit Hitler gerufen. Dabei stellte er eine Aktentasche mit einer Bombe unter dem Verhandlungstisch neben Hitler ab und verließ den Raum. Die Bombe explodierte und tötete mehrere Menschen, Hitler selbst wurde jedoch nur leicht verletzt. Der Umsturzversuch brach daraufhin schnell zusammen, Stauffenberg und die anderen beteiligten Offiziere wurden noch in derselben Nacht festgenommen und erschossen. Und so begründeten die Attentäter ihre Tat:

Q3   Unser Ziel ist die wahre, auf Achtung, Hilfsbereitschaft und soziale Gerechtigkeit gründete Gemeinschaft des Volkes. Wir wollen Gottesfurcht anstelle von Selbstvergottung, Recht und Freiheit anstelle von Gewalt und Terror, Wahrheit und Sauberkeit anstelle von Lüge und Eigennutz. [...] Wir wollen mit besten Kräften dazu beitragen, die Wunden zu heilen, die dieser Krieg allen Völkern geschlagen hat, und das Vertrauen zwischen ihnen wieder neu zu beleben... Wir erstreben einen gerechten Frieden, der an die Stelle der Selbstzerfleischung und Vernichtung der Völker friedliche Zusammenarbeit setzt. [...]

7   *Erkläre die Beweggründe der Attentäter.*

8   *Lies Q3 und gib die Ziele der Attentäter an.*

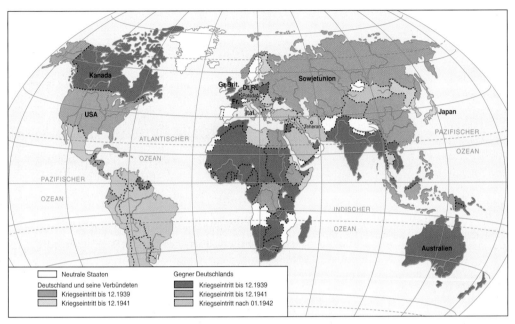

1 Die Kriegs-gegner.

Krieg mit den USA

Am 7. Dezember 1941 griff das mit Deutschland verbündete Japan mit Bombern überraschend Pearl Harbor, einen großen amerikanischen Stützpunkt auf Hawaii, an. Einen Tag später erklärten die USA und Großbritannien Japan den Krieg. Um Japan zu unterstützen erklärte Hitler seinerseits am 11. Dezember 1941 den USA den Krieg. Damit hatten sich die Kriegshandlungen endgültig zum Weltkrieg ausgeweitet. Die USA hatten allerdings schon vor dem Kriegseintritt Waffen und anderes Rüstungsmaterial an Großbritannien und die Sowjetunion geliefert.

Die Atlantikcharta

Der amerikanische Präsident Roosevelt und der britische Premierminister Churchill gaben am 14. August 1941 auf einem Kriegsschiff eine Erklärung, die so genannte Atlantikcharta, ab, in der es u. a. heißt:

Q1 [...] Nach der endgültigen Vernichtung der Nazityrannei hoffen sie auf einen Frieden, der allen Nationen die Möglichkeit bietet innerhalb der eigenen Grenzen sicher zu leben und der allen Menschen die Sicherheit gibt in ihren Ländern frei von Not und Furcht zu leben. [...] da kein künftiger Friede aufrechtzuerhalten ist, solange die Rüstungen zu Land, zur See und in der Luft von Nationen weiterhin zum Angriff außer-

halb der Grenzen eingesetzt werden, glauben sie auch, dass es wesentlich ist, diese Nationen zu entwaffnen. [...]

1 *Überlege, in welcher Form heute die Gedanken von Roosevelt und Churchill (Q1) noch eine Rolle spielen.*

Die Konferenz von Casablanca

In Casablanca erklärten Roosevelt und Churchill im Januar 1943:

Q2 Der Präsident und der Premierminister sind in Ansehung der gesamten Kriegslage mehr denn je dazu entschlossen, dass nur eine totale Beseitigung der deutschen und japanischen Kriegsmacht der Welt den Frieden bringen kann. Dies führt zu der einfachen Formulierung der Kriegsziele, welche eine bedingungslose Kapitulation Deutschlands, Japans und Italiens zum Inhalt hat. [...] Bedingungslose Kapitulation bedeutet nicht die Vernichtung der deutschen, japanischen oder der italienischen Bevölkerung, sie bedeutet vielmehr die Zerstörung einer Weltanschauung in Deutschland, Italien und Japan, die auf Eroberung und Unterjochung anderer Völker beruht.

2 *Liste auf, welche Möglichkeiten des Umgangs mit Deutschland für die Alliierten bestanden.*

3 *Nenne Gründe, warum sie sich wie in Q2 entschieden.*

Die Außenministerkonferenz von Moskau

Auf einer Außenministerkonferenz in Moskau erklärten die USA, Großbritannien und die Sowjetunion am 30. Oktober 1943 gemeinsam:

> **Q3** Sobald irgendeiner in Deutschland gebildeten Regierung ein Waffenstillstand gewährt werden wird, werden jene deutschen Offiziere, Soldaten und Mitglieder der Nazipartei, die für die obigen Grausamkeiten, Massaker und Exekutionen verantwortlich gewesen sind oder an ihnen zustimmend teilgehabt haben, nach den Ländern zurückgeschickt werden, in denen ihre abscheulichen Taten ausgeführt wurden um gemäß den Gesetzen dieser befreiten Länder und der Regierungen, welche in ihnen errichtet werden, vor Gericht gestellt und bestraft zu werden. [...]

Die Konferenz von Teheran

In Teheran trafen im November 1943 die „Großen Drei" Roosevelt, Churchill und Stalin erstmals persönlich zusammen. Man ging davon aus, dass Deutschland über kurz oder lang kapitulieren würde. Die „Großen Drei" waren sich darüber einig, dass „Großdeutschland" aufgeteilt werden sollte. Österreich sollte wieder ein selbstständiger Staat und das Sudetenland an die Tschechoslowakei zurückgegeben werden.

Stalin forderte, dass die Sowjetunion die 1939/40 besetzten Gebiete behalten könne, also auch den Ostteil Polens. Dazu sollte sie den Norden Ostpreußens mit Königsberg erhalten. Polen sollte für die an die Sowjetunion abgetretenen Gebiete durch deutsche Ostgebiete entschädigt werden. Außerdem wurde die Invasion in Frankreich im Frühjahr 1944 beschlossen.

Die Konferenz von Jalta

Als sich die „Großen Drei" im Februar 1945 in Jalta erneut trafen (siehe Abb. 2), war das Kriegsende bereits in Sicht.
Die Alliierten beschlossen:
– die Einteilung Deutschlands in Besatzungszonen,
– die Ausübung jeglicher Regierungsgewalt in Deutschland durch die Besatzungsmächte,
– die Festsetzung der polnischen Grenze, wobei die endgültige Grenzziehung einer Friedenskonferenz vorbehalten bleiben sollte,
– die Verwaltung Berlins durch alle vier Besatzungsmächte gemeinsam.

2 Churchill, Roosevelt und Stalin in Jalta, 1945. Foto.

Nationalsozialismus und Militarismus in Deutschland sollten ausgerottet werden; dann sollte auch Deutschland wieder einen Platz in der Gemeinschaft der Nationen erhalten. Deutschland müsse ferner Wiedergutmachung leisten für die den anderen Nationen zugefügten Schäden. In einer ganzen Anzahl von Punkten fand man allerdings keine Einigung. Eine endgültige Regelung dieser Fragen sollte nach Kriegsende auf einer Friedenskonferenz beschlossen werden.

Ein Mitspracherecht für die Deutschen bei der zukünftigen Neugestaltung wurde abgelehnt. Dazu äußerte sich nach einem Protokoll eines amerikanischen Diplomaten Churchill so:

> **Q4** Der Premierminister (Churchill) sagte, dass nach seiner Meinung keine Notwendigkeit bestünde mit irgendeinem Deutschen irgendeine Frage über ihre Zukunft zu besprechen – dass die bedingungslose Übergabe uns das Recht gäbe die Zukunft Deutschlands zu bestimmen, was am besten im zweiten Stadium nach der bedingungslosen Übergabe geschehen könnte. Er betonte, dass die Alliierten unter diesen Bedingungen sich alle Rechte vorbehalten über das Leben, das Eigentum und die künftige Tätigkeit der Deutschen.

4 *Beurteile die Folgen der Entscheidungen in Moskau, Teheran und in Jalta.*
5 *Erklärt mithilfe der Karte die Bezeichnung „Zweiter Weltkrieg".*

Verhalten bei Alarm

1. Es ist Pflicht, in den Luftschutzraum zu gehen.
2. Vermeide jedes Licht.
3. Gassparflämmchen in Küche, Bädern usw. abstellen.
4. Hauptgashahnen im Keller abstellen.
5. Hauptwasserhahnen abstellen.
6. Bereithalten des Luftschutzgepäcks: Urkunden, Lebensmittelmarken, Kleiderkarten, Geldbeutel, Wäsche, Kleider, Schuhzeug, Handtaschen und Ähnliches mit in den Keller nehmen. Richte dir das jeden Abend, bevor du ins Bett gehst, zusammen.
7. Nimm einen vollständigen Anzug in den Keller mit!
8. Brandwachen in den Dachräumen aufstellen (splittersicher).

Verhalten nach dem Angriff

Sofort helfen:
1. Verschüttete bergen.
2. Verletzten helfen.
3. Löschen.
4. Werte retten. Wer stiehlt oder plündert, verliert den Kopf.

1 Anordnungen für das Verhalten bei Luftalarm.

2 Überlebende nach einem Bombenangriff. Zeitgenössisches Foto.

Briten und Amerikaner bombardieren

Hitler hatte Bomben auf Warschau, Rotterdam, London und Moskau werfen lassen (siehe Abb. 2) und verkündet: „Wir werden ihre Städte ausradieren!" Aber die deutsche Luftwaffe musste sich bald auf die Abwehr feindlicher Bomberverbände beschränken. Britische Flugzeuge bombardierten seit 1941 fast jede Nacht die großen deutschen Städte und die Industriewerke. Bei diesen Angriffen ging es nicht mehr darum, feindliche Truppenaufmärsche zu zerschlagen oder die feindliche Rüstungsindustrie zu behindern: nein, es ging um ganz neue Ziele.

Premierminister Churchill verkündete sie im britischen Rundfunk:

Q1 Wir werden alle deutschen Städte bombardieren. Die deutsche Zivilbevölkerung kann aber leicht allen Härten entgehen. Sie braucht nur die Städte zu verlassen, ihre Arbeit aufzugeben, auf die Felder zu flüchten und ihre brennenden Häuser aus der Ferne zu beobachten. Dort wird sie auch Zeit finden zu überlegen und zu bereuen. [...]

Spätestens seit 1943 konnte die deutsche Luftwaffe den massiven Bombenangriffen der Amerikaner und Briten nicht mehr wirksam begegnen. Angst, Erschöpfung und Vernichtung überzogen Deutschland. Obwohl Deutschland Anfang 1945 praktisch geschlagen war, wurde der Bombenkrieg gegen die deutschen Städte unvermindert fortgesetzt. Von den bayerischen Städten hatten Würzburg und Nürnberg unter den Flugzeugangriffen besonders stark zu leiden. Würzburg wurde am 16. März 1945 in rund zwanzig Minuten nahezu völlig zerstört.

Die Hölle von Dresden

Negativer Höhepunkt war der alliierte Luftangriff auf Dresden am 13./14. Februar 1945, dem mindestens 40 000 Menschen zum Opfer fielen und der die gesamte Innenstadt verwüstete (siehe Abb. 4). Die genaue Zahl der Toten weiß niemand, da die Stadt an der Elbe zum Zeitpunkt der Bombardierung durch Flüchtlinge aus dem Osten völlig überfüllt war.

Zum 50. Jahrestag der Bombardierung wurde der schreckliche Angriff aufgrund von Zeugenaussagen in der „Augsburger Zeitung" beschrieben:

192

3 Zerstörungen in London nach einem deutschen Luftangriff. Im Hintergrund die Kuppel der St. Paul's Cathedral. Foto 1941.

4 Blick vom Rathausturm auf die zerstörte Innenstadt von Dresden 1945. Foto.

Q2 Um 22.10 Uhr griff die erste Welle der englischen Lancaster-Bomber [...] die völlig wehrlose Stadt an. [...] Sie warfen mehr als 600 000 Brandbomben ab. Die zweite Welle, die nach Mitternacht anflog und 529 Maschinen zählte, kippte daraufhin unangegriffen ihre tausendfache Sprengbombenlast über der Stadt ab. Die zuvor gelegten Brände verbreiteten sich nun explosionsartig. Der gefürchtete Feuersturm entstand. [...] Die Erde brannte – und der Himmel war eine einzige Wolke aus Glut und Qualm. Menschen rannten als brennende Fackeln durch den Feuersturm der zerberstenden Straßenzüge und der Bombendonner schüttelte die Stadt wie in einem Dauererdbeben.

Dresden brannte fünf Tage und sechs Nächte. Die Toten wurden zu Leichenbergen gehäuft und von den später in die Stadt einrückenden Räumkommandos mit Benzin übergossen und angezündet.

Militärisch war diese Aktion „Donnerschlag", wie die Alliierten den Angriff auf Dresden nannten, völlig sinn- und nutzlos gewesen. Er wurde nach Kriegsende auch in Großbritannien und den USA massiv kritisiert.

1 *Was sagt Abb. 2 über die Verfassung der abgebildeten Personen aus? Versuche zu beschreiben, was diese Menschen unmittelbar vor der Aufnahme erlebt haben.*

2 *Vergleiche die Aussage Churchills (Q1) zu den Folgen für die Zivilbevölkerung mit den tatsächlichen Ereignissen.*

3 *Welches Ziel verfolgten die Briten und Amerikaner mit der Bombardierung deutscher Städte?*

4 *Warum stieß die Bombardierung nach Kriegsende selbst in den USA und in Großbritannien auf heftige Kritik?*

5 *Versuche die Anordnungen für luftschutzmäßiges Verhalten zu begründen (Abb. 1).*

6 *Erkundige dich, ob dein Heimatort oder die Städte in der Nähe von gegnerischen Bombern angegriffen wurden.*

1 Die Invasion am 6. Juni 1944. Foto.

Der Siegeszug der Alliierten

Nach der deutschen Niederlage in Stalingrad ging die sowjetische Armee zum Gegenangriff über. Sie war vielfach mit amerikanischem Material ausgestattet. 1944 landeten von Afrika aus Amerikaner und Briten in Italien, im Juni 1944 setzten sie mit 4000 Schiffen und 11 000 Flugzeugen von England nach Frankreich über. Der alliierte Vormarsch ging nun im Westen und Osten mit großer Geschwindigkeit voran. Zum Jahreswechsel 1944/45 standen die Truppen der Alliierten bereits an den Grenzen des deutschen Reiches. Generalfeldmarschall Rommel hatte sich bereits im Juli 1944 nach der Invasion der Amerikaner und Briten an der Atlantikküste in Frankreich an Hitler gewandt:

Q1 Die Lage an der Front wird von Tag zu Tag schwieriger. Die Verluste sind derartig hoch, dass die Kampfkraft rasch absinkt. Ersatz aus der Heimat kommt nur noch sehr spärlich. Wie die Kämpfe gezeigt haben, wird bei dem feindlichen Materialeinsatz auch die tapferste Truppe Stück für Stück zerschlagen. Auf der Feindseite fließen Tag für Tag neue Kräfte und Mengen an Kriegsmaterial der Front zu. Die Truppe kämpft heldenmütig, jedoch der ungleiche Kampf neigt sich dem Ende entgegen. Ich muss Sie bitten, die Folgerungen aus dieser Lage unverzüglich zu ziehen.

Kampfbereitschaft durch Propaganda?

Mit geschickter Propaganda versuchten die Nationalsozialisten den Kriegseinsatz der Bevölkerung zu steigern und das Vertrauen auf den Sieg zu erhalten. Drei Wochen nach der Niederlage von Stalingrad rief Propagandaminister Goebbels im Februar 1943 das deutsche Volk im Berliner Sportpalast vor besonders ausgesuchten nationalsozialistischen Zuhörern zum totalen Krieg auf. Unter anderem sagte er:

Q2 [...] Ich frage euch, seid ihr und ist das deutsche Volk entschlossen, wenn der Führer es befiehlt, 10 oder 12 und wenn nötig 14 und 16 Stunden täglich zu arbeiten und das Letzte herzugeben für den Sieg? [...]
Ich frage euch, wollt ihr den totalen Krieg, wollt ihr ihn, wenn nötig, totaler und radikaler, als wir ihn uns heute überhaupt noch vorstellen können? [...]

Auf jede seiner Fragen riefen die Zuhörer begeistert „Ja!".
Hitler versuchte bis zum letzten Augenblick der Bevölkerung durch Versprechungen auf neue Wunderwaffen Siegeshoffnungen zu machen. Aber die deutschen Fernraketen V1 und V2, die auf England abgeschossen wurden, hatten nicht den erhofften Erfolg.

Letzte Verzweiflungsmaßnahmen

Je näher die drohende Niederlage rückte, umso verzweifelter wurden die Maßnahmen und Anordnungen der deutschen Regierung:
● 25. September 1944: Befehl Hitlers:

Q3 Es ist in allen Gauen des Großdeutschen Reiches aus allen waffenfähigen Männern im Alter zwischen 16 und 60 Jahren der deutsche Volkssturm zu bilden. Er wird den Heimatboden mit allen Waffen und Mitteln verteidigen.

Damit wurden noch einmal 700 000 Mann als Soldaten herangezogen. Aber sie konnten kaum noch ausgerüstet und überhaupt nicht mehr mit einer Uniform bekleidet werden. Eine Armbinde wies sie als Soldaten aus.
● 15. Februar 1945: Errichtung von Standgerichten; Soldaten, die den aussichtslosen Kampf aufgaben, mussten mit dem Tod durch Erschießen oder Erhängen rechnen. An den Erhängten wurden Schilder befestigt wie: „Ich hänge hier, weil ich nicht an den Führer glaubte."
● 19. März 1945: Befehl Hitlers:
Damit dem Feind nichts Brauchbares in die Hände fällt, sind vor dem Rückzug selbst auf deutschem Boden alle Versorgungsanlagen wie Brücken, Gas-,

Wasser-, Elektrizitätswerke, Fabriken, Vorratslager zu sprengen.

Danzig, Breslau und zahlreiche andere deutsche Städte erklärte Hitler zu Festungen. Die Kapitulation war damit verboten. Auf kampflose Übergabe stand die Todesstrafe.

● Flaggenbefehl vom Reichsführer der SS, Himmler: Alle männlichen Bewohner eines Hauses, auf dem zum Zeichen der Übergabe eine weiße Fahne weht, sind auf der Stelle zu erschießen.

Die letzten Anordungen wurden von einem Teil der Soldaten und Zivilbevölkerung nicht mehr angenommen, von fanatischen Nazis aber immer noch konsequent befolgt.

Im März 1945 äußerte sich Hitler gegenüber Reichsminister Speer:

> **Q4** Wenn der Krieg verloren geht, wird auch das Volk verloren sein. [...] Es sei nicht notwendig, auf die Grundlagen, die das Volk zu seinem primitivsten Weiterleben braucht, Rücksicht zu nehmen. [...] Denn das Volk hätte sich als das schwächere erwiesen und dem stärkeren Ostvolk gehöre ausschließlich die Zukunft. Was nach dem Kampf übrig bleibe, seien ohnehin nur die Minderwertigen, denn die Guten seien gefallen.

Bedingungslose Kapitulation

Als die Sowjets Berlin erobert hatten, verübte Hitler in seinem Führerbunker Selbstmord. Die Regierungsgeschäfte wurden Admiral Dönitz übertragen. Dieser suchte bei den Alliierten sofort um Waffenstillstandsverhandlungen nach. Am 7./8. Mai 1945 unterschrieben deutsche Generäle in Reims (Frankreich) und Berlin die bedingungslose Kapitulation. Sie trat am 9. Mai 1945 in Kraft.

1 *Welche Gründe nannte Generalfeldmarschall Rommel für die deutschen Niederlagen (Q1)?*
2 *Welchen Eindruck hinterlässt Hitlers Erklärung zur Schuld an der Niederlage (Q4)?*

Atombomben auf japanische Städte

In Ostasien ging der Krieg zwischen Japan und den USA auch nach der deutschen Kapitulation weiter. Der Abwurf von zwei Atombomben auf Hiroshima und Nagasaki am 6. und 8. August 1945 durch amerikanische Flugzeuge zwang Japan zur Aufgabe. Durch die beiden Bomben wurden in wenigen Sekunden 150 000 Menschen getötet, viele andere erlitten unheilbare Verletzungen.

2 Soldaten der Roten Armee hissen am 30. April 1945 auf dem deutschen Reichstag in Berlin die sowjetische Flagge. Die hier gezeigte Szene wurde am 2. Mai 1945 für den Fotografen nachgestellt.

3 *Welche Anordnungen der deutschen Regierung in den letzten Kriegsmonaten findest du besonders sinnlos und rücksichtslos gegenüber dem deutschen Volk?*
4 *Welchen Eindruck hinterlässt bei dir das Bild 1?*
5 *Was wollten die sowjetischen Soldaten mit ihrer Aktion (Abb. 2) ausdrücken?*
6 *Erkundige dich, was an den letzten Kriegstagen in deiner Heimatgemeinde geschah.*
7 *Vergleiche die Zahlen in Abb. 3 mit den Angaben auf Seite 57.*

Gefallene / vermisste Soldaten in Europa	19 580 000
getötete Zivilisten in Europa	14 730 000
Todesopfer in Asien und im Pazifik	15 690 000
Gesamtzahl der Todesopfer	**rd. 50 000 000**

3 Opfer des Zweiten Weltkrieges.

1 Winter 1944/45: Flucht aus dem deutschen Osten vor der heranrückenden Roten Armee. Zeitgenössisches Foto.

2 Transport vertriebener Deutscher aus der Tschechoslowakei. Zeitgenössisches Foto.

Flucht vor der Roten Armee

Mit dem Vorrücken der Roten Armee gegen die Grenzen des Deutschen Reiches hatte im September 1944 in Ostpreußen eine Fluchtwelle nach Westen eingesetzt. Diese erfasste in den Wintermonaten auch die übrigen Gebiete im deutschen Osten.

Eine junge Frau aus Ostpreußen berichtete über ihre Flucht:

Q1 [...] In der Dunkelheit verließen wir mit einigen anderen Leidensgefährten unser Domizil und tappten uns durch eine stockfinstere Nacht auf einer von Menschenleichen und Tierkadavern besäten Landstraße vorwärts. Hinter uns blieb das brennende Braunsberg zurück; links von uns – um Frauenburg – tobte eine erbitterte Schlacht. Gegen Mitternacht erreichten wir – völlig verdreckt und verschlammt – das Städtchen Passarge am Frischen Haff. In einer Scheune erwarteten wir den neuen Tag. [...] Überall auf der Eisfläche lag verstreuter Hausrat herum; Verwundete krochen mit bittenden Gebärden zu uns heran, schleppten sich an Stöcken dahin, wurden auf kleinen Schlitten von Kameraden weitergeschoben. Am nächsten Tag liefen wir in Richtung auf Danzig weiter. Unterwegs sahen wir grauenvolle Szenen. Mütter warfen ihre Kinder im Wahnsinn ins Meer. Menschen hängten sich auf; andere stürzten sich auf verendete Pferde, schnitten Fleisch heraus, brieten die Stücke über offenem Feuer. [...]

Wer seine Heimat nicht verlassen wollte, musste mit der Brutalität der russischen Truppen rechnen. Ein Bauer aus Niederschlesien berichtete:

Q2 Als die ersten russischen Panzer mit Infanterie ankamen, waren wir sofort Uhren, Ringe und andere Sachen los. Kurz darauf kam Infanterie an und da war der Teufel los. Sofort wurden die ersten Frauen vergewaltigt, von Kindern von 12 Jahren bis zur Greisin über 80 Jahre, was ich selbst aus nächster Nähe gesehen habe. Mein zweites Dienstmädchen, Helene T., wurde von den Russen dreizehnmal hintereinander gebraucht. [...] Frau Schneidermeister Pfeifer aus Jeschen erhängte aus Verzweiflung ihre drei Kinder im Alter von acht bis dreizehn Jahren und sich dann selbst.

Aus dem Dorf Jeschen wurden fast restlos alle männlichen Personen verschleppt, ebenso aus Lossen, die da waren.

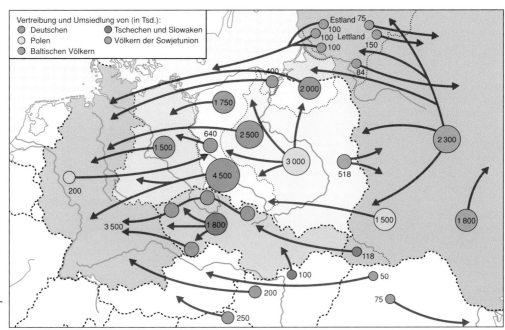

Vertreibung und Umsiedlung von (in Tsd.):
- Deutschen
- Polen
- Baltischen Völkern
- Tschechen und Slowaken
- Völkern der Sowjetunion

3 Flucht, Vertreibung und Umsiedlung 1945–1950.

Gewaltsame Vertreibung

Der größte Teil der Deutschen, die trotzdem in Polen, Ungarn, der Tschechoslowakei (einschließlich Sudetenland) und in den bisherigen deutschen Gebieten östlich von Oder und Neiße geblieben waren, wurden in den Jahren 1945–1947 gewaltsam ausgewiesen oder umgesiedelt. Ungefähr 2 Millionen kamen während der Flucht und Vertreibung ums Leben. Sie wurden ermordet oder starben an Hunger, Kälte und Krankheiten.

1 *Erkläre den Unterschied zwischen Flüchtlingen und Vertriebenen.*

2 *Warum haben die Flüchtlinge „freiwillig" ihre bisherige Heimat verlassen?*

3 *Was könnte sich auf dem Wagen auf Abb. 1 befinden?*

4 *Welchen Eindruck hinterlässt der Abtransport der Deutschen auf Abb. 2?*

5 *Wie lange hatten die Deutschen in Bad Salzbrunn Zeit sich auf die Umsiedlung vorzubereiten?*

6 *Was durften sie mitnehmen, was mussten sie zurücklassen (siehe Abb. 4)?*

7 *Was passierte, wenn jemand dem Befehl keine Folge leistete?*

8 *Wie viele Deutsche haben durch Flucht und Vertreibung ihre Heimat verloren (Abb. 3)?*

Sonderbefehl

für die deutsche Bevölkerung der Stadt Bad Salzbrunn einschliesslich Ortsteil Sandberg.

Laut Befehl der Polnischen Regierung wird befohlen:

1. Am 14. Juli 1945 ab 6 bis 9 Uhr wird eine Umsiedlung der deutschen Bevölkerung stattfinden.

2. Die deutsche Bevölkerung wird in das Gebiet westlich des Flusses Neiße umgesiedelt.

3. Jeder Deutsche darf höchstens 20 kg Reisegepäck mitnehmen.

4. Kein Transport (Wagen, Ochsen, Pferde, Kühe usw.) wird erlaubt.

5. Das ganze lebendige und tote Inventar in unbeschädigtem Zustande bleibt als Eigentum der Polnischen Regierung.

6. Die letzte Umsiedlungsfrist läuft am 14. Juli 10 Uhr ab.

7. Nichtausführung des Befehls wird mit schärfsten Strafen verfolgt, einschließlich Waffengebrauch.

8. Auch mit Waffengebrauch wird verhindert Sabotage u. Plünderung.

9. Sammelplatz an der Straße Bhf. Bad Salzbrunn–Adelsbacher Weg in einer Marschkolonne zu 4 Personen. Spitze der Kolonne 20 Meter vor der Ortschaft Adelsbach.

10. Diejenigen Deutschen, die im Besitz der Nichtevakuierungsbescheinigungen sind, dürfen die Wohnung mit ihren Angehörigen in der Zeit von 5 bis 14 Uhr nicht verlassen.

11. Alle Wohnungen in der Stadt müssen offen bleiben, die Wohnungs- und Hausschlüssel müssen nach außen gesteckt werden.

Bad Salzbrunn, 14. Juli 1945, 6 Uhr.

Abschnittskommandant

(-) Zinkowski
Oberstleutnant

4 Flucht, Vertreibung und Umsiedlung 1945–1950.

Gefallene und Vermisste der Gemeinde Großkitzighofen im Zweiten Weltkrieg			
Name	gefallen am	in	Alter
Lorenz Schmid	10.07.1941	Russland	27
Otto Mayer	17.07.1941	Russland	27
Eduart Würstle	17.01.1942	Russland	23
Georg Birk	13.02.1942	Russland	19
Josef Jakob	19.07.1942	Russland	20
Ignaz Jakob	17.09.1942	Norwegen	27
Alban Holzhey	28.09.1942	Kaukasus	27
Ernst Schießler	08.10.1942	Russland	20
Josef Oetil	13.01.1943	Russland	33
Martin Birk	27.06.1943	Russland	22
Albert Rapp	06.08.1943	Russland	19
Franz Sales Hagg	13.01.1944	Russland	20
Raphael Strohmeyer	08.02.1944	Russland	29
Max Herzog	24.05.1944	Nördl. Eismeer	23
Albert Nägele	16.07.1944	Russland	22
Johann Klöck	05.03.1944	Nordsee	24
Johann Tröbensberger	21.10.1944	Russland	31
Alois Trautwein	28.12.1944	Österreich	30
Friedrich Hafner	06.01.1945	Hanau	24
Sebastian Martin	19.02.1945	Südungarn	24
Alfred Semlacher	28.04.1945	Stettin	20
Alois Klöck	05.06.1945	Sachsen	24
Siegfried Seitz	12.04.1945	Steiermark	30
Alois Strohmeyerr	08.10.1945	Russland	19

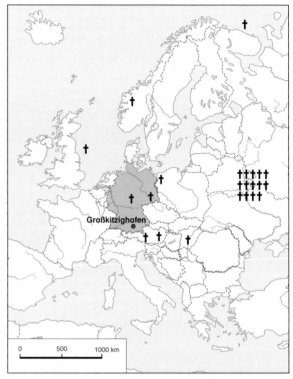

1 Die Gemeinde Großkitzighofen in Schwaben zählte zu Beginn des Zweiten Weltkriegs rund 300 Einwohner. Anhand der Orte, wo die Soldaten dieser Gemeinde gefallen sind, kann man den Verlauf des Krieges nachvollziehen.

Was fällt euch auf?
Falls nötig, ein paar Beobachtungshilfen:
– Wo sind die meisten Soldaten des Ortes gefallen?
– In welchen Kriegsjahren sind keine oder nur wenige Männer der Gemeinde gefallen?
– Welche Jahre waren besonders verlustreich?
– Betrachte das Durchschnittsalter der Toten.

1 *Erkundigt euch ebenso nach den Gefallenen und Vermissten des Zweiten Weltkriegs in eurer Gemeinde.*
2 *Überlegt gemeinsam eine Antwort auf die Aussage Hitlers rechts.*

IN DIESEM KRIEGE SIEGT NICHT DAS GLÜCK. SONDERN ENDLICH EINMAL DAS RECHT.

ADOLF HITLER

2 „Krieg und Frieden". Fresko von Otto Dix im Rathaus von Singen, 1960.

Wo beginnt der Friede?

Otto Dix sagte in einem Interview zu dem Gemälde im Jahr 1964:

> **M1** [...] Ich wollte etwas Bedeutendes, unserer Zeit Gemäßes machen und nicht etwas Belangloses, was überall seinen dekorativen Zweck hätte erfüllen können. Die Hauptfrage unserer Zeit ist meiner Meinung nach: Wird es der Menschheit gelingen, den Frieden zu sichern, oder wird sie zurückfallen in faschistische Barbarei und Krieg? Diese Fragen wollte ich mit meinem Gemälde Partei nehmend für die Menschen beantworten. Deshalb rief ich die Gräuel des Faschismus zurück und stellte ihnen die Segnungen des Friedens gegenüber. [...] Das Bild, das den Abgeordneten bei jeder Ratssitzung vor Augen hängt, zwingt sie stets aufs Neue sich mit jedem Beschluss der Hauptfrage unserer Zeit zu erinnern: entweder – oder, einen dritten Weg gibt es nicht. [...]

3 *Beschreibe das Gemälde von Otto Dix.*
4 *Sprecht über die Aussagen zu dieser Abbildung.*

Anfang 1991 berichteten die Medien ausführlich über den Verlauf des Golfkrieges.
Die Schriftstellerin Dorothee Sölle verfasste dazu folgende Zeilen:

M2
Im Krieg ist die Wahrheit das erste Opfer
Wir werden belogen,
Unsere Augen dürfen die Kinder nicht sehen,
zerfetzt und verstümmelt in diesem Krieg.
Die vollendete Flugbahn der Geschosse
sollen wir bewundern
Wir werden belogen.
Wir sehen keinen Weg
außer dem, an den alle glauben
die Blutstraße der Gewalt
Unsere Analysen stranden
an dem Tod, den wir
gesucht und gefördert,
erforscht und erprobt,
bezahlt und exportiert haben.
Wir sehen keinen Weg.

5 *Immer wieder berichten Fernsehen und Radio über Kriege, Unruhen, Aufstände. Seht bzw. hört euch diese Meldungen genau an. Welche Informationen vermisst ihr? Versucht gemeinsam zu einer Nachrichtensendung einen Text zu verfassen. Denkt dabei auch an die ersten Zeilen von M2.*

199

Die Gemeinde als politischer Handlungsraum

Bedürftig, Friedemann: Das Politikbuch, Ravensburg 1994.

Bundeszentrale für politische Bildung (Hrsg.): Kommunalpolitik, Informationen zur politischen Bildung Heft 242, Bonn 1994.

Kammer, Hilde/Bartsch, Elisabeth: Jugendlexikon Politik, Reinbek 1995.

Krauß, Irma: Die Bande der geheimen Skater, Frankfurt/M. 1997.

Europa

Hoplitschek, Ernst/Scharpf, Helmut/Thiel, Frank (Hrsg.): Urlaub und Freizeit mit der Natur, Stuttgart/Wien 1991.

Läufer, Thomas: 22 Fragen zu Europa, Bonn 1994.

Stephan-Kühn, Freya: Was in Höhlen begann. Die Geschichte Europas in Geschichten, Weinheim 1992.

Weidenfeld, Werner/Wesels, Wolfgang (Hrsg.): Europa von A–Z, Bonn 1991.

Imperialismus und Erster Weltkrieg

Betke, Lotte: Herbstwind, Berlin/München 1991.

Borsetti, Norbert: 1900. Die Geburt eines Jahrhunderts, Fellbach 1995.

Frank, Rudolf: Der Junge, der seinen Geburtstag vergaß, Ravensburg 1992.

Kherdian, David: Der Schatten des Halbmonds, Wien/Heidelberg 1996.

Kleeberger, Ilse: Bertha von Suttner. Die Vision vom Frieden, Berlin/München 1997.

Köppen, Edlef: Heeresbericht, Reinbek 1992.

Meyer-Dietrich, Ingeborg: Plascha oder: Von kleinen Leuten und großen Träumen, Kevelaer 1988.

Mihaly, Jo: „… da gibt's ein Wiedersehn!" Freiburg/Heidelberg 1982.

Pierre, Martin: Der Erste Weltkrieg, Fellbach 1991.

Rostkowski, Margret: Ich kann es nicht vergessen, München 1993.

Wegner, W./Steinke, E.: Die Hyänen von Impala Hills, Würzburg 1989.

Gewalt im Alltag

Ackermann, Michael: Stiefel, Bomberjacke, jede Menge Zoff, Wuppertal 1996.

Alicea, Gil/Carmine de Sena: The air down here, Würzburg 1996.

Boie, Kirsten: Erwachsene reden, Marco hat etwas getan, München 1995.

Bongartz, Dieter: Makadam, München 1997.

Braz, Julio: Kinder im Dunkeln, Zürich 1996.

Engelmann, Rainer: Tatort Klassenzimmer, Würzburg 1994.

Gutzschhahn, Uwe-Michael: Betreten verboten, Stuttgart 1995.

Heine, Isolde: Yildiz heißt Stern, Würzburg 1994.

Mazer, Norma: Eigentlich ist gar nichts passiert. Frankfurt/M. 1995.

Rauhenberg, Josef: Zerschlag dein Spiegelbild, München 1996.

Schröder, Burkhard: Ich war ein Neonazi, Ravensburg 1994.

Stein-Fischer, Evelyne: Herzsprünge, Wien 1996.

Stoltenberg, Annemarie (Hrsg.): Gegen den Strom. Text zur Courage im Alltag, Reinbek 1995.

Venzke, Andreas: Veit und ein anderer Tag, Hamburg 1996.

Voigt, Cynthia: Nein! Kassel 1997.

Was ist denn schon dabei? Schüler schreiben eine Geschichte über die ganz alltägliche Gewalt, München 1994.

de Zanger, Jan: Dann eben mit Gewalt, Ravensburg 1997.

Boden

Marquardt, Brunhilde: Jugendlexikon Umwelt, Hamburg 1984.

Pews-Hocke, Christa: Themenheft „Boden", München 1996.

Slaby, Peter: Wir erforschen den Boden, Göttingen 1993.

Weimarer Republik

Bayer, Ingeborg: Flug des Milan, Würzburg 1992.

Berger, Peter: Im roten Hinterhaus, Würzburg 1994.

Fährmann, Willi: Es geschah im Nachbarhaus, Würzburg 1994.

Fährmann, Willi: Zeit zu hassen, Zeit zu lieben, Würzburg 1994.

Hutter, Claus-Peter/Klaucke, Peter: Demokratie, Hildesheim 1997.

Kordon, Klaus: Die roten Matrosen oder Ein vergessener Winter, Weinheim 1995.

Kordon, Klaus: Mit dem Rücken zur Wand, Weinheim 1996.

Kordon, Klaus/Schimmel, Peter: Die Lisa, München 1997.

Deutschland unter nationalsozialistischer Herrschaft und der Zweite Weltkrieg

Bedürftig, Friedemann: Lexikon III. Reich, Hildesheim 1996.

Burger, Horst: Warum warst du in der Hitlerjugend? Vier Fragen an meinen Vater, Reinbek 1992.

Hegmanns, Dirk: Rheinpiraten, Hamm 1997.

Holub, Josef: Lausige Zeiten, Weinheim 1997.

Jung, Reinhardt: Auszeit, Wien 1997.

Keneally, Thomas: Schindlers Liste, Frankfurt/M. 1997.

Kordon, Klaus: Der erste Frühling, Weinheim 1997.

Lagercrantz, Rose: Das Mädchen, das nicht küssen wollte, Hamburg 1996.

Lowry, Lois: Wer zählt die Sterne, Frankfurt/M. 1996.

Provoost, Anne: Fallen, Weinheim 1996.

Ross, Carlo: … aber Steine reden nicht, München 1995.

Ross, Carlo: Im Vorhof der Hölle, München 1996.

Scholl, Inge: Die Weiße Rose, Frankfurt/M. 1992.

Theilen, Fritz: Edelweißpiraten, Frankfurt 1995.

von der Rol, Ruud/Verhoeven, Rian: Anne Frank, Weinheim 1997.

Vos, Ida: Weiße Schwäne, schwarze Schwäne, Frankfurt/M. 1997.

Wassiljewa, Tatjana: Ab jetzt zählt jeder Tag, Weinheim 1997.

Wölfel, Ursula: Ein Haus für alle, München 1997.

Abdankung Der förmliche Verzicht des Staatsoberhaupts, besonders des Monarchen, auf seine staatliche Stellung und die damit zusammenhängenden Rechte.

Agenda 21 Die Agenda 21, die mit ihren 40 Kapiteln alle wesentlichen Politikbereiche einer umweltverträglichen, nachhaltigen Entwicklung anspricht, ist das auf der Konferenz für Umwelt und Entwicklung der Vereinten Nationen (UNCED) in Rio de Janeiro (Juni 1992) von mehr als 170 Staaten verabschiedete Aktionsprogramm für das 21. Jahrhundert.

Agrarsektor Teil der Wirtschaft, der durch Ackerbau und Viehzucht bzw. den Verkauf dieser Produkte Geld erlöst.

Akzeptanz Duldung, Annahme eines Sachverhaltes (z. B. ein Gerichtsurteil wird von der/dem Angeklagten akzeptiert).

alliiert Verbündet. Unter den Alliierten versteht man die im 1. und 2. Weltkrieg gegen Deutschland verbündeten Staaten.

Antisemitismus Bezeichnung für eine feindselige Haltung gegen Juden. Schon im Mittelalter wurden die Juden als Minderheit, die sich von der christlichen Mehrheit unterschied, häufig unterdrückt und verfolgt. Der Begriff Antisemitismus entstand um 1880 für die Ablehnung der Juden. Extremste Ausformung des Antisemitismus war der Völkermord an den Juden durch das NS-Regime. Anfang der 90er-Jahre wurde in Europa, besonders in der Bundesrepublik Deutschland, wieder eine Zunahme des Antisemitismus beobachtet. Es kam u. a. zur Schändung jüdischer Einrichtungen und Gedenkstätten und zur Beleidigung jüdischer Politiker.

Arbeiter- und Soldatenrat Vertretung von Arbeitern und Soldaten, die ab dem 9. November 1918 in deutschen Fabriken und Kasernen die Macht übernahm. Mit dem Ende der Revolution verloren die Arbeiter- und Soldatenräte ihren Einfluss und lösten sich auf.

Arbeiterbewegung Begriff für den Zusammenschluss von Arbeitern in der Zeit der Industriellen Revolution in verschiedenen Industrieländern. Es wurden Arbeiterparteien und Gewerkschaften gegründet, die sich für eine Verbesserung der sozialen und politischen Lage der Arbeiter einsetzten.

aristokratisch; Aristokratie = Herrschaft des Adels. Bezeichnung für eine hervorragende Minderheit.

Artillerie Weit reichende Geschütze.

assoziiert Sich vertraglich zusammenschließen. Assoziierte Staaten sind Staaten, welche an einem Bündnis mit anderen Staaten teilhaben ohne selbst ein vollständiges (formelles) Mitglied dieses Bündnisses zu sein.

autark Selbstständig, nicht auf Hilfe angewiesen.

Balkan Name eines Gebirges in Bulgarien sowie Bezeichnung für das Gebiet des ehemaligen Jugoslawiens, Albaniens und des restlichen Südosteuropas.

baltisch Aus dem Balkan stammend.

Betriebsrätegesetz Das Gesetz von 1920 regelte Fragen der Mitbestimmung der Arbeitnehmerschaft in den Betrieben.

Binnenschifffahrt Der Schiffstransport von Menschen, Tieren, Waren und Gütern auf Binnenwasserstraßen wie Flüssen und Seen.

Bitumen lateinisch = Erdharz; Erdpech. Bei der Aufbereitung und Destillation von Erdöl zurückbleibender bräunlich teeriger Rückstand (auch „Bitumina" genannt). Dieser wird als Abdichtungs- und Isoliermasse verwendet.

Blankoscheck Gemeint ist im übertragenen Sinne eine unbeschränkte Vollmacht.

Blücher Es wird in der Quelle Bezug genommen auf den preußischen Generalfeldmarschall Gebhard Blücher, der mit seinen Truppen gegen Napoleon kämpfte und für seinen unerschrockenen Kampfstil berühmt und beliebt war.

Bodendecker Hier: Eine Pflanze, die den Boden bedeckt.

Bolschewiki (russisch = Mehrheitler) So bezeichneten sich die Anhänger Lenins. Sie vertraten die Ansicht, die bestehenden Verhältnisse müssten so schnell wie möglich durch eine Revolution verändert werden. Dazu bedurfte es nach Meinung Lenins einer straffen Führung innerhalb der Partei der Bolschewiki.

Boykott Maßnahmen zur Isolation von Personen und Institutionen, z. B. Warenboykott: die Nichteinfuhr oder der Nichtkauf bestimmter Waren aus bestimmten Ländern.

Courage Tapferkeit, Mut; couragiert = mutig, tapfer, beherzt, entschlossen.

DDP Die Deutsche Demokratische Partei war eine Neugründung nach dem verlorenen Ersten Weltkrieg aus ehemals liberalen Parteien. Ihr schlossen sich vor allem Akademiker und Mitglieder des Bildungsbürgertums an. Ziel der Partei war es, alle nichtsozialistischen, aber demokratischen Kräfte zu sammeln, die demokratische Staatsform zu schützen und Gleichberechtigung für alle zu schaffen.

Demokratie (griechisch = Herrschaft des Volkes) Eine demokratische Staatsform findet sich zum ersten Mal in Athen. In der Volksversammlung der athenischen Bürger (nur Männer; Frauen hatten keine politischen Rechte) werden alle politischen Entscheidungen durch Mehrheitsbeschluss getroffen (unmittelbare oder direkte Demokratie). – Keine politischen Rechte hatten neben den Frauen auch Ausländer und Sklaven. Deshalb herrschte in der attischen Demokratie immer eine Minderheit über eine Mehrheit. Bei einer Gesamtbevölkerung von etwa 300 000 Menschen zur Zeit des Perikles konnten sich nur etwa 40 000 politisch betätigen.

dezimieren Jemandem große Verluste beibringen; etwas durch Gewalteinwirkung in seinem Bestand stark verringern.

Diäten Finanzielle Entschädigung für die Abgeordneten der Parlamente.

DNVP Die Deutschnationale Volkspartei entstand aus dem Zusammenschluss verschiedener konservativer Parteien. Sie lehnte die Republik ab und forderte die Wiedereinführung der Monarchie. Die DNVP bekämpfte stets die Demokratie und vertrat weitgehend die Interessen der Großindustrie und Großgrundbesitzer. Dennoch gehörten viele Beamte und Angestellte zu ihren Mitgliedern.

DVP Die Deutsche Volkspartei ist aus der ehemaligen Nationalliberalen Partei hervorgegangen. Sie lehnte anfangs die Zusammenarbeit mit den Sozialdemokraten ab und forderte die Wiederherstellung der Monarchie. Erst ab 1922 gewann die Partei allmählich ein positives Verhältnis zur Weimarer Republik. In wirtschaftlichen Fragen vertrat die DVP hauptsächlich die Interessen der Industrie.

Exporteur Von lateinisch: Export = Ausfuhr. Eine Person oder eine Firma, die Waren ins Ausland ausführt (exportiert).

Fraktion Die Vereinigung politisch gleich gesinnter Mitglieder einer Volks- oder Gemeindevertretung. In den heutigen Parlamenten fest organisierte Verbindungen von Abgeordneten der gleichen Partei.

Franco y Bahamonde, Francisco (1892–1975) Spanischer Politiker und General. Anführer der Offiziersrevolte 1936 gegen die republikanische Regierung. Errichtete in Spanien ein diktatorisches Regime, das bis zu seinem Tod Bestand hatte. Franco regierte als „Caudillo" (Führer) nach dem Muster des faschistischen Regimes in Deutschland und Italien.

Freikorps Soldaten der kaiserlichen Armee, die sich nach der Novemberrevolution freiwillig in einer Art Privatarmee organisierten.

Fruchtfolge Geregelte Aufeinanderreihung verschiedener Kulturpflanzen im Ackerbau. Die wichtigsten biologischen Grundsätze der Fruchtfolge sind: größtmögliche Vielseitigkeit, Trennung des Anbaus unverträglicher Früchte durch möglichst lange Zeiträume. Von besonderer Bedeutung für die Bodenfruchtbarkeit ist dabei der Zwischenanbau von Leguminosen (Klee, Luzerne). Gegensatz: Monokultur.

Germanisierung Ausdruck der nationalsozialistischen Rassenpolitik. Die slawischen Völker im Osten sollten germanischen Siedlern aus dem Osten weichen.

Gesamtausfuhren Alle exportierten Waren innerhalb eines Jahres werden vom Exporteur aufgezeichnet und vom zuständigen Wirtschaftsministerium als jeweilige „Gesamtausfuhr" registriert.

Gesinnungsghetto Übertrag des Begriffs Ghetto* auf den geistigen Bereich. Damit ist gemeint, dass man seine Gesinnung nicht mehr öffentlich, sondern nur noch unter vertrauten Leuten (enge Bekannte, Freunde, „Gesinnungsgenossen") offen zeigte.

Hauptstadt der Bewegung Hierbei handelte es sich um einen „Ehrentitel", den München als Gründungsort und Sitz der NSDAP von Hitler am 2. August 1935 verliehen bekam. In München fanden alljährlich große Gedenktage der Partei statt: Zur Erinnerung an die Parteigründung und zum „Marsch auf die Feldherrenhalle" 1923, als Hitler zum ersten Mal versucht hatte, die politische Macht an sich zu reißen. Nach dem Willen Hitlers sollte die „Hauptstadt der Bewegung" zugleich auch „Hauptstadt der Deutschen Kunst" sein. Um Macht und Größe der nationalsozialistischen Bewegung zu unterstreichen waren gewaltige Bauten geplant. Der dafür geschaffene Generalbaurat unterstand Hitler direkt. Der Kriegsausbruch verhinderte allerdings die Ausführung der Pläne.

Heloten Sparta war in der Antike einer der bedeutendsten griechischen Stadtstaaten neben Athen. Die Heloten waren unfreie Menschen, die unter der Herrschaft der Spartiaten standen.

Herbizid Chemische Mittel zur Bekämpfung von (unerwünschten) Pflanzen (Unkraut).

Hohenzollern Adelsgeschlecht, aus dem die Kaiser des Deutschen Reiches zwischen 1871 und 1918 stammten.

Hoover-Moratorium Aussetzen der Reparationszahlungen an die Siegermächte in der Weltwirtschaftskrise, verkündet vom amerikanischen Präsidenten Hoover im Jahre 1931.

illegal Menschen, die sich verstecken müssen oder im Untergrund leben, weil sie in der jeweiligen bestehenden staatlichen Ordnung verfolgt werden.

Import; importieren Lateinisch = Einfuhr; einführen. Die Einfuhr von ausländischer Waren, wie etwa Obst und Gemüse.

Inflation Entwertung des Geldes, die langsam (schleichende Inflation) oder auch schnell (galoppierende Inflation) verlaufen kann. Zu erkennen ist eine Inflation an einem andauernden stärkeren Anstieg der Preise.

Intensivlandwirtschaft Eine Form der Landwirtschaft, die mit vergleichsweise hohem Arbeits- und Kapitalaufwand betrieben wird. Die intensiv betriebene Landwirtschaft erfordert hohe Mineraldüngerabgaben, hochleistungsfähige Pflanzensorten und starken Pflanzenschutz bzw. intensive Schädlingbekämpfung. Gegensatz: Extensivlandwirtschaft.

Invasion Eindringen von militärischen Einheiten in ein fremdes Land; im Zweiten Weltkrieg Bezeichnung für die Landung alliierter* Einheiten in Frankreich.

Investition Von lateinisch: investare = einkleiden; anlegen. Wenn sich jemand eine Firma aufgebaut hat, sagt man oft er hätte viel Arbeit, Zeit, Geld etc. investiert. Kapital kann man auch in Form von Wertpapieren oder Aktien anlegen (investieren).

Jungvolk Organisation der männlichen Hitlerjugend für 10- bis 14-jährige Jungen.

Kadettenkorps Kadetten sind Mitglieder eines Internats für Offiziersanwärter. Unter einem Korps versteht man einen größeren Truppenverband.

kapitulieren/Kapitulation Unterwerfung des Verlierers gegenüber dem Sieger.

Kolonie (ursprünglich = Pflanzstadt) Siedlungsgebiete außerhalb des Mutterlandes.

Kolonisten Europäischer Siedler in einer Kolonie.

Kommunikation Von Kommune = Gemeinde; Gemeinschaft. Die Verwendung von Sprache, Schrift und Bild. Sie dient zur Verständigung der Lebewesen untereinander.

Kompromiss Übereinkunft, Ausgleich. Unterschiedliche Standpunkte werden so miteinander vereinbart, dass die Parteien zugunsten eines Ausgleichs auf Erfüllung aller ihrer einzelnen Bedingungen verzichten.

Konfession Bezeichnung für eine christliche Glaubensrichtung, z.B. römisch-katholisch, lutherisch, orthodox; in den evangelischen Kirchen die nach ihrer Bekenntnisschrift (z.B. Augsburger Bekenntnis der lutherischen Kirchen) unterschiedenen Gemeinschaften.

Konstituierende Versammlung Nach den Vorstellungen der SPD sollten in freien Wahlen Abgeordnete gewählt werden, die als „Nationalversammlung" eine demokratische Verfassung mit Gewaltenteilung schaffen sollten. Diese Wahlen fanden am 19. Januar 1919 statt.

KPD Die am 1. Januar 1919 gegründete Kommunistische Partei Deutschlands war ihrer Zusammensetzung nach eine Klassenpartei der Arbeiter mit kleinen Gruppen von Intellektuellen. Ihre Ziele waren die Errichtung der Diktatur des Proletariats (siehe dort), die Abschaffung des Privateigentums an Produktionsmitteln und die Weltrevolution. Seit 1923 geriet die Partei immer stärker unter die Führung der russischen Kommunisten. Im Februar 1933 löste die nationalsozialistische Regierung die KPD gewaltsam auf.

Kreativität Die Fähigkeit schöpferisch zu denken und diese Gedanken originell sowie vor allem sinnvoll (etwa in Form einer Erfindung oder eines Kunstwerks) umzusetzen. Der kreative Mensch ist normalerweise selbstständig, weltoffen und verfügt über eine hohe Geisteskraft.

Landtag Volksvertretungen (Parlamente) in den deutschen Ländern wie Bayern, Preußen usw.

Locarno Ort im Kanton Tessin in der Schweiz.

Mendelssohn Mit vollem Namen Felix Mendelssohn Bartholdy (1809–1847). Jüdischer Pianist und Komponist, dessen Musik bei den Nationalsozialisten deshalb nicht mehr gespielt und gehört werden durfte.

Militarismus Bezeichnung für eine Überbewertung der militärischen gegenüber sozialen und politischen Belangen und für Herrschaftssysteme, die durch entsprechende Ziele und Werte geprägt sind.

Militärputsch Gewaltsame Machtübernahme durch militärische Einheiten ohne demokratische Grundlage.

Mittelklasse Modell für die Einteilung einer Bevölkerung in Klassen oder Schichten. Zur Mittelklasse zählten zum Beispiel Beamte, Angestellte, Handwerksmeister.

Mobilmachung Das Heer in den Kriegsstand versetzen.

Moderator/in Eine Person, die, zumeist im Rundfunk oder Fernsehen, Programmteile durch gesprochene Texte miteinander verbindet und/oder eine Gesprächsführung übernimmt.

Montesquieu Name eines französischen Staatstheoretikers (1618–1755), auf den im Spottlied auf S. 171 angespielt wird, weil Montesquieu ein Gegner der absoluten Fürstenherrschaft war. Gegen die diktatorische Willkür einer solchen Herrschaft entwickelte er ein Modell der Teilung der staatlichen Gewalten. Darauf beruhen die modernen demokratischen Staatsformen. Montesquieu steht also genau für die Grundsätze der Staatsführung, die Hitler abgeschafft hatte.

Nachhaltige Landwirtschaft Nachhaltigkeit in der Landwirtschaft bedeutet die Fähigkeit in einem Landschaftsökosystem (System, bei dem verschiedene Einzelne wie Pflanzen, Tiere, Menschen miteinander denselben Lebensraum teilen und aufeinander Einfluss haben) bei Nutzung und anschließendem Ausgleich der Verluste durch Düngung dauerhaft die gleiche Leistung zu erbringen ohne sie zu erschöpfen.

Nationalismus Übersteigertes Nationalgefühl. Der Nationalismus behauptet und fördert ein Überlegenheitsgefühl des eigenen Volkes gegenüber anderen Nationen und versucht eigene Ansprüche ohne Rücksicht auf andere Völker durchzusetzen.

NATO Am 4.4.1949 wurde in Washington D.C. die North Atlantic Treaty Organization (Organisation des Nordatlantikvertrags), oder kurz „NATO" genannt, von zwölf gleichberechtigten Westnationen gegründet. Ihr Ziel war es, sich gegen die östlichen Großmächte, d. h. gegen kommunistische Staaten wie Russland und China zu verteidigen und einander bei politischen, wirtschaftlichen sowie militärischen Problemen beizustehen. Für den Fall, dass eines der Mitgliedsländer (USA, Kanada, Deutschland und 13 weitere europäische Staaten) von einem „Außensteher" angegriffen wird, haben sich die anderen dazu verpflichtet, ihm – notfalls unter Anwendung von Waffengewalt – zu helfen. Einige ehemalig kommunistische Staaten bewarben sich bereits um Aufnahme in die NATO (dies wird zurzeit verhandelt), mit weiteren besteht ein Friedensabkommen.

Novemberrevolution Politische Aufstände im November 1918, durch die die Monarchie beseitigt wurde. Über die künftige Staatsform (parlamentarische Demokratie oder Rätesystem) gab es innerhalb der Arbeiterbewegung verschiedene Auffassungen.

Oberschicht In der Weimarer Republik gehörten zum Beispiel Adlige, Unternehmer und akademisch gebildete Menschen zur Oberschicht.

ÖPNV (Öffentlicher Personen-Nahverkehr) In den meisten Großstädten der Welt gibt es öffentliche Unternehmen, die Menschen mit Bussen und Bahnen meist innerhalb der Stadt und deren Umland gegen ein Beförderungsentgelt transportieren.

Pädagogin/Pädagoge Aus der griechischen und lateinischen Sprache; eigentlich „Kinder-" bzw. „Knabenführer" – heute in der Bedeutung von: Erzieher/in, Lehrer/in, Erziehungswissenschaftler/in; Das Diplom ist ein Hochschulabschluss, der auch für andere Studienrichtungen erteilt wird.

Pazifismus weltanschauliche Strömung, die sich grundsätzlich für friedliche Lösungen von Konflikten einsetzt und jegliche militärische Gewalt als Mittel der Politik ablehnt.

Pestizide Chemisches Schädlingsbekämpfungsmittel.

physisch Hier im Sinne von: „körperlich" (im Gegensatz zu: „psychisch").

Präsidialkabinett Regierung, die nicht vom Parlament, sondern direkt vom Staatsoberhaupt bestimmt wird und von diesem abhängig ist. Die Regierungen in der Endphase der Weimarer Republik wurden auch ohne Reichstagsmehrheit unter Anwendung des Artikels 48 der Weimarer Verfassung direkt vom Reichspräsidenten Hindenburg eingesetzt. Die Präsidialkabinette erschienen als letzte Lösung gegen die Gefahr einer Diktatur von links (Kommunisten) oder rechts (Nationalsozialisten).

Profit Gewinn.

Propaganda Werbung für politische Grundsätze, kulturelle Belange oder wirtschaftliche Zwecke.

PS Die Leistungskraft eines Kraftfahrzeuges (Pkw, Lkw etc.) wurde früher in Pferdestärken (PS) gemessen. Heute verwendet man die Maßeinheit „Kilowatt".

Psychiater/in Fachärztin/arzt für Psychiatrie (Lehre von den seelischen Störungen und von geistigen Krankheiten).

psychisch Hier im Sinne von: „geistig" (im Gegensatz zu: „physisch").

Putsch Umsturz(-versuch). Am 8.11.1923 verkündete der Führer der NSDAP Adolf Hitler in München die „Nationale Revolution" und erklärte die bayerische und die Reichsregierung für abgesetzt. Ein am folgenden Tag von Hitler und General Erich Ludendorff angeführter Demonstrationszug wurde von der Polizei und der Reichswehr aufgelöst. Die Putschisten erhielten äußerst milde Strafen. Hitler wurde am 1.4.1924 zu fünf Jahren Festungshaft verurteilt und bereits nach acht Monaten begnadigt, Ludendorff wurde freigesprochen. Während der Haft in Landsberg verfasste Hitler sein Buch „Mein Kampf".

Rassen Äußere Unterschiede zwischen Menschen verschiedener Nationen und Volkszugehörigkeit werden zum Anlass genommen Angehörige anderer Völker abzuwerten und als minderwertig zu bezeichnen. Diese Einstellung wird Rassismus genannt. Er führte z.B. in der Zeit des Nationalsozialismus unter Hitler zur Verfolgung und Vernichtung von Angehörigen anderer „Rassen", wie z.B. der Juden.

Razzien Groß angelegte überraschende Fahndungsaktionen der Polizei.

Reaktion Schlagwort für monarchistische politische Kräfte. Sie waren die Hauptgegner der Kommunisten in der Weimarer Republik.

Reichsbanner Das Reichsbanner Schwarz-Rot-Gold (1924 gegründet) war eine sozialdemokratisch ausgerichtete Organisation. Sie bestand v.a. aus Soldaten und sollte Schutzfunktionen bei Versammlungen und Demonstrationen wahrnehmen. Gewaltsame Zusammenstöße bei solchen Anlässen waren in der Weimarer Republik an der Tagesordnung.

reichsfreie Städte Reichsunmittelbare Städte, d.h. sie unterstanden direkt dem König oder Kaiser und waren ihm zu Diensten und Abgaben verpflichtet. Sie hatten aber keinen weiteren Herrn über sich.

Rekrut Soldat in der ersten Zeit der Ausbildung.

Reparationen Die dem Besiegten eines Krieges im Friedensvertrag unter Berufung auf dessen Verantwortlichkeit für die Entstehung des Krieges auferlegten Leistungen zur Wiedergutmachung der von den Siegerstaaten erlittenen Verluste und Schäden. Der Versailler Vertrag von 1919 legte dem Deutschen Reich die Verpflichtung zu Reparationszahlungen an die alliierten und assoziierten Mächte auf.

Revision Hier: Änderung eines bestehenden völkerrechtlichen Zustandes, der auf dem Versailler Vertrag beruhte.

Rote Fahne Eine Fahne soll das Zusammengehörigkeitsgefühl stärken. Die Farbe Rot stand für die Idee einer Revolution (Machtübernahme) durch kommunistische Arbeiter.

Rotfront Roter Frontkämpferbund: Kampforganisation der KPD in der Weimarer Republik. Ihre schärfsten Gegener sahen sie in der „Reaktion" (siehe dort).

Rückbau Bezeichnung für die Wiederherstellung eines vorherigen Zustandes, wenn z.B. eine Straße entsiegelt oder beseitigt oder ein Gebäude abgerissen wird.

SA „Sturmabteilung"; uniformierte Truppe der NSDAP für Straßenkämpfe, Saalschlachten und Demonstrationen.

Salmonellen Bakterien, welche Darmkrankheiten verursachen (benannt nach dem amerikanischen Forscher D.E. Salmon).

Siedlungszwecke Alle Maßnahmen zur Errichtung oder Erweiterung von Wohn-, Wirtschafts-, Verkehrs- und z.T. Sport- oder Erholungsflächen (z.B. Fußballstadien, Tennisplätze usw.); hierdurch wird unter Umständen naturnaher Raum in einen naturfernen Zustand verwandelt.

Skinheads Von engl. „skin" = Haut sowie „head" = Kopf. Eines der äußeren Erkennungszeichen dieser Gruppe sind so kurz geschnittene Haare, dass man bis auf die Kopfhaut sehen kann. Skinheads gelten als ausländerfeindliche und gewaltbereite Organisation.

Sonnenkollektoren Lateinisch: Kollektor = Sammler. In der Regel findet man Sonnenkollektoren auf Hausdächern. Sie sammeln Sonnenlicht und -wärme und setzen beides in Energie um. Mithilfe dieser umweltfreundlichen Methode kann man unter günstigen Bedingungen ein ganzes Haus mit warmem Wasser und elektrischer Energie versorgen (allerdings nur bei Sonnenschein).

Souverän Der Souverän ist Inhaber der höchsten Staatsgewalt. In der Demokratie ist das Volk (die Wählerinnen und Wähler) der Souverän.

sozialistisch Begriff für eine Gesellschaft, die nach Ideen von Karl Marx und Friedrich Engels aus dem 19. Jahrhundert geschaffen werden sollte. In einer sozialistischen Gesellschaft sollten nach diesen Vorstellungen Gleichheit (zum Beispiel bei Einkommen und Besitz) zwischen den Menschen hergestellt und der Privatbesitz an Produktionsmitteln (Fabriken usw.) abgeschafft werden. Mit der Einführung des Sozialismus sollte die von Kommunisten behauptete Ausbeutung der Arbeiter beendet werden. Seit dem Zusammenbruch des sozialistisch-kommunistischen Staatssystems in Osteuropa (seit 1989) gilt die Verwirklichung eines sozialistisch-kommunistischen Herrschaftssystems allgemein als gescheitert.

Soziologin/Soziologe Erforscher/in und Lehrer/in der Formen des (menschlichen) Zusammenlebens.

Spartakusbund Während des Ersten Weltkrieges entstandene radikale politische Gruppe, aus der am 30.12.1918 die Kommunistische Partei Deutschlands (KPD) entstand.

SPD Die „Sozialdemokratische Partei Deutschlands" wurde 1890 im Kaiserreich nach einem Verbot unter Reichskanzler Bismarck als Partei der Arbeiterbewegung wiedergegründet. 1918 forderte sie die Wahl einer Nationalversammlung, die eine demokratische Verfassung beschließen sollte. Sie war eine der wichtigsten Stützen der Weimarer Republik.

SS Abkürzung für: Schutzstaffel. Die SS war eine Hitler persönlich unterstellte Einheit, die innerhalb der NSDAP Polizeiaufgaben wahrnehmen sollte. Unter der Führung von Heinrich Himmler entwickelte sie sich zu einer nationalsozialistischen Eliteeinheit, die auf besonders brutale Weise die Herrschaft der Nationalsozialisten sicherte. Ab 1934 waren der SS alle Konzentrationslager* unterstellt.

Stahlhelm Verband von Anhängern der Wiedereinführung der Monarchie, der der DNVP nahe stand.

Sultan Titel mohammedanischer Herrscher.

Tyrannis, Tyrannei Griechisch: Gewaltherrschaft.

Ultimatum Letzte Aufforderung.

USPD Die Unabhängige Sozialdemokratische Partei Deutschlands kämpfte für ein sozialistisches Rätesystem. Sie war gegen die Wahl einer Nationalversammlung und forderte eine Sozialisierung der Wirtschaft (vgl. sozialistisch).

Völkerbund 1920 gegründete internationale Organisation, die sich für die Sicherung des Weltfriedens und für wirtschaftliche und kulturelle Zusammenarbeit zwischen den Staaten einsetzte. Nachfolgeorganisationen sind die Vereinten Nationen (UNO).

Weiler Mehrere beieinander liegende Gehöfte; kleine Gemeinde.

Wirtschaftsfaktor Mitbestimmender Umstand oder Ursache für Erzeugung und Verbrauch von Gütern.

Zentrum Politische Partei in Deutschland, 1870 gegründet. Im Zentrum schlossen sich Katholiken zusammen um die katholischen Vorstellungen in der Politik durchzusetzen.

zynisch Verächtlich.

Artikel 1

(1) Die Würde des Menschen ist unantastbar. Sie zu achten und zu schützen ist Verpflichtung aller staatlichen Gewalt.

(2) Das deutsche Volk bekennt sich darum zu unverletzlichen und unveräußerlichen Menschenrechten als Grundlage jeder menschlichen Gemeinschaft, des Friedens und der Gerechtigkeit in der Welt ...

Artikel 2

(1) Jeder hat das Recht auf die freie Entfaltung seiner Persönlichkeit, soweit er nicht die Rechte anderer verletzt und gegen die verfassungsmäßige Ordnung oder das Sittengesetz verstößt.

(2) Jeder hat das Recht auf Leben und körperliche Unversehrtheit. Die Freiheit der Person ist unverletzlich. In diese Rechte darf nur aufgrund eines Gesetzes eingegriffen werden.

Artikel 3

(1) Alle Menschen sind vor dem Gesetz gleich.

(2) Männer und Frauen sind gleichberechtigt. Der Staat fördert die tatsächliche Durchsetzung der Gleichberechtigung von Frauen und Männern und wirkt auf die Beseitigung bestehender Nachteile hin.

(3) Niemand darf wegen seines Geschlechts, seiner Abstammung, seiner Rasse, seiner Sprache, seiner Heimat und Herkunft, seines Glaubens, seiner religiösen oder politischen Anschauungen benachteiligt oder bevorzugt werden. Niemand darf wegen seiner Behinderung benachteiligt werden.

Artikel 4

(1) Die Freiheit des Glaubens, des Gewissens und die Freiheit des religiösen und weltanschaulichen Bekenntnisses sind unverletzlich.

(3) Niemand darf gegen sein Gewissen zum Kriegsdienst mit der Waffe gezwungen werden ...

Artikel 5

(1) Jeder hat das Recht seine Meinung in Wort, Schrift und Bild frei zu äußern und zu verbreiten und sich aus allgemein zugänglichen Quellen ungehindert zu unterrichten. Die Pressefreiheit und die Freiheit der Berichterstattung ... werden gewährleistet. Eine Zensur findet nicht statt.

Artikel 8

(1) Alle Deutschen haben das Recht sich ohne Anmeldung oder Erlaubnis friedlich und ohne Waffen zu versammeln.

(2) Für Versammlungen unter freiem Himmel kann dieses Recht durch Gesetz ... beschränkt werden.

Artikel 9

(1) Alle Deutschen haben das Recht Vereine und Gesellschaften zu bilden.

(2) Vereinigungen, deren Zweck oder deren Tätigkeit den Strafgesetzen zuwiderläuft oder die sich gegen die verfassungsmäßige Ordnung oder gegen Gedanken der Völkerverständigung richten, sind verboten.

Artikel 10

(1) Das Briefgeheimnis sowie das Post- und Fernmeldegeheimnis sind unverletzlich.

(2) Beschränkungen dürfen nur aufgrund eines Gesetzes angeordnet werden.

Artikel 11

(1) Alle Deutschen genießen Freizügigkeit im ganzen Bundesgebiet.

Artikel 12

(1) Alle Deutschen haben das Recht Beruf, Arbeitsplatz und Ausbildungsstätte frei zu wählen. Die Berufsausübung kann durch Gesetz ... geregelt werden.

(2) Zwangsarbeit ist nur bei einer gerichtlich angeordneten Freiheitsentziehung zulässig.

Artikel 12 a

(1) Männer können vom vollendeten achtzehnten Lebensjahr an zum Dienst in den Streitkräften, im Bundesgrenzschutz oder in einem Zivilschutzverband verpflichtet werden.

(2) Wer aus Gewissensgründen den Kriegsdienst mit der Waffe verweigert, kann zum Ersatzdienst verpflichtet werden.

Artikel 13

(1) Die Wohnung ist unverletzlich.

(2) Durchsuchungen dürfen nur durch den Richter, bei Gefahr im Verzuge auch durch die in den Gesetzen vorgesehenen anderen Organe angeordnet und nur in der dort vorgeschriebenen Form durchgeführt werden ...

Artikel 14

(1) Das Eigentum und das Erbrecht werden gewährleistet. Inhalt und Schranken werden durch die Gesetze bestimmt.

(2) Eigentum verpflichtet. Sein Gebrauch soll zugleich dem Wohl der Allgemeinheit dienen.

(3) Eine Enteignung ist nur zum Wohle der Allgemeinheit zulässig ...

Artikel 15

Grund und Boden, Naturschätze und Produktionsmittel können zum Zweck der Vergesellschaftung durch ein Gesetz, das Art und Ausmaß der Entschädigung regelt, in Gemeineigentum ... übergeführt werden ...

Artikel 16

(1) Die deutsche Staatsangehörigkeit darf nicht entzogen werden ...

(2) Kein Deutscher darf an das Ausland ausgeliefert werden.

Artikel 16 a

(1) Politisch Verfolgte genießen Asylrecht.

(2) Auf Absatz 1 kann sich nicht berufen, wer aus einem Mitgliedsstaat der Europäischen Gemeinschaften oder aus einem Drittstaat einreist, in dem die Anwendung des Abkommens über die Rechtsstellung der Flüchtlinge und der Konvention zum Schutze der Menschenrechte und Grundfreiheiten sichergestellt ist ...

Artikel 17

Jedermann hat das Recht sich einzeln oder in Gemeinschaft mit anderen schriftlich mit Bitten oder Beschwerden an die zuständigen Stellen und an die Volksvertretung zu wenden.

Artikel 18

Wer die Freiheit der Meinungsäußerung, insbesondere die Pressefreiheit, die Lehrfreiheit, die Versammlungsfreiheit, die Vereinigungsfreiheit, das Brief-, Post- und Fernmeldegeheimnis, das Eigentum oder das Asylrecht zum Kampfe gegen die freiheitliche demokratische Grundordnung missbraucht, verwirkt diese Grundrechte. Die Verwirkung und ihr Ausmaß werden durch das Bundesverfassungsgericht ausgesprochen.

Artikel 19

... (2) In keinem Fall darf ein Grundrecht in seinem Wesensgehalt angetastet werden.

Artikel 20

(1) Die Bundesrepublik Deutschland ist ein demokratischer und sozialer Bundesstaat.

(2) Alle Staatsgewalt geht vom Volk aus. Sie wird vom Volk in Wahlen und Abstimmungen und durch besondere Organe der Gesetzgebung, der vollziehenden Gewalt und der Rechtsprechung ausgeübt ...

(4) Gegen jeden, der es unternimmt, diese Ordnung zu beseitigen, haben alle Deutschen das Recht zum Widerstand, wenn andere Abhilfe nicht möglich ist.

Artikel 21

(1) Die Parteien wirken bei der politischen Willensbildung des Volkes mit ...

Artikel 25
Der Reichspräsident kann den Reichstag auflösen, jedoch nur einmal aus dem gleichen Anlass …

Artikel 47
Der Reichspräsident hat den Oberbefehl über die gesamte Wehrmacht des Reichs.

Artikel 48
(1) Wenn ein Land die ihm nach der Reichsverfassung oder den Reichsgesetzen obliegenden Pflichten nicht erfüllt, kann der Reichspräsident es dazu mit Hilfe der bewaffneten Macht anhalten.
(2) Der Reichspräsident kann, wenn im Deutschen Reiche die öffentliche Sicherheit und Ordnung erheblich gestört oder gefährdet wird, die zur Wiederherstellung der öffentlichen Sicherheit und Ordnung nötigen Maßnahmen treffen, erforderlichenfalls mithilfe der bewaffneten Macht einschreiten. Zu diesem Zwecke darf er vorübergehend die in den Artikeln 114, 115, 117, 118, 123, 124 und 153 festgesetzten Grundrechte ganz oder zum Teil außer Kraft setzen. (3) Von allen gemäß Abs. 1 oder Abs. 2 dieses Arti-kels getroffenen Maßnahmen hat der Reichspräsident unverzüglich dem Reichstag Kenntnis zu geben. Die Maßnahmen sind auf Verlangen des Reichstags außer Kraft zu setzen.
(4) Bei Gefahr im Verzuge kann die Landesregierung für ihr Gebiet einstweilig Maßnahmen der in Abs. 2 bezeichneten Art treffen. Die Maßnahmen sind auf Verlangen des Reichspräsidenten oder des Reichstags außer Kraft zu setzen.
(5) Das Nähere bestimmt ein Reichsgesetz.

Artikel 54
Der Reichskanzler und die Reichsminister bedürfen zu ihrer Amtsführung des Vertrauens des Reichstags. Jeder von ihnen muss zurücktreten, wenn ihm der Reichstag durch ausdrücklichen Beschluss sein Vertrauen entzieht.

Artikel 114
Die Freiheit der Person ist unverletzlich. Eine Beeinträchtigung oder Entziehung der persönlichen Freiheit durch die öffentliche Gewalt ist nur aufgrund von Gesetzen zulässig …

Artikel 115
Die Wohnung jedes Deutschen ist für ihn eine Freistätte und unverletzlich. Ausnahmen sind nur aufgrund von Gesetzen zulässig.

Artikel 117
Das Briefgeheimnis sowie das Post-, Telegrafen- und Fernsprechgeheimnis sind unverletzlich. Ausnahmen können nur durch das Reichsgesetz zugelassen werden.

Artikel 118
Jeder Deutsche hat das Recht innerhalb der Schranken der allgemeinen Gesetze seine Meinung durch Wort, Schrift, Druck, Bild oder sonstige Weise frei zu äußern. An diesem Rechte darf ihn kein Arbeits- oder Anstellungsverhältnis hindern und niemand darf ihn benachteiligen, wenn er von diesem Recht Gebrauch macht …

Artikel 123
Alle Deutschen haben das Recht sich ohne Anmeldung oder besondere Erlaubnis friedlich und unbewaffnet zu versammeln.

Artikel 124
Alle Deutschen haben das Recht … Vereine und Gesellschaften zu bilden …

Artikel 153
Das Eigentum wird von der Verfassung gewährleistet …

1. Die Gemeinde als politischer Handlungsraum

S. 8: (M) Verwaltungsgemeinschaft Monheim/Schwaben (Hrsg.), Verwaltungsgemeinschaft Monheim. Monheim 1992, S. 2 – **S. 10:** (M) Hans Lang, Handlungszwänge und Gestaltungsmöglichkeiten aus der Sicht einer kreisfreien Stadt; in: Bayerische Landeszentrale für politische Bildungsarbeit (Hrsg.), Kommunalpolitik in Bayern. München 1997, S. 31–33 – **S. 18:** (M) Autorentext, nach einem Schülerreferat, Volksschule Monheim 1996

2. Europa

S. 36: (M) Autorentext – **S. 48–51:** (M) Autorentexte – **S. 52:** (M) Frankfurter Allgemeine Zeitung vom 18. 4. 1994 – **S. 53:** (M2) Autorentext

3. Imperialismus und Erster Weltkrieg

S. 59: (Q1) W. J. Stead, The last will and Testament of C. J. Rhodes; o. J., S. 58 f. – (Q2) K. Epting, Das Französische Sendungsbewusstsein im 19. und 20. Jahrhundert. Heidelberg 1952, S. 90 – (Q3) L. Helbig, Imperialismus – Das deutsche Beispiel. Frankfurt/ Main 1982, S. 31 – (Q4) W. J. Lenin, Der Imperialismus als höchstes Stadium des Kapitalismus. Dietz Verlag Berlin/Ost 1970, S. 84 – (Q5) Felix Salomon, Die britische Reichsbildung 1869–1925. Leipzig/Berlin o. J., S. 18 f; zit. nach: GiQ V, S. 659 f. – **S. 61:** (Q4) Felix Salomon, Die britische Reichsbildung, a. a. O., S. 20 f.; zit. nach: GiQ V, S. 660 f. – (Q5) Otto Kraus, Staat und Wirtschaft. Hamburg 1959, S. 120 – **S. 62:** (Q1) Verhandlungen des Reichstages IX, Legislaturperiode V, Sektion, Bd. 1. Berlin 1898, S. 60 – (Q2) Carl Peters, Wie Deutsch-Ostafrika entstand. 1940, S. 7 ff. – **S. 64:** (Q1) zit. nach: Propyläen Weltgeschichte, Band 9, Berlin 1960, S. 46 – (Q2) zit. nach: E. Eyck, Das persönliche Regiment Wilhelms II., Erlenbach/Zürich 1948, S. 263 f. – (Q3) W. Churchill, Band 1, 1911–1914; übers. von H. v. Schulz, Leipzig 1924, S. 83 – (Q4) Sonntag aktuell, Nr. 23/ 1982 – (Q5) Rede von Wilhelm II. am 22.3.1905 – **S. 66:** (Q1) J. Geiss (Hrsg.), Julikrise 1914. dtv Dokumente, München 1965, S. 52 – (Q2) Ernst Rudolf Huber (Hrsg.), Dokumente zur deutschen Verfassungsgeschichte, Band 2. Stuttgart 1961, S. 455 – (Q3) Ursachen und Folgen, Vom deutschen Zusammenbruch 1918 und 1945 bis zur staatlichen Neuordnung Deutschlands in der Gegenwart. H. Michaelis/E. Schraepler (Hrsg.), Berlin o. J., BD. II, S. 405 – (Q4) zit. nach: Karl Dietrich Erdmann, Der Erste Weltkrieg. Handbuch der deutschen Geschichte, Bd. 18, 4. Aufl., München 1983 – (Q5) Fritz Fischer, Griff nach der Weltmacht. Kronberg 1977, S. 82 ff.
S. 68: (Q1) Tagebuch des Grenadiers St. Helmelt. Der Weltkrieg in Bildern und Dokumenten. O. J., S. 74 – (Q2) Stefan Zweig, Die Welt von gestern – Erinnerungen eines Europäers. Frankfurt/ Main 1955. S. 206 (Erstausgabe 1942) – (Q3) Kriegsbriefe gefallener Studenten, hrsg. von Peter Witkop. München 1978 – (Q4) Frederik Hetmann, Rosa Luxemburg – Ein Leben für die Freiheit. Fischer TB 3711, S. 210 – **S. 69:** (Q5) zit. nach: Gerhard A. Ritter/Jürgen Kocka (Hrsg.), Deutsche Sozialgeschichte, Bd. 2. München 1977, S. 80 – **S. 71:** (Q1) Joachim Hoffmann, Der Imperialismus und der Erste Weltkrieg, S. 65 ff. – (Q2) zit. nach: Peter Witkop, Kriegsbriefe gefallener Soldaten, München 1928, S. 231 ff. – (Q3) Geschichte für Realschulen, Band 4: Neueste Zeit. Bamberg 1972, S. 60 – **S. 72:** (Q1) G. Mai, Kriegswirtschaft und Arbeiterbewegung. Stuttgart 1983, S. 337 – (Q2) zit. nach: R. Bauer u. a., Im Dunst aus Bier, Rauch und Volk. Arbeit und Leben in München von 1840 bis 1945. Ein Lesebuch. München 1989, S. 156 f. – (Q3) Institut für Film und Bild im Unterricht, Kopiervorlage FT 2477 – **S. 74:** (Q1) Leo Stern (Hrsg.), Die russische Revolution 1905–1907 im Spiegel der deutschen Presse. Bd. 2/III. Berlin 1961, S. 20 f – **S. 76:** (Q1) Botschaften der Vereinigten Staaten von Amerika zur Außenpolitik 1793–1947; bearb. v. H. Strauß. Bern 1957, S. 96–101 – **S. 77:** (Q2) GiQ V, Nr. 109 – (Q3) GiQ V, Nr. 113

4. Gewalt im Alltag

S. 82: (M1–3) Autorentext – **S. 83:** (M4) Otto Herz: Und wurde die Liebe gelehrt? in: Reiner Engelmann (Hrsg.): Tatort Klassenzimmer, Würzburg 1994, S. 44 **S. 84:** (M1–4) Autorentext – **S. 85:** (M5) K. Ahlheim/B. Heger/T. Kuchinke: Argumente gegen den Hass. Bd. 1, Hrsg. v. d. Bundeszentrale für politische Bildung, Bonn 1993, S. 94 f. – (M6 a+b) Günter Gugel: Gewaltfrei leben lernen. Broschüre Deutscher Kinderschutzbund. Hannover 1993, S. 2 – (M6 c+d) Inghard Langer: Überlebenskampf Klassenzimmer. Freiburg 1994~ S. 64 f. – **S. 86:** (M1) Wilhelm Heitmeyer: Gewalt. Schattenseiten der Individualisierung bei Jugendlichen aus unterschiedlichen Milieus. Juventa Verlag, Weinheim/Basel 1995 – **S. 87:** (M2) Autorentext – **S. 88:** (M1) Politische Studien, 45. Jg., Nr. 337 Sept./Okt. 1994, hrsg. v. d. Hans-Seidel-Stiftung. Atverb Verlag, Grünwald, S. 35 ff – (M2) in: Spiegel Spezial Nr. 12/1997, Tyrannen in Turnschuhen, S. 68 (M3–4) in: Brüder Grimm, Kinder- und Hausmärchen – **S. 89:** (M5) zit. nach: D. Krebs: Verführung oder Therapie? Pornografie und Gewalt in den Medien; in: Funkkolleg Medien und Kommunikation, Studienbrief 10. Weinheim und Basel 1991, S. 33 ff. – **S. 90:** (M1) zit. nach: Zeitschrift „Pro Jugend", Ausgabe Bayern 1/1994. Verlag Aktion Jugendschutz, München , S. 4 f – **S. 91:** (M2) Autorentext – **S. 93:** (M) Autorentext – **S. 94:** (M1–2) Autorentext – **S. 95:** (M3) Psychologie heute, Heft 3/1995, S. 45; zit. nach: Die Zukunft denken – die Gegenwart gestalten; hrsg. v. d. Landesinstitut für Schule und Weiterbildung des Landes Nordrhein-Westfalen. Beltz, Weinheim und Basel 1997, S. 139 – **S. 97:** Gewalt als Hass: nach: Alein Finkielkraut: Die Weisheit der Liebe. Hanser, München 1978

5. Boden

S. 100: (M1) nach: Mensch und Raum Geographie 5 Bayern. Cornelsen Verlag, Berlin 1992, S. 80 f – **S. 101:** (M2) Autorentext **S. 102:** (M) nach: Mensch und Raum, Geographie 5 Bayern, a. a. O S. 81 – **S. 104:** (M1) Süddeutsche Zeitung vom 21.9.1995 – **S. 106:** (M) nach: Mensch und Raum, Geographie 5 Bayern, Gymnasium.. Cornelsen Verlag, Berlin 1993, S. 76 – **S. 111:** (M) Autorentext – **S. 116:** (M) Autorentext – **S. 118:** (M) Autorentext

6. Die Weimarer Republik

S. 124: (Q1) Wolfgang Lautemann/Manfred Schlenke (Hrsg.), Weltkriege und Revolutionen 1914–1945. bsv, München 1961, - S. 100 – (Q2) Lautemann/Schlenke, a. a. O., S. 104 (vereinfacht) – (Q3–Q4) zit. nach: Weimarer Republik, hrsg. vom Kunstamt Kreuzberg u. a. 3. Auflage, Berlin 1977, S. 108 f. – **S. 125:** (Q5) Lautemann/Schlenke, a. a. O., S. 114 – (06) Lautemann/Schlenke, a. a. O., S. 115 – (07) Lautemann/Schlenke, a. a. O., S. 115 (vereinfacht) – **S. 126:** (Q1) nach: „Vorwärts" vom 10.11.1918; zit. nach: Peter Longerich (hrsg.), Die Erste Republik. Piper, München 1992, S. 53 (überarb.) – **S. 128:** (Q1) Münchner Neueste Nachrichten vom 29.11.1918 zit. nach: Wochenschau 1, 1/1997, S. 9 – **S. 133:** (Q1) J. Hohlfeld (Hg.), Dokumente der deutschen Politik und Geschichte, Band 3, Berlin o. J., S. 35 – (M2) Helmut Heiber, Die Republik von Weimar. München, 6. Auflage 1975, S. 59 (vereinf.) – **S. 135:** (Q1) Egon Larsen, Die Weimarer Republik. Ein Augenzeuge berichtet. München 1980, S. 62 f. – (Q2) Vicki Baum, Es war alles ganz anders – Erinnerungen. Frankfurt/M. /Wien 1962, S. 118 f.; zit. nach: Historisches Lesebuch 3, hrsg. von Georg Kotowski, Fischer TB, Frankfurt/Main 1968, S. 215 **S. 136:** (Q1) GiQ V, S. 212 – (Q2) GiQ V, S. 210 – (Q3) nach:

211

H. Michaelis/ E. Schraepler (Hrsg.), Ursachen und Folgen, Bd. 6. Berlin o. J., S. 487 – (Q4) nach: Präambel der Satzung; zit. nach: Metzler Aktuell, Jan. 1995 – **S. 138:** (Q) Projektgruppe Arbeiterkultur Hamburg (Hrsg.), Vorwärts – und nicht vergessen. Frölich und Kaufmann, Berlin 1982, S. 42; zit. nach: D. Hoffmann/ F. Schütze, Weimarer Republik und nationalsozialistische Herrschaft. Schöningh, Paderborn 1991, S. 87 – (M) Ute Gerhard, Die Geschichte der deutschen Frauenbewegung. Rowohlt, Reinbek 1990, S. 360; zit. nach: Wochenschau 1, 1/1997, S. 21 (überarb.) – **S. 141:** (M2) nach: Metzler Aktuell, Mai 1993 – (Q) Bruno Haken, Stempelchronik. Hannover 1932; zit. nach: Metzler Aktuell, Mai 1993 – **S. 143:** (Q1) Der Angriff vom 30. 4. und 28. 5. 1928; zit. nach: K.-D. Bracher, Die Auflösung der Weimarer Republik. Villingen 1960, 3. Aufl., S. 375, Anm. 39 f. (überarb.) – (Q2) K.-D. Bracher, a. a. O., S. 135, Anm. 27 (überarb.) – (Q3) Der Propagandist, Heft 9/1931; zit. nach: Wolfgang Elben, Die Weimarer Republik. Diesterweg, Frankfurt/Main 1985, S. 138 – **S. 144:** (Q1) Adolf Hitler, Mein Kampf. München 1942, S. 378 (vereinfacht) – (Q2) Die Verfassung des Deutschen Reiches, Verlag der Reichsdruckerei, a. a. O., 1924 – **S. 145:** (Q3) Der Nationalsozialismus, Dokumente 1933–1945, hrsg. von Walter Hofer. Fischer TB 6084, Frankfurt/ Main 1982, S. 37 – (Q4) Walter Hofer, a. a. O., S. 31 – (Q5) Gottfried Niedhardt, Die ungeliebte Republik. dtv, München 1980, S. 170 – **S. 146:** (Q1) zit. nach: Walter Hofer, a. a. O., S. 20 – (Q2) Georg Kotowski (Hg.), Historisches Lesebuch 1914 – 1933. Fischer TB, Frankfurt/Main 1968, S. 297 – **S. 147:** (Q3) GiQ V, S. 269 – (Q4) Margarete Buber-Neumann, Von Potsdam nach Moskau. Stuttgart 1957, S. 282 f., zit. nach: G. Kotowski, a. a. O., S. 299 – **S. 149:** (M) Eberhard Kolb, Die Weimarer Republik. 2. Aufl. München 1988, S. 209 ff., zit. nach: K. D. Hein-Mooren, Von der Französischen Revolution bis zum Nationalsozialismus. Buchners Kolleg Geschichte, Bamberg 1994, S. 374 f.

7. Deutschland unter nationalsozialistischer Herrschaft
S. 154: (Q1) zit. nach: W. Michalka/G. Niedhardt: Die ungeliebte Republik. dtv, München 1980, S. 340 f. – **S. 155:** (Q2) H. Burkhardt: Eine Stadt wird braun. Hoffmann und Campe, Hamburg 1980, S. 103 f. (leicht bearb.) – (Q3–5) zit. nach: Entdeckungsreisen in die Vergangenheit 8, Klett, Stuttgart, S. 93 – **S. 156:** Ursachen und Folgen, Band IX, S. 38, Dokument 1980 b – **S. 157:** (Q2) Reichsgesetzblatt I vom 28. 2. 1933, Berlin – (Q3) Reichsgesetzblatt vom 24. 3. 1933, Berlin – **S. 159:** Reichsgesetzblatt 1934 1, S. 785 – **S. 160:** (Q) Bayerische Landeszentrale für Heimatdienst (Hrsg.): Bilder und Dokumente zur Zeitgeschichte 1933–1945. München 1961, S. 104 – **S. 163:** (Q) Deutschlandberichte der Sopade. Zweitausendundeins, Frankfurt/Main 1980 (1936, S. 880 ff.) – **S. 166:** (Q1) Rudolf Diels: Lucifer ante portas. Es spricht der erste Chef der Gestapo. Stuttgart 1950, S. 254 ff. – (Q2) Münchner Neueste Nachrichten vom 21. 3. 1933 – **S. 167:** (Q3) Preußisches Gestapo-Gesetz vom 10.2.1936; zit. nach: Kurt Zentner: Illustrierte Geschichte des Dritten Reiches, Bd. 1. Lingen Verlag, Köln o. J., S. 209 – **S. 168:** (Q1) Adolf Hitler: Mein Kampf. München 1942 – (Q2) Adolf Hitler: Mein Kampf. München 1942, S. 702 – (Q3) Gesetz zum Schutze des deutschen Blutes und der deutschen Ehre; Reichsgesetzblatt 1935 1, S. 1146 – **S. 170:** (Q1) Charlotte Schüddekopf (Hrsg.): Der alltägliche Faschismus. Frauen im Dritten Reich. Bonn 1981, S. 116 ff. – **S. 172:** (Q1) Interview des Autors mit W. Brölsch, Mülheim 1993 – (Q2) Karl-Heinz Janßen: Eine Welt brach zusammen; in: Hermann Glaser/A. Silenius (Hrsg.): Jugend in Dritten Reich. Frankfurt/M. 1975, S. 89 ff – **S. 173:** (Q3) Melitta Maschmann: Fast kein Rechtfertigungsversuch. DVA, Stuttgart 1963, S. 24 f. **S. 174:** (Q3) Stenografische Berichte des Deutschen Reichstages

vom 17.5.1933 – **S. 175:** (Q4) zit. nach: Vierteljahreshefte für Zeitgeschichte 6/1958, S. 182 ff. – **S. 176:** (Q1) zit. nach: Vierteljahreshefte für Zeitgeschichte 1955, S. 184 ff. – **S. 177:** (Q2) R. Erbe: Die nationalsozialistische Wirtschaftspolitik; in: Walter Hofer (Hrsg.): Der Nationalsozialismus. Dokumente 1933–1945. Fischer TB 6084, Frankfurt/Main, S. 156 – (Q3) Daily Express vom 1.3.1938 – **S. 178:** (Q1) W. Hofer: Der Nationalsozialismus, a. a. O., S. 204 – **S. 179:** (Q2) Völkischer Beobachter vom 22. 9. 1938 – (Q3) W. Hofer: Der Nationalsozialismus, a. a. O., S. 229 – **S. 181:** (Q2) zit. nach: Peter Hartl: Pferdeblut aus der Gusspfanne; in: Süddeutsche Zeitung vom 6./7. Februar 1988, Feuilleton-Beilage – (Q1) GiQ, Bd. V, Nr. 614 a – **S. 182:** (Q1+Q2) zit. nach: Entdeckungsreisen in die Vergangenheit 8, Klett, Stuttgart, S. 134 – **S. 183:** (Q3+Q4) Interview der Autorin – **S. 184:** (Q1) Die Wannsee-Konferenz, Besprechungsprotokoll; in: Poliakov/Wulf: Das Dritte Reich und die Juden. Arani Verlag, Berlin 1961, S. 70 ff. – **S. 185:** (Q2) Martin Broszat (Hrsg.): Rudolf Höß. Kommandant in Auschwitz. dtv, München 1963, S. 134 – (Q3) zit. nach: Vierteljahreshefte für Zeitgeschichte, 1/ 1953, Heft 2, S. 189 ff. – **S. 186:** (Q1) Martin Broszat (Hrsg.): Rudolf Höß. a. a. O., S. 170 ff. – **S. 188:** (Q1) I. Scholl: Die weiße Rose. Frankfurt 1979, S. 127 – (Q2) zit. nach: W. Hofer: Der Nationalsozialismus, a. a. O., S. 328 f. – **S. 189:** (Q3) Aufruf an das deutsche Volk, in: Deutscher Widerstand 1938–1944, hrsg. v. Bodo Schering. dtv, München 1984, 2. Aufl., S. 280 f. – **S. 190:** (Q1) W. S. Churchill: Reden, Bd. 2. Zürich 1946, S. 325 f. – (Q2) zit. nach: Hans-Adolf Jakobsen: Der Zweite Weltkrieg. Frankfurt/Main 1965, S. 236 – **S. 191:** (Q3) zit. nach: H. Michaelis/ E. Schraepler (Hrsg.): Ursachen und Folgen, Bd. 19, S. 39 – (Q4) Die Konferenzen von Malta und Jalta. Dokumente vom 17. Juli 1944 bis 3. Juni 1945. Department of State USA, Deutsche Ausgabe, Düsseldorf o. J., S. 573 ff. – **S. 194:** (Q1) GiQ, Bd. V, Nr. 640 – (Q2) Huber, a. a. O., S. 668 f. – (Q3) Hofer, a. a. O., S. 259 f. – **S. 196:** H. Michaelis/ E. Schraepler (Hrsg.): Ursachen und Folgen, Bd. 22 Berlin 1958, S. 388 ff. – **S. 199:** (Q) Dokumentation der Vertreibung. Bd. 1, Bonn 1954, S. 432 f. – **S. 199:** (Q) Otto Dix in einem Interview 1964 – (M) Dorothea Sölle; in: Orientierung Nr. 3, 55. Jahrgang, 15. 11. 1991, Zürich